XIANDAI JIAOYU JISHU JICHU YU YINGYONG

SHIJIAN ZHIDAO

现代教育技术
基础与应用
实践指导

主编◎赖晓云 刘建华 焦中明

江西高校出版社
JIANGXI UNIVERSITIES AND COLLEGES PRESS

图书在版编目(CIP)数据

现代教育技术基础与应用实践指导/赖晓云,刘建华,焦中明主编. -- 南昌:江西高校出版社,2018.2
(2022.1重印)

ISBN 978 - 7 - 5493 - 6720 - 7

Ⅰ.①现… Ⅱ.①赖… ②刘… ③焦… Ⅲ.①教育技术学—高等学校—教学参考资料 Ⅳ.①G40 - 057

中国版本图书馆 CIP 数据核字(2018)第 013919 号

出 版 发 行	江西高校出版社
社 址	江西省南昌市洪都北大道96号
总编室电话	(0791)88504319
销 售 电 话	(0791)88592590
网 址	www.juacp.com
印 刷	南昌市光华印刷有限责任公司
经 销	全国新华书店
开 本	787×1092mm 1/16
印 张	17.5
字 数	560 千字
版 次	2018 年 2 月第 1 版 2022 年 1 月第 6 次印刷
书 号	ISBN 978 - 7 - 5493 - 6720 - 7
定 价	38.00 元

赣版权登字 -07 -2018 -63

前　　言

　　《现代教育技术基础与应用实践指导》是为学习现代教育技术的学习者准备的,与同期出版的《现代教育技术基础与应用》一书配套使用,也可以与其他相关的教材配套使用。《现代教育技术基础与应用实践指导》旨在引导学习者如何从资源的采集与编辑出发,根据自己的专业及学科,设计出符合专业特色及信息技术与课程整合原理的教学软件。全书设计了六个实验。

　　这六个实验分别是实验一:数字图像资源的获取、处理与应用;实验二:数字音频资源的获取、处理与应用;实验三:数字视频资源的获取、处理与应用;实验四:动画资源的获取、处理;实验五:多媒体演示型课件制作;实验六:网络课件的制作。

　　本书的每个实验先以基本技能训练为主,然后以案例制作的形式呈现。实验的开始,简述了实验目的和实验内容,案例部分详细描述了完整的制作方式。每个实验的实验指导部分设计了1—2个案例。

　　本书内容全面、实用性强,同时还提供了丰富的资源。本书除了可用作师范生的现代教育技术应用课程教材,也可用为中小学教师信息技术教学应用的培训教材。

　　参与编写和修改本书的教师有:赖晓云、刘建华、焦中明、廖卫华、孔利华、戴云武、彭伟成、钟带生、任静丽、杨丹、温小勇、潘立新、李莎等。

目　　录

实验一　数字图像资源的获取、处理与制作

【实验目的】

　　1.熟悉 Windows 操作系统提供的抓图功能,能够捕捉整屏静态画面、活动窗口画面,并进行简单编辑处理。

　　2.熟悉从网上获取素材的操作方法,能够使用百度工具下载图片。

　　3.熟悉视频帧捕捉的操作方法,能够使用暴风影音进行视频帧捕捉。

　　4.熟悉图像素材的一些基本编辑方法,能够使用 Windows 系统的"画图"工具擦除图像标记,能够使用 Photoshop 软件进行图像处理。

　　5.能应用相关的软件制作概念地图。

【实验类型】

　　基础型实验

【实验任务】

　　1.使用 Windows 操作系统的抓图功能捕捉屏幕画面。

　　2.使用百度工具下载图片。

　　3.使用暴风影音软件捕捉视频画面。

　　4.使用 Photoshop 软件抠出图。

　　5.使用 Photoshop 软件擦除图像中的文字和水印。

　　6.使用 Photoshop 软件并制作多图组合。

　　7.使用 Photoshop 软件制作图像特效。

　　8.使用 Photoshop 软件替换图像背景。

　　9.使用 Photoshop 软件制作动画。

　　10.应用 XMind 制作思维导图。

【实验环境】

　　1.操作系统:Windows XP 以上版本。

　　2.工具软件:"画图"工具、暴风影音软件、Photoshop 软件、QQ、XMind。

【实验指导】

1.1　图像素材的采集

　　图像素材的采集可以通过外部采集和计算机内容采集的方法获得。外部采集是利用扫描仪或数码相机等从外部采集图像数据;内部采集是利用抓图工具软件从计算机屏幕上显

示的图像中抓取图像,也包括从网络上、素材光盘上间接取得图像素材。

1.1.1 屏幕图像的捕捉

在屏幕上任何时刻显示的画面或者在动态视频播放当中的某一帧,都可以全部或部分捕捉下来,以文件的形式加以保存,这就是所谓的"抓图"。抓图是一种常用的采集图像素材的手段,目前流行的屏幕抓图软件主要有 Hyper Snap、屏幕抓图能手等。利用 Windows 操作系统提供的抓图功能也可以有效地抓图,下面介绍其操作方法。

1. 整屏画面的捕捉。

当需要保存当前整个屏幕上的画面时,直接按下键盘上的 Print Screen 按键,整个屏幕的内容就被保存到系统剪贴板中了。(图 1 - 1)

图 1 - 1　Print Screen **按键**

打开 Windows 操作系统的"画图"工具。(图 1 - 2)

图 1 - 2　"画图"主界面

打开"编辑"菜单的"粘贴"命令,将剪贴板中的内容显示在绘图窗口中。(图 1 – 3、图 1 – 4)

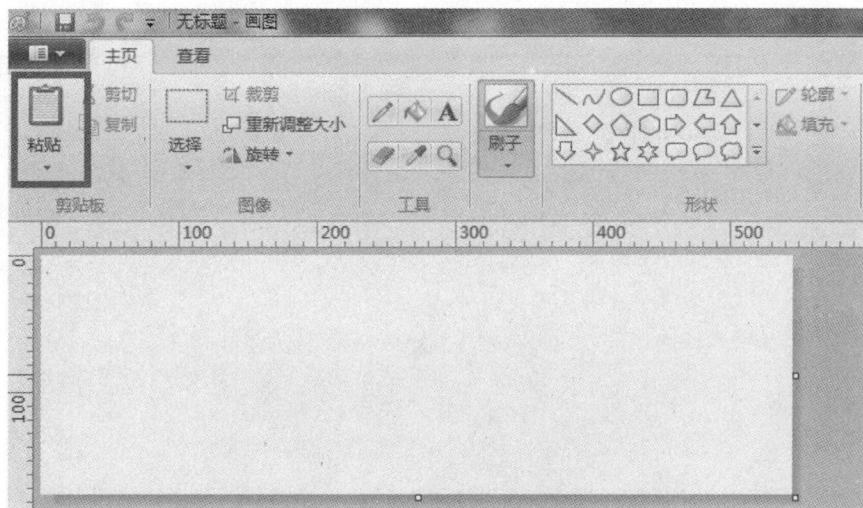

图 1 – 3　选择"粘贴"命令

图 1 – 4　显示屏幕画面

　　然后选择"□"矩形剪裁工具,鼠标拖曳,选中你所想要的内容,选择"编辑"菜单的"复制"命令,选区内容就被保存到系统剪贴板中了。(图 1 – 5)

图 1-5 选择"选区内容"

选择"文件"菜单的"新建"命令,打开新的绘图窗口,再选择打开"编辑"菜单的"粘贴"命令,将剪贴板中的内容显示在绘图窗口中。(图 1-6)

图 1-6 显示"选区内容"

调整绘图窗口大小,然后保存图片即可。(图1-7)

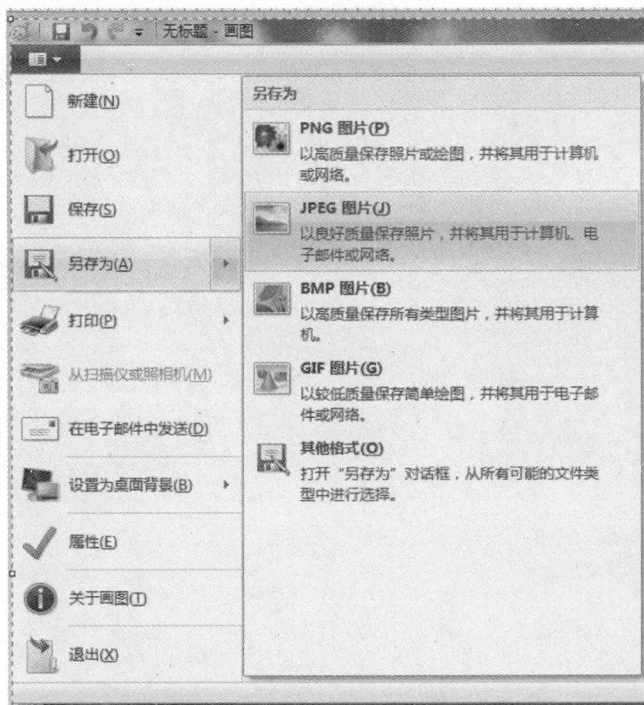

图1-7　保存后的屏幕画面

2. 用软件捕捉活动窗口中的画面

有时需要捕捉的不是整个屏幕的画面,而是某一窗口中的内容,如要捕捉活动视频中的某一帧,可以用不同的软件来捕捉。

(1)暴风影音

用暴风影音打开"AVSEQ03. DAT"视频文件,当需要窗口中的某一画面时,按下"暂停"键,然后鼠标左键点击暴风影音左下角的"工具箱",选择"截图"。(图1-8)

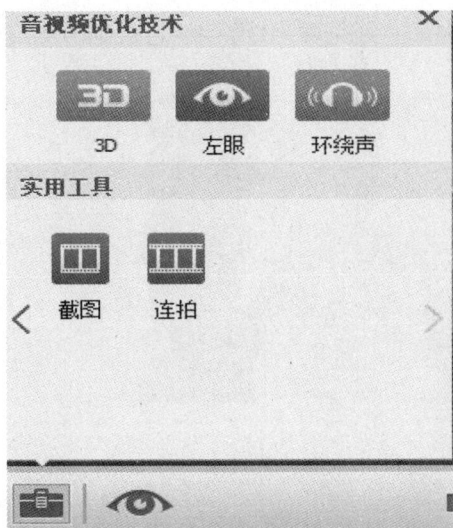

图1-8　选择截图功能

5

点击"截图"后,图像就自动保存了,图像被保存在了桌面上。(图1-9)双击"暴风截图",就会出现所截取的画面。(图1-10)

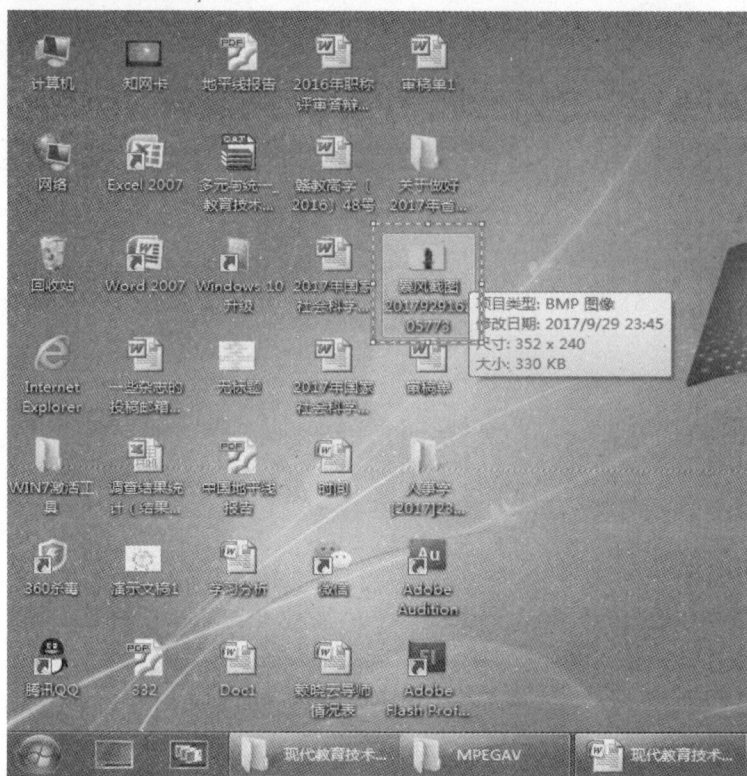

图1-9 截图自动保存

图1-10 所截取的图像

　　如果要改变所截图的保存目录,点击暴风影音的主菜单,选中"高级设置",设计保存路径。(图1-11、图1-12)

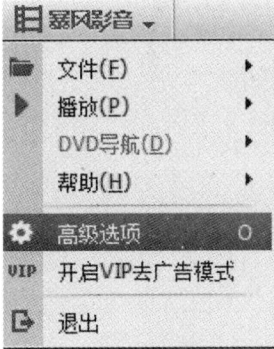

图1-11　设置保存路径一

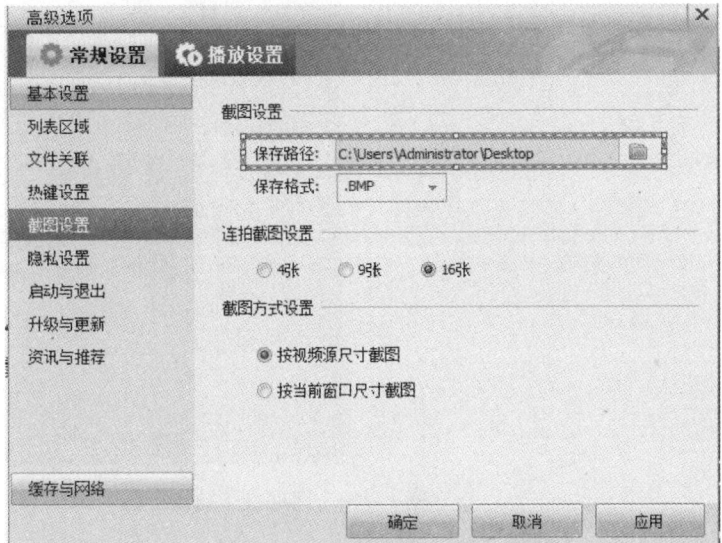

图1-12　设置保存路径二

　　在上图中,连拍截图设置的意思是一个页面中显示"暂停"画面后的几个帧,如果是4帧,则是显示4张图像,16帧则是显示16张图像。(图1-13)

图1-13　显示选区

　　(2)QQ软件

　　QQ软件也带有截图功能,登录QQ,同时按下键盘上的"Ctrl + Alt + A"键,也可以随机打开一个聊天窗口,在输入栏上方点击剪刀图标。(图1-14、图1-15)

图 1 - 14 同时按下键盘上的"Ctrl + Alt + A"键

图 1 - 15 聊天窗口的截图图标

这时会出现一个长方形的方框,以及有颜色的鼠标,然后按住鼠标左键,拖动鼠标,选择你所要选择的区域。(图 1 - 16)

图 1 - 16 QQ 截图图片

选定所要截取的图像的大小后,还可以在选择好的图像上进行标注,如图中选中圆形,则可以进行圆形标注。最后,点击右下角的"完成",即截取了所要的图像,并进行了

标注。（图 1-17）

图 1-17 QQ 截图图片

1.1.2 从网上下载素材

网络中提供了各种各样非常丰富的资源,特别是图像资源。那么我们如何在浩瀚的网络资源中查找到我们所需要的图片素材呢? 常用的方法是只要合理使用网站提供的搜索工具(例如 www. baidu. com,www. sogou. com 等)就能找到。在使用搜索工具时,搜索关键字的合理设定是非常重要的。现在就以百度为例,介绍图片素材的下载。

打开百度网站,选择"图片",在搜索栏输入"背景图片",然后单击"百度一下"。(图 1-18)

图 1-18 "百度"搜索

　　百度搜索到符合条件的图片,此时显示的图片都是缩略图,若此时右键保存,保存的就是小图片了。

　　单击打开所需的图片(图1-19),在图片上单击右键,选择右键菜单中的"图像另存为"命令。(图1-20)

图1-19　单击图片

图1-20　右键菜单

将图片重命名为"瀑布. jpg",单击"保存",这样就将网上图片下载存储到本机硬盘上了。(图 1 - 21)

图 1 - 21　保存图片

保存后的图片如图 1 - 22 所示。

图 1 - 22　保存后的图片

1.2 图像的处理

1.2.1 去除水印和文字的方法

1. 直接擦除法

从网上下载的图片经常会带有网址等标记(图1-23),我们可以使用 Photoshop CS3 软件中的"橡皮擦"工具擦除。

图1-23 带有标记的图片

在"Photoshop CS3"软件中打开图片。(图1-24、图1-25)

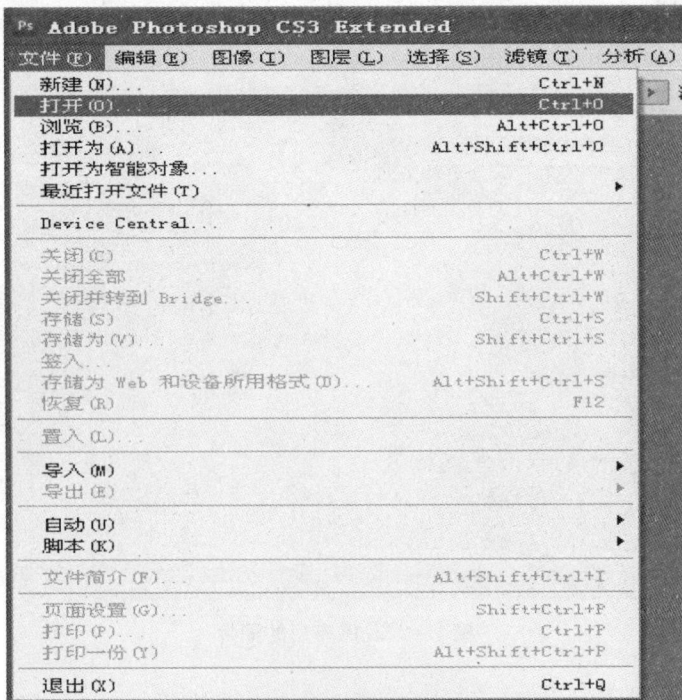

图1-24 选择要打开图片

图 1 – 25　打开图片

选择"🖌"橡皮工具，直接擦除右下角的网址标记即可。（图 1 – 26）

图 1 – 26　擦除标记

擦除标记后的图片为下图,我们可以看到,右下角的网址已被擦除了。(图1-27)

图1-27 擦除标记后的图片

2. 仿制图章工具去除法

若水印的背景不是白色时,我们就可以使用软件中的"仿制图章工具"去除。

使用仿制图章工具去除文字是比较常用的方法,具体的操作是,选取"仿制图章工具"。(图1-28)

图1-28 选择仿制图章工具

　　然后将鼠标移到无文字区域,点击相似的色彩名图案采样,采样时要同时按住鼠标和"Alt"键。(图 1 - 29)

图 1 - 29　应用仿制图章采样

　　然后在文字区域拖动鼠标复制以覆盖文字。(图 1 - 30)

图 1 - 30　拖动鼠标复制覆盖文字

要注意的是,采样点即为复制的起始点。选择不同的笔刷直径会影响绘制的范围,而不同的笔刷硬度会影响绘制区域的边缘融合效果。

3.使用修补工具去除

如果图片的背景色彩或图案比较一致,也可以使用修补工具。

具体操作是:

(1)选取"修补工具"。(图1-31)

图1-31 选取修补工具

(2)在公共栏中选择修补项为"源",关闭"透明"选项。(图1-32)

图1-32 在公共栏中选择修补项为"源",关闭"透明"选项

（3）用修补工具框选中文字。（图 1 - 33）

图 1 - 33　用修补工具框选中文字

（4）将所选文字拖动到无文字区域中色彩或图案相似的位置,松开鼠标就完成复制。
（图 1 - 34）

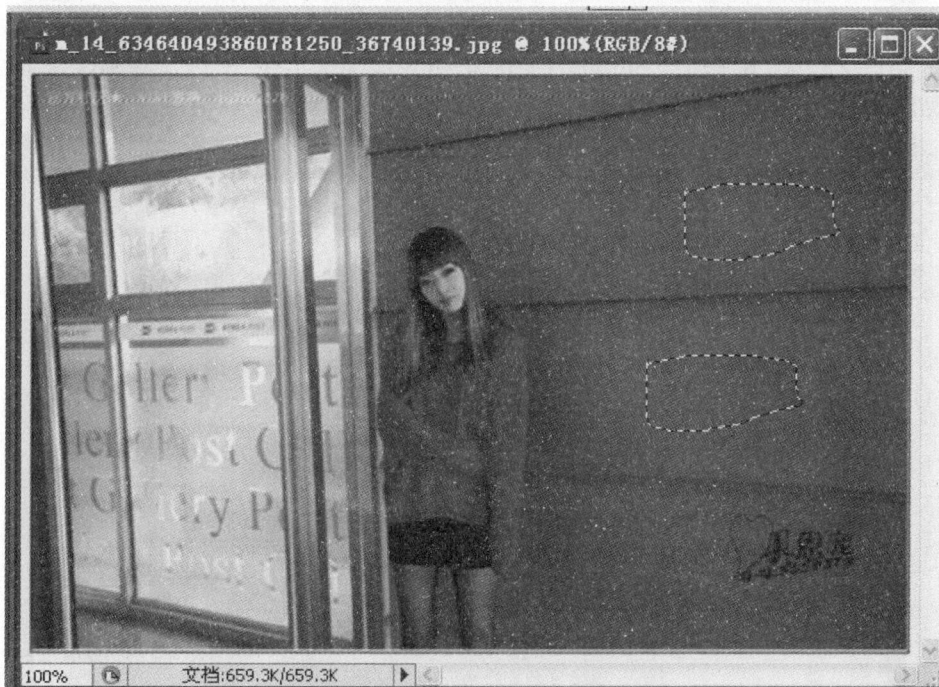

图 1 - 34　拖动到无文字区域中色彩或图案相似的位置

修补工具具有自动匹配颜色的功能,复制的效果与周围的色彩较为融合,这是仿制图章
工具所不具备的。

4.使用修复画笔工具去除

操作的方法与仿制图章工具相似。选取"修复画笔工具",按住"Alt"键,在无文字区域点击相似的色彩或图案采样,然后在文字区域拖动鼠标复制以覆盖文字,只是修复画笔工具与修补工具一样,也具有自动匹配颜色的功能,可根据需要进行选用。

(1)选取"修复画笔工具"。(图1-35)

图1-35 选取修复画笔工具

(2)按住"Alt"键,在无文字区域点击相似的色彩或图案采样,然后在文字区域拖动鼠标复制以覆盖文字。(图1-36)

图1-36 采样及覆盖文字

18

5. 综合运用各种工具去除

当一张图片中水印很多时（图1-37），就要应用到各种工具来去除。

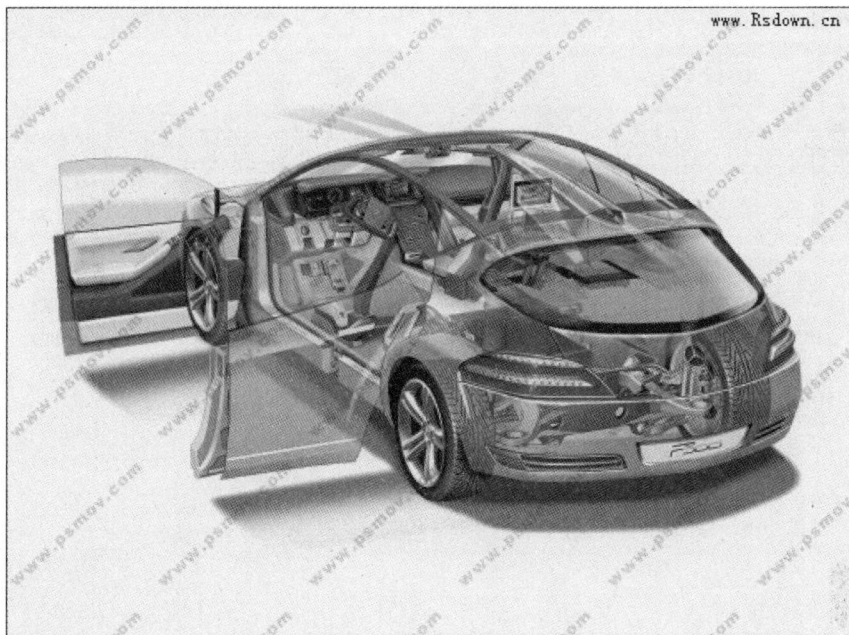

图1-37　需去除水印的原图

具体操作步骤：

（1）用 Photoshop 打开要去掉水印的图片。

（2）按快捷键"M"切换到选择工具。（图1-38）

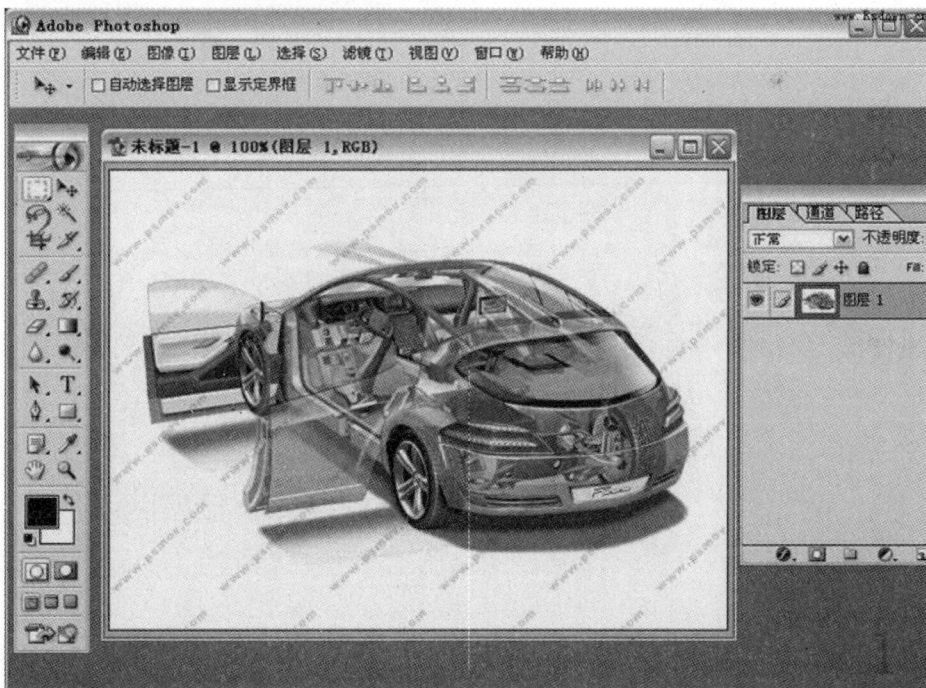

图1-38　切换到选择工具

（3）按着鼠标拖动选择要去掉的水印。

（4）按快捷键"Ctrl＋J"把第三步选择的水印建立一个新的图层上。（图1－39）

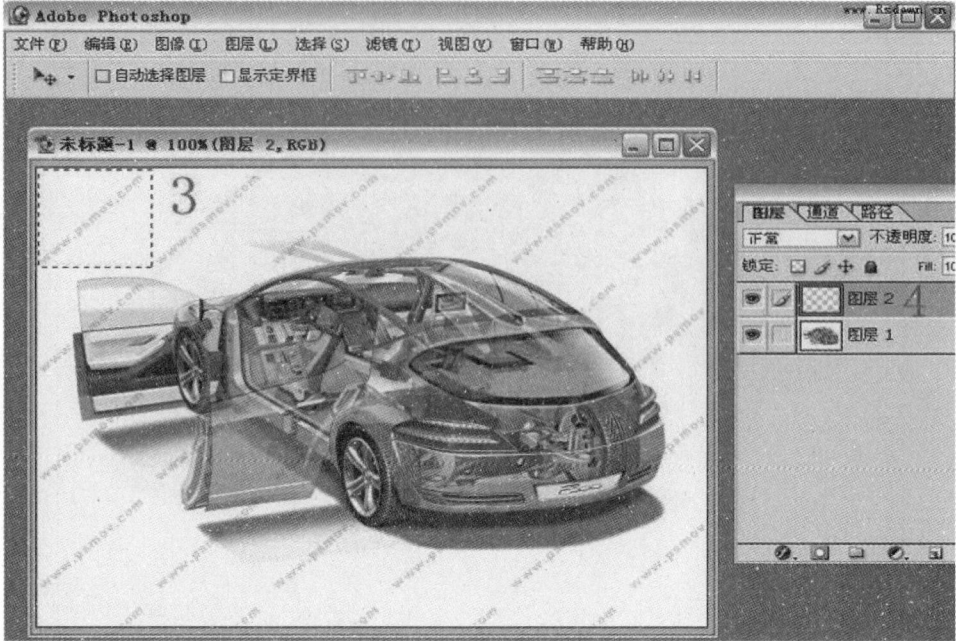

图1－39　建立新图层

（5）移动新建的图层可见水印图层。（图1－40）

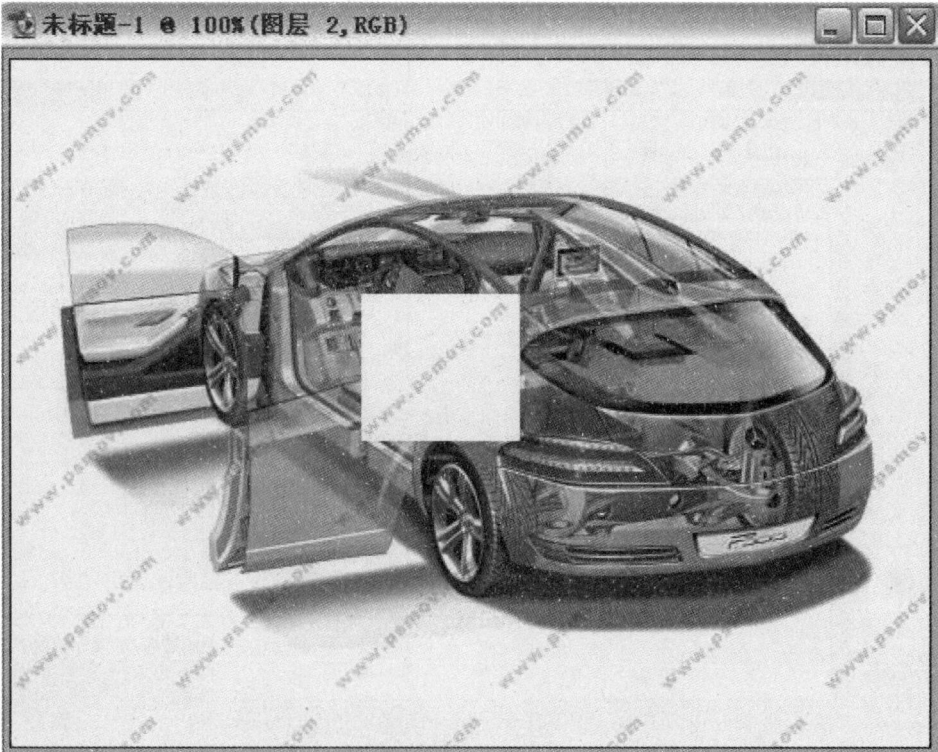

图1－40　移动新建的图层可见水印图层

（6）再选择图层的组合模式为"颜色减淡"。（图 1 - 41）

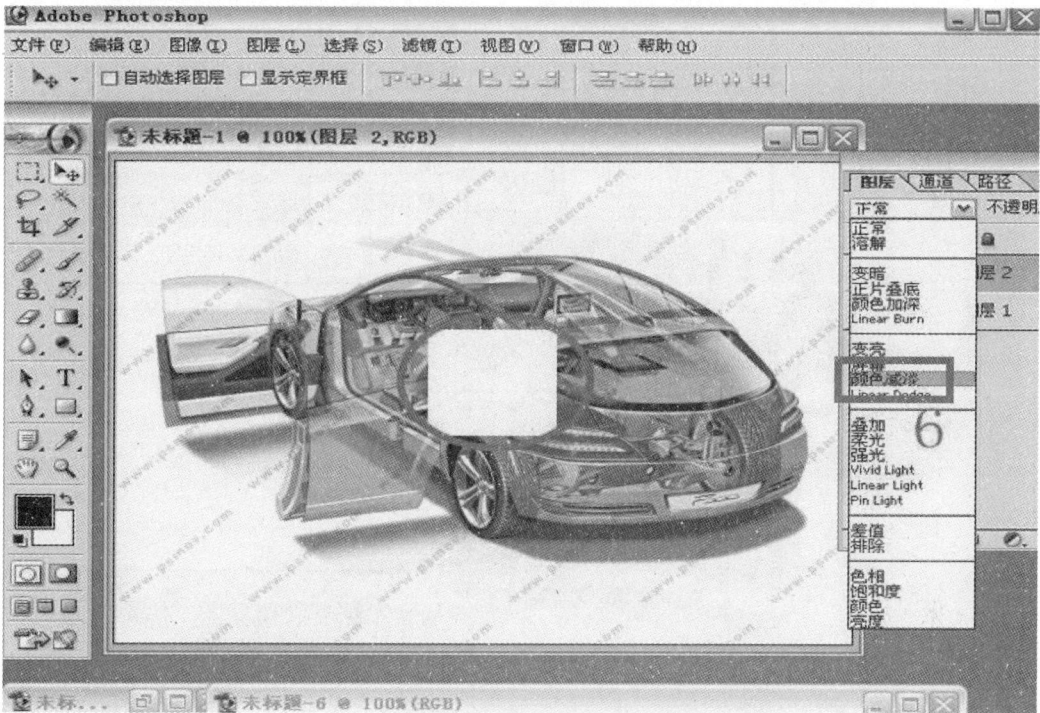

图 1 - 41　选择图层的组合模式为颜色减淡

（7）按快捷键"Ctrl + I"把图层改为反相状态。（图 1 - 42）

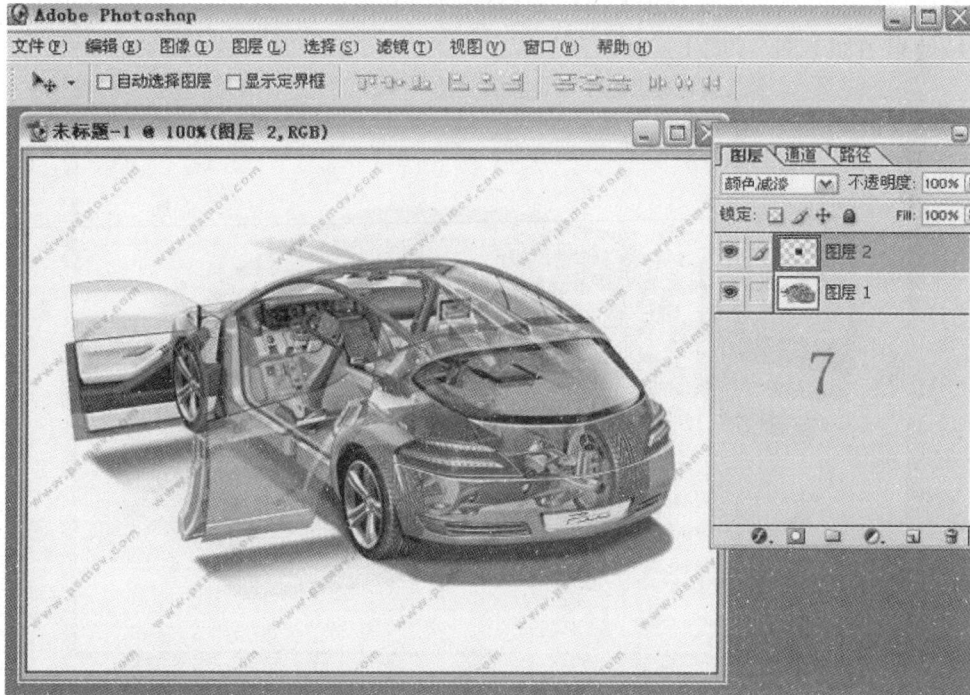

图 1 - 42　图层改为反相状态

（8）复制并移动水印图层对准底图上的水印即可完成。（图 1 - 43）

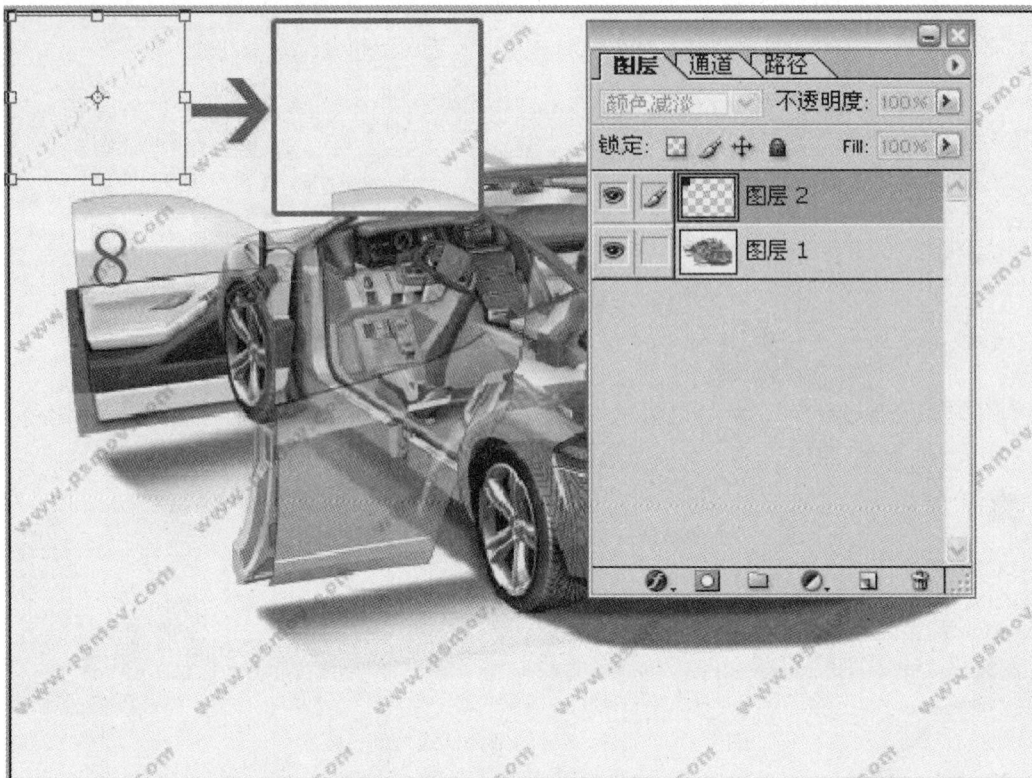

图 1 - 43　复制并移动水印图层

（9）效果图如下图。（图 1 - 44）

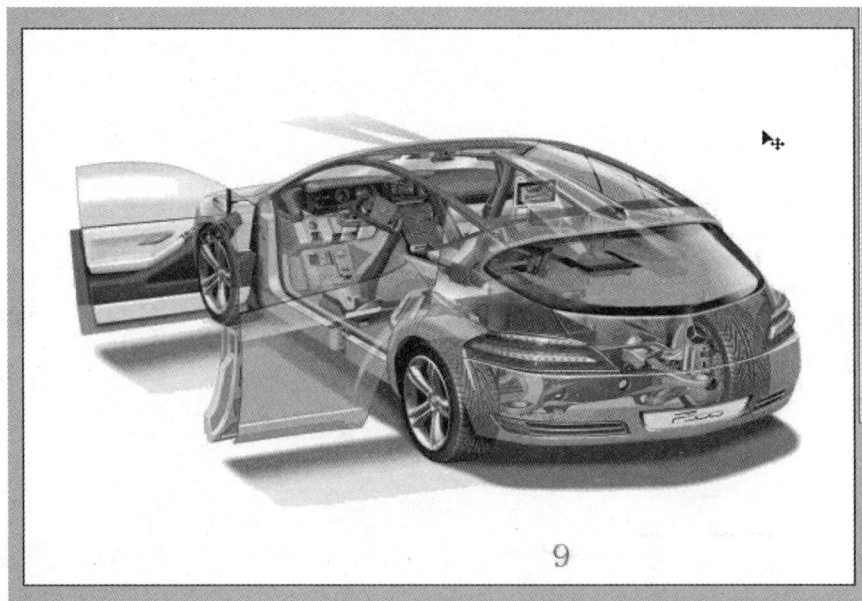

图 1 - 44　效果图

1.2.2　剪裁图像

在使用图像素材时,我们经常发现我们不是需要整张图片,而只是其中的一部分,这时就需要对图像进行剪裁,挑选我们需要的。对图像剪裁是图像素材处理的常用方法,其常用的工具有 Windows 系统的"画图"工具、Photoshop 和 Corel Draw 等软件。"画图"工具的"⟨⟩"任意形状裁剪工具和"□"矩形裁剪工具可实现图像剪裁,在"抓图"中已介绍。现在就以 Photoshop CS3 软件为例,介绍图像剪裁。

在 Photoshop CS3 中打开图片,选择"□"矩形工具,鼠标拖曳选中乌鸦,按快捷键"Ctrl + C"复制,局部图像便被保存到剪贴板中。(图 1 - 45)

图 1 - 45　设定选区

在"文件"菜单中选择"新建"命令,打开"新建"对话框,将"名称"更改为"乌鸦",新建文件的宽度、高度直接和在剪贴板中文件大小保持一致,"内容"选择为"透明",然后确定。(图 1 - 46)

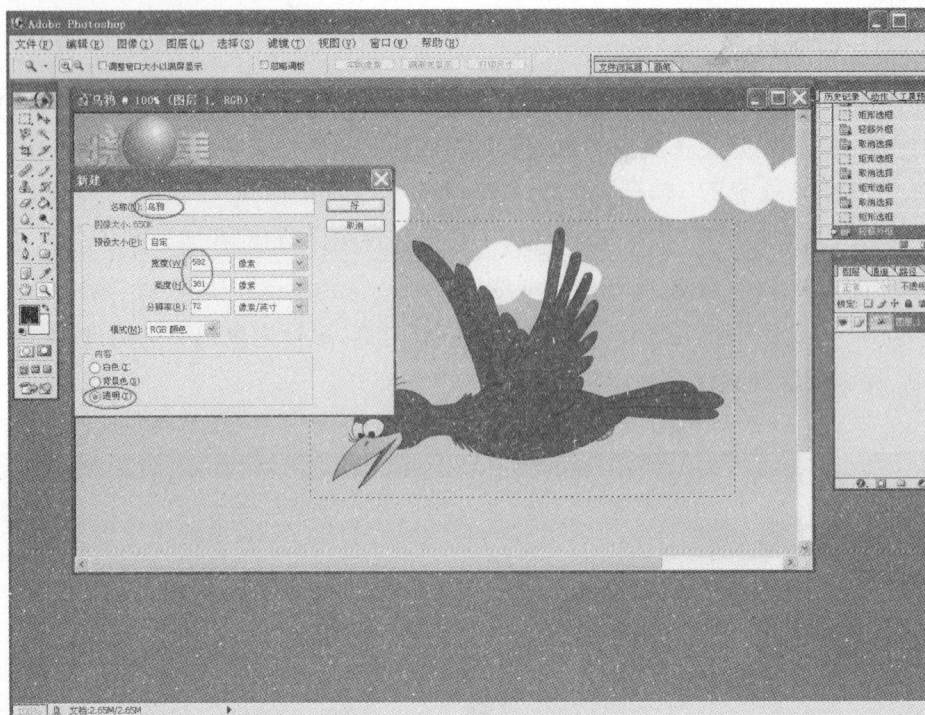

图 1 – 46　"新建"对话框

新建后的文件为图 1 – 47。

图 1 – 47　新建后的文件

现在开始去除背景色了。先擦除蓝色部分,选择工具栏中"🪄"魔术棒工具,在蓝色区域单击鼠标,选中蓝色区域后,按"Delete"键删除蓝色部分,当有多个区域颜色为蓝色时,可重复操作,直到背景中蓝色被删除干净为止。蓝色部分删除后的图像如图 1 – 48 所示。

图 1 – 48 删除蓝色背景

接着删除白色部分,操作如上述。删除白色部分后的图像如图 1 – 49 所示。

图 1 – 49 删除白色背景

25

接下来可以做些精细调整。选择工具栏中"🔍"放大镜,单击图像放大,去除一些遗留的蓝色和白色部分,做细节的擦除。(图1-50)

图1-50 擦除细节

细节擦除后,选择工具栏中的"🔍"放大镜工具,同时按住"Alt"键,缩小图像为100%。(图1-51)

图1-51 擦除细节后的图片

选择"文件"菜单的"存储为"命令,在"格式"中选择"GIF"格式保存。(图1-52)

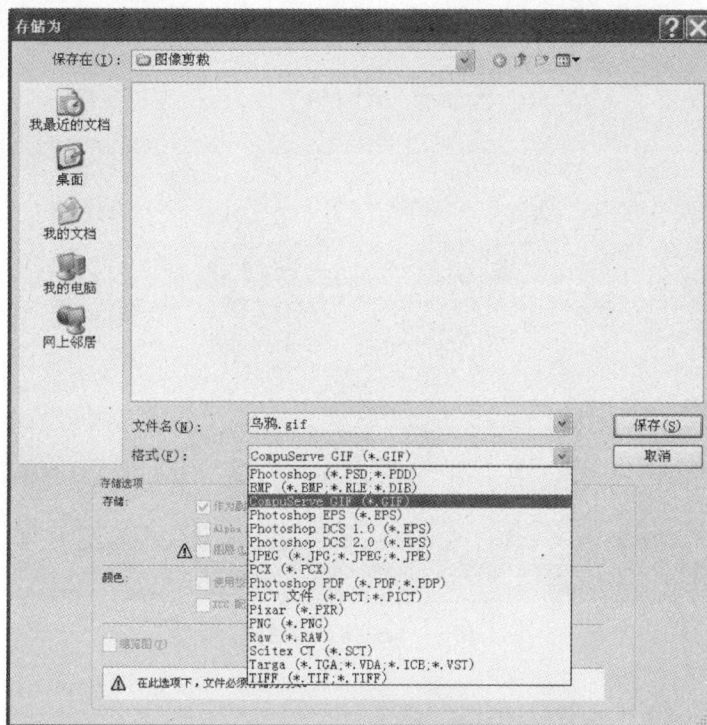

图1-52　"存储"对话框

保存后的图像如下图。(图1-53)

图1-53　剪裁后的图像

1.2.3　图像的合并

1. 直接组合法

把多张图片组合到一张图片之中,可以用很多种方法。直接组合法是最常用的一种,图1-54为效果图。

图1-54 组合效果图

具体操作步骤：

(1)打开一张图片作为背景图片。(图1-55)

图1-55 打开背景图片

（2）打开要组合的一张图片。（图 1－56）

图 1－56　打开要组合的一张图像

（3）用移动工具，按鼠标左键，把图像拖到背景图像中。（图 1－57）

图 1－57　图像移动

（4）运用缩放工具调整图像的大小。（图1-58、图1-59）

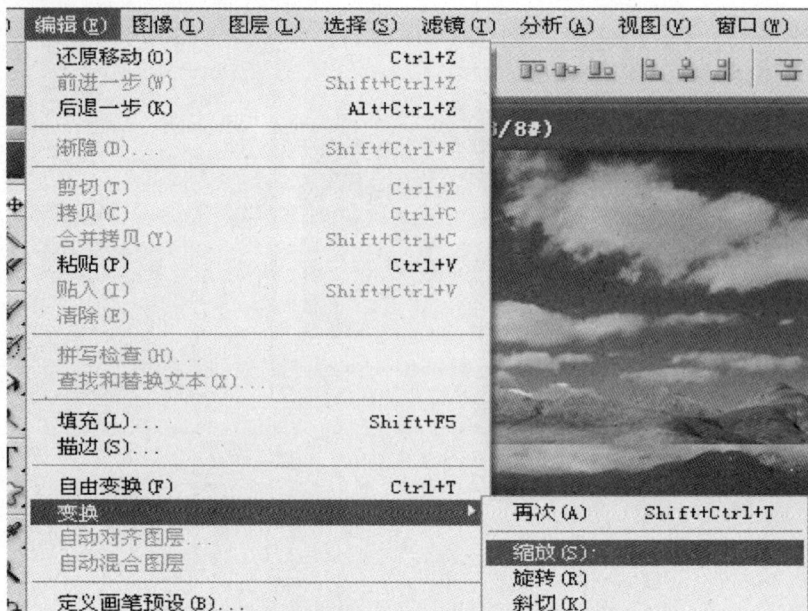

图1-58　选择缩放工具

图1-59　调整图像大小

（5）在软件右下角的图层窗口中双击"图层1"的图标,运用图层样式增加图像的立体效果,在图层样式中勾上"投影"和"外发光"两个选项。（图1-60、图1-61、图6-62）

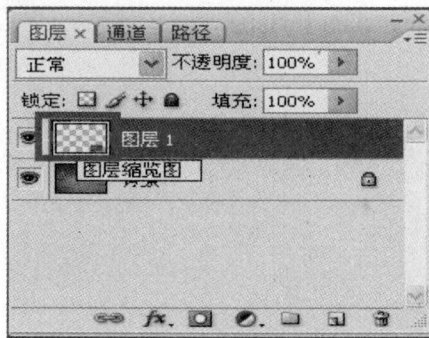

图1-60　调出图层样式

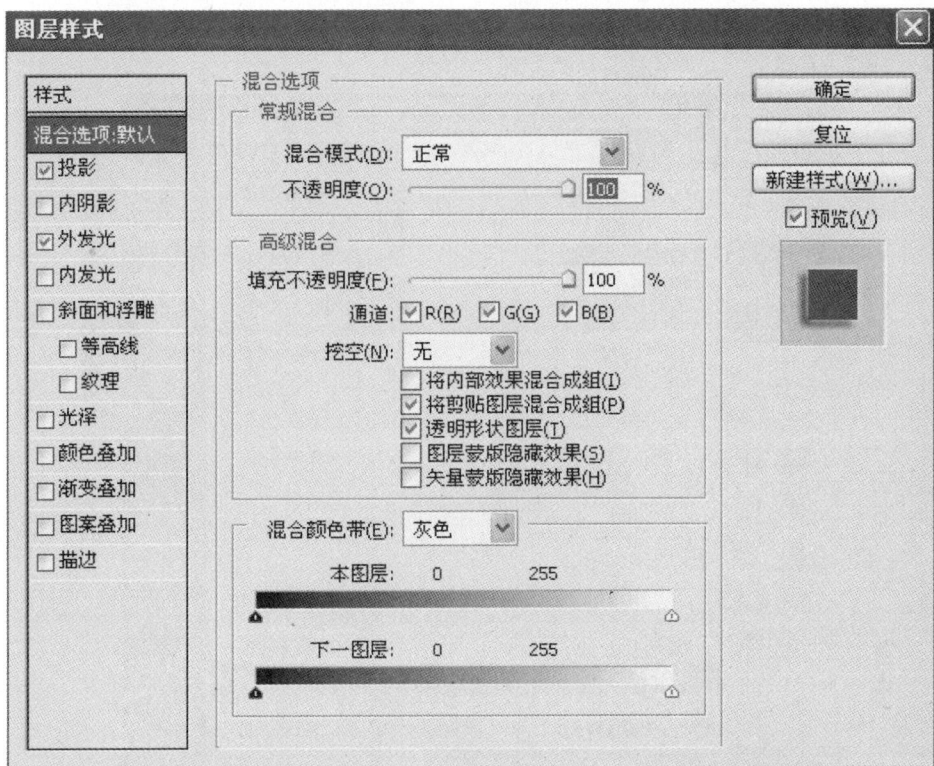

图 1-61　修改混合选项

图 1-62　修改后的效果图

（6）给图像描边。在菜单栏"编辑"中找到"描边"选项，然后设置边框的颜色和宽度。
（图 1－63、图 1－64）

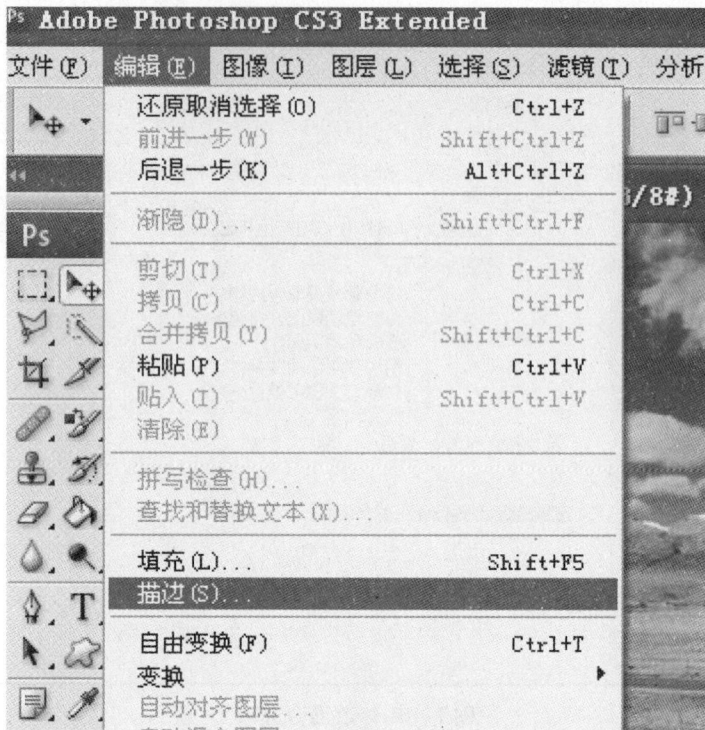

图 1－63　调出描边选项

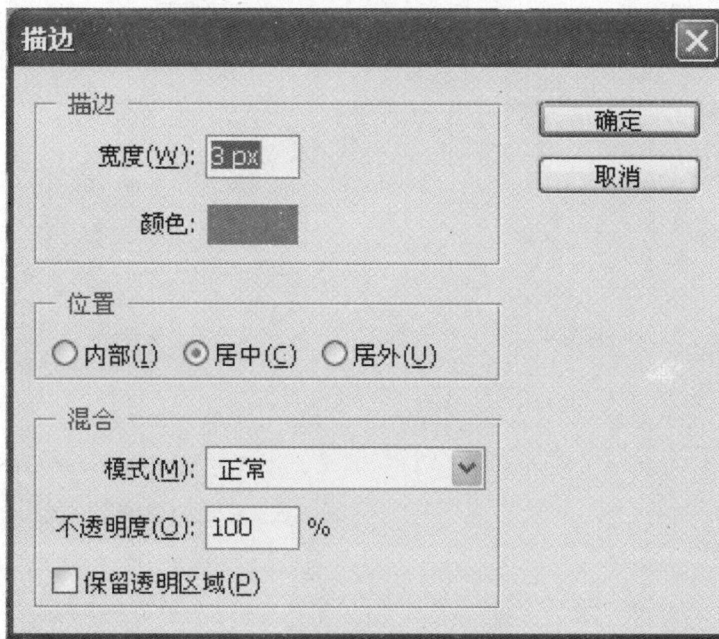

图 1－64　设置边的宽度与颜色

（7）点"确定"就形成了如下效果图。（图1-65）

图1-65　描边效果图

（8）其他图像的组合方式同上，然后保存图像。

2. 应用滤镜中的相关功能进行拼贴

应用滤镜中的拼贴功能的做法与上面的方法基本一致。只是在刚开始的时候打开的方式不同，具体操作如下：

（1）新建一个文档，然后选择菜单栏中"滤镜"的"风格化"选项，再选择"拼贴"。（图1-66）

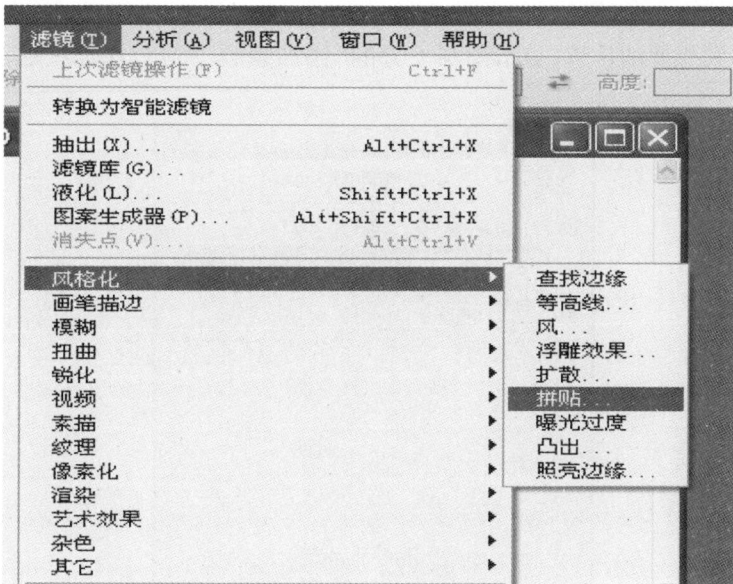

图1-66　打开拼贴界面

（2）设置相关拼贴的参数。（图1－67）

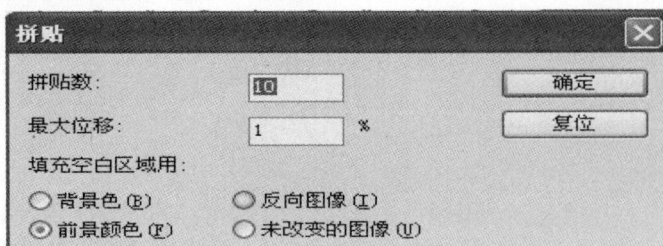

图1－67　设置相关拼贴的参数

（3）打开要拼贴的图像，然后进行拼贴。

3. 图像合并过渡

图像合并过渡有几种方法，比较常用的方法如下：

（1）应用蒙版

两张或多张图像合并后会有明显的不融合现象。（图1－68）

图1－68　图像合并

把图层1移到想要的位置，点击图层下方的"添加蒙版"按钮，添加一层图层蒙版。（图1－69）

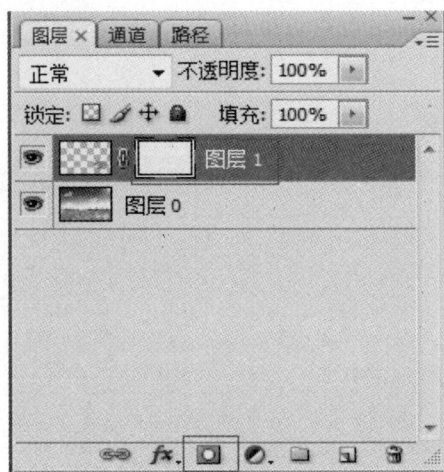

图1－69　为图层1添加蒙版

34

然后点击"渐变工具",选择"黑白渐变"。(图1-70)

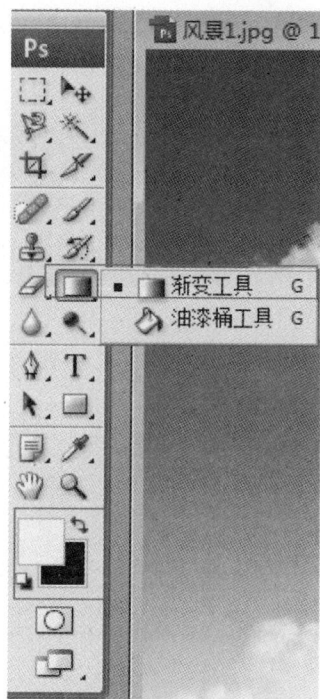

图1-70　选择渐变工具

在上面的那张图片点击中间靠下的位置,往下拉,放开鼠标,渐变效果就出来了。如果效果不满意,按"Ctrl + Z"撤销,重新拉出渐变效果。(图1-71)

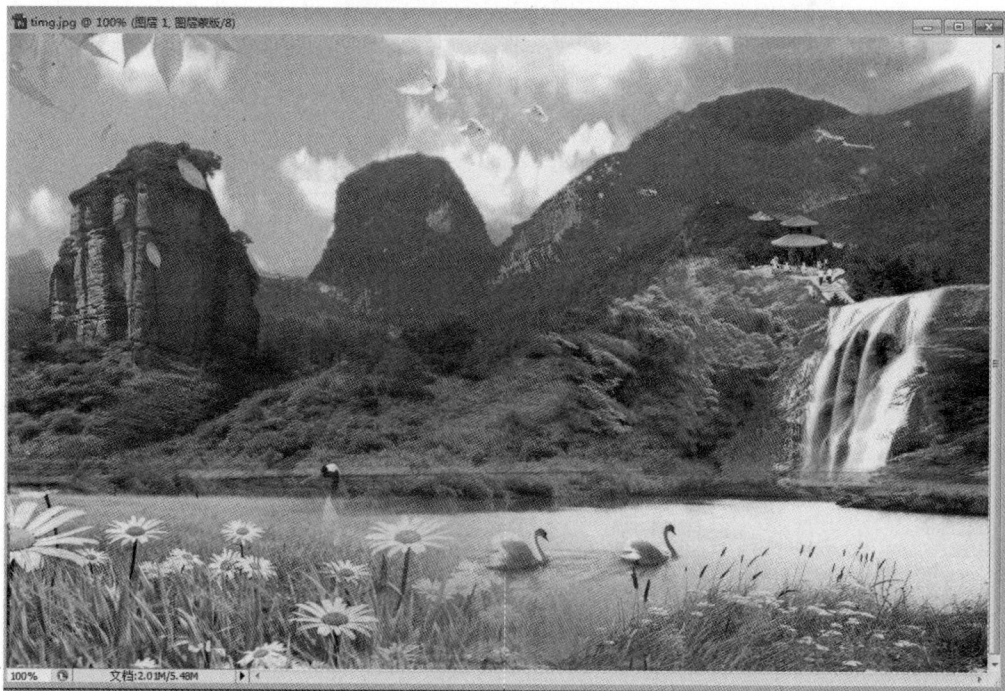

图1-71　效果图

（2）应用羽化

把"兔子"图片拉入到背景图片中,选择"兔子"图片(图 1 - 72),图中出现蚂蚁线,点击右键,选择"羽化"工具(图 1 - 73),然后设置羽化的值(图 1 - 74)。

图 1 - 72

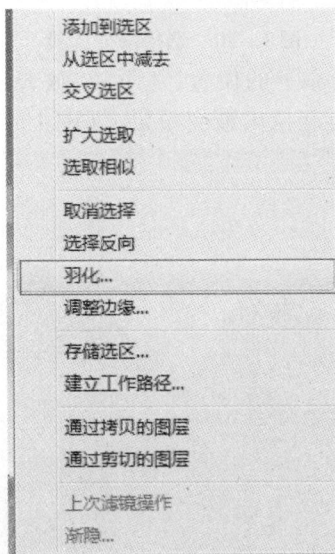

图 1 - 73　选中羽化

图 1 - 74　设置羽化的值

羽化的值根据需要渐变的大小来设置，一般 5 到 30 像素之间比较合适，最后按删除键，效果就出来了。（图 1 – 75）

图 1 – 75　效果图

1.2.4　特效制作方式

Photoshop 有很强大的制作图像特效的功能，在这简单地介绍一种在我们的教学中常常会应用到的一个案例。"把春天变成秋天"的制作方式。具体步骤如下：

（1）打开一张春天的图像。（图 1 – 76）

图 1 – 76　打开春天的图像

（2）点击图层面板下面的"创建新的填充或调整图层"按钮，选中通道混合器。（图1-77）

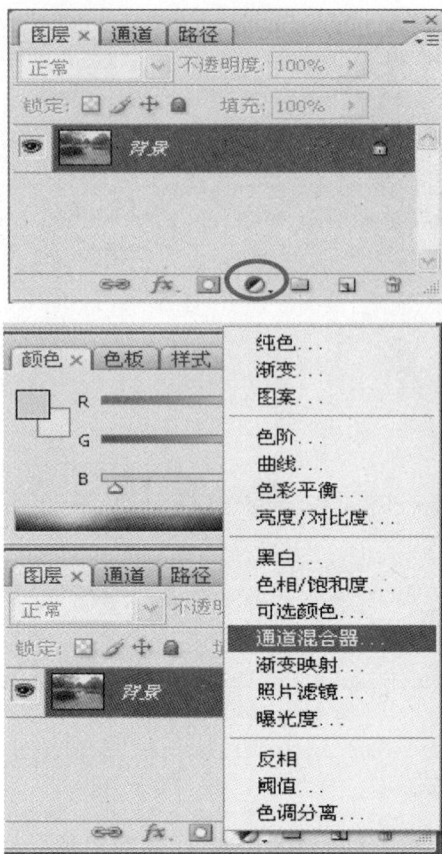

图1-77 选中通道混合器

（3）在打开的通道混和器的设置面板上把设置参数改为：红色-40、绿色+200、蓝色-40。（图1-78）

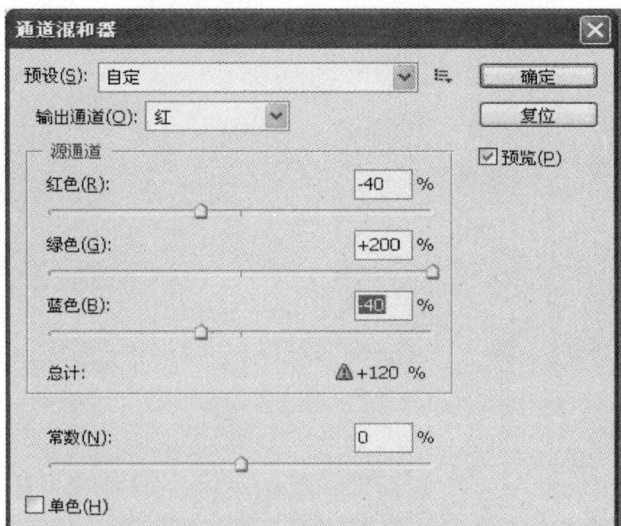

图1-78 设置参数

（4）点确定，就形成了如下的效果图。（图 1 – 79）

图 1 – 79 秋天效果图

1.2.5 图像背景的替换

当我们对图像的背景不满意时，可以替换图像的背景，替换的方法有很多种，比较简单的有以下几种：

1. 抠图替换的方法

具体步骤为：

（1）点击"文件"找出你要编辑的图片，然后点击"打开"。（图 1 – 80）

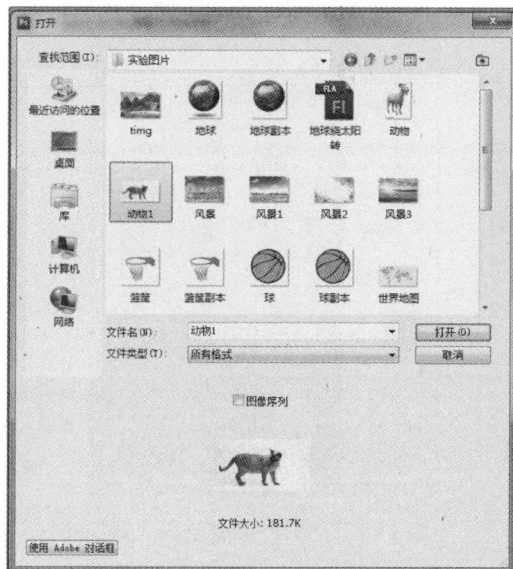

图 1 – 80 打开文件

（2）点击图层下面的"复制"一项,复制图层副本。（图1－81）

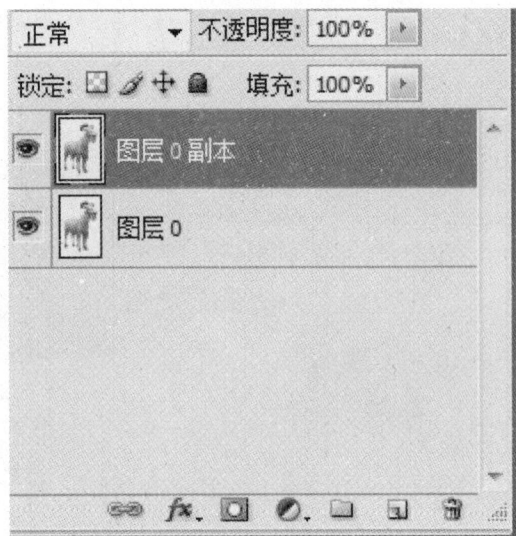

图1－81　复制图层

（3）点击"快速选择工具",然后在要抠图的区域点击"选取",选取时直接拖动鼠标（图1－82）,若反选则按住"Alt"拖动鼠标,按删除键,把动物抠出来（图1－83）。

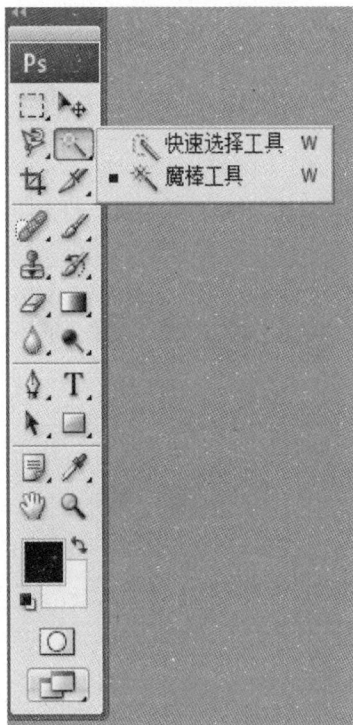

图1－82　选择"快速选择工具"

图 1－83

（4）点击图层中的"背景副本"，把前面的"眼睛"关掉。（图 1－84）

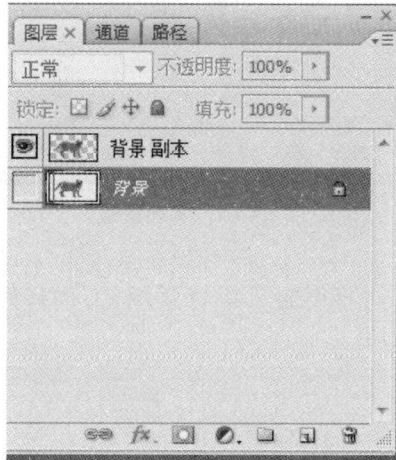

图 1－84　关闭背景图层的显示

（5）关闭背景图层的可显示之后，得到的效果图如下。（图 1－85）

图 1－85　抠出的效果图

（6）在图层的"背景副本"上添加"蒙版"。（图1-86）

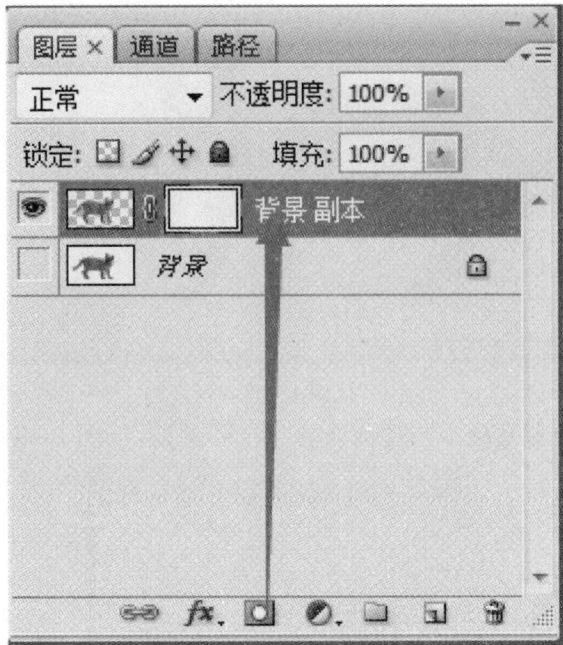

图1-86　添加蒙版

（7）点击"文件"/"置入"，选择要置入的背景图片，选择好后点击"确定"，背景图片就会显示在当前界面。（图1-87）

图1-87　置入新的背景图片

（8）将鼠标光标放在图片边缘的黑色小方框上面,拉伸图片,直到铺满整个背景画面。点击右上角的"移动工具",会出现一个对话框,直接点击"置入"即可。（图1-88）

图1-88　置入新的背景图片

（9）点击"图层"/"排列"/"后移一层",将背景图片移到前景图片的后面,效果就出来了。（图1-89）

图1-89　效果图

2.利用滤镜功能

有些图像外用魔术棒不易选取,这时就要用到滤镜中的液化功能来获取。如图像中的头发比较乱,不易抠取。具体步骤如下:

（1）打开所需换背景的图像。（图1－90）

图1－90

（2）按"Ctrl＋J"两次，分别得到图层1和图层1副本。（图1－91）

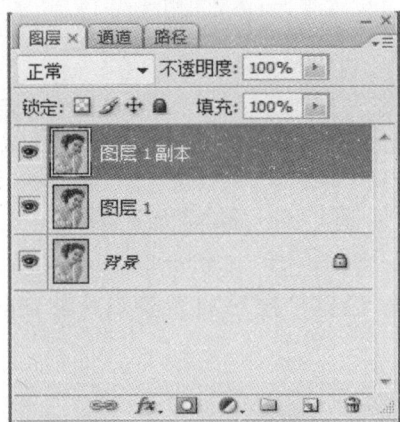

图1－91　复制背景图层

（3）新建图层2，放于图层1和背景层之间。填充颜色，作为检查效果和新的背景层。（图1－92）

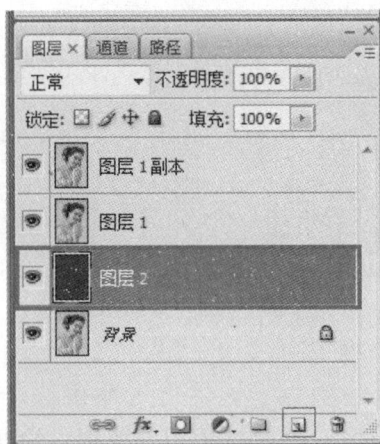

图1－92　新建图层2

　　(4)在图层1里执行"滤镜"/"抽出"命令,在"强制前景"处打钩,颜色设置为黑色(图1-93),用高光器工具按图示涂抹绿色(图1-94)。

图 1-93　设置"抽出"的参数

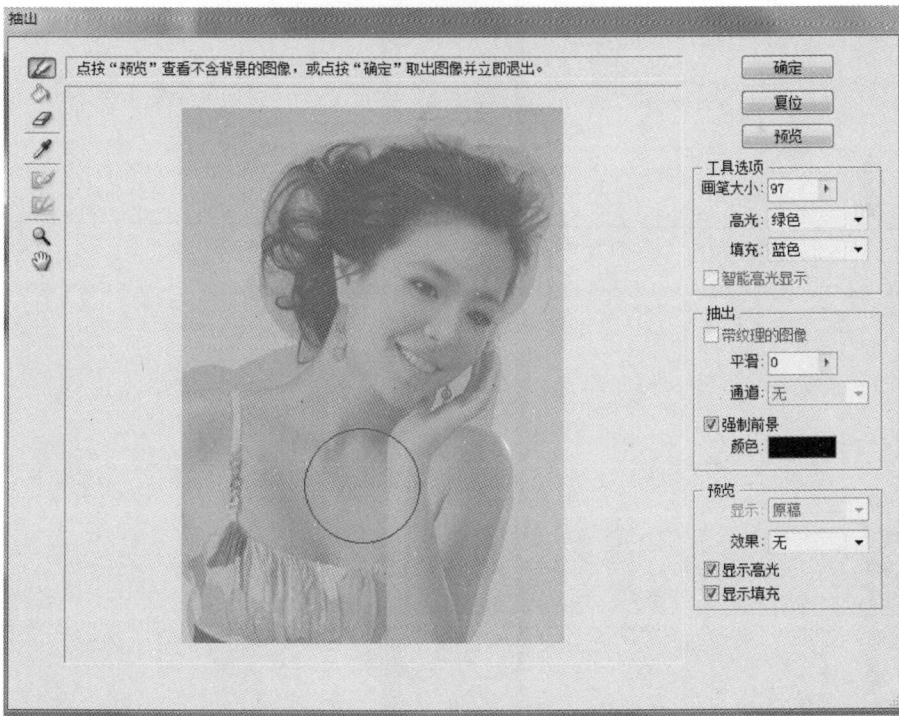

图 1-94　抽出人物图像

（5）点击"图层 1 副本"，再点击图示的右下角，添加图层蒙版（图 1 - 95），用"黑画笔"（图 1 - 96）涂抹出新的背景。

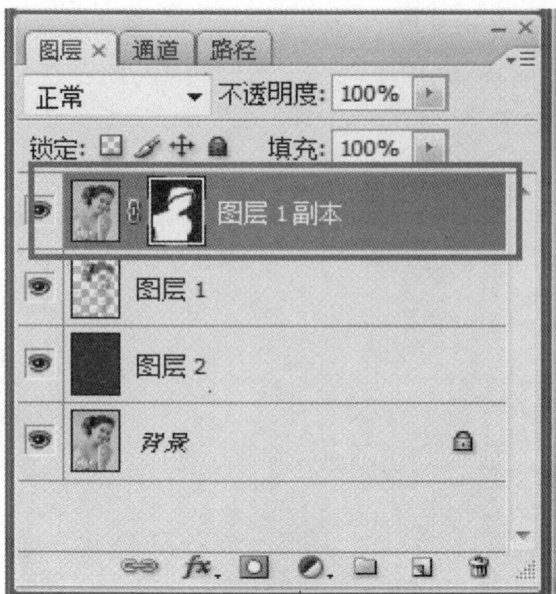

图 1 - 95　图层 1 添加蒙版

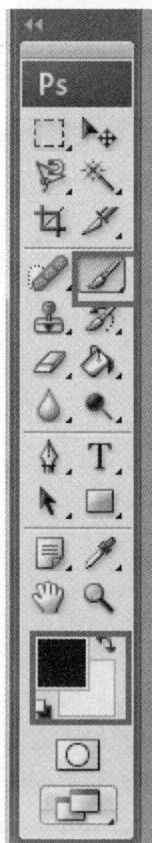

图 1 - 96　选取黑画笔

（6）如果在涂抹的过程中出现错误操作（图1－97），则把前景色改为白色（图1－98），在误操作的地方重新涂抹。

图1－97

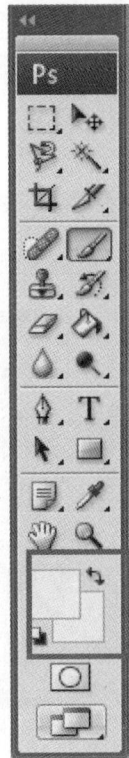

图1－98　修改前景色

（7）得到效果图如下。（图1-99）

图1-99　效果图

1.2.6　动画的制作

Photoshop 可以制作 GIF 动画。

1. 多图轮流出现的动画

我们在网页上经常看到几张图像轮流出现的动画，这种动画的制作过程为：

（1）分别打开几幅图像，这里我们打开两幅实像，分别是"篮球"和"地球"。（图1-100）

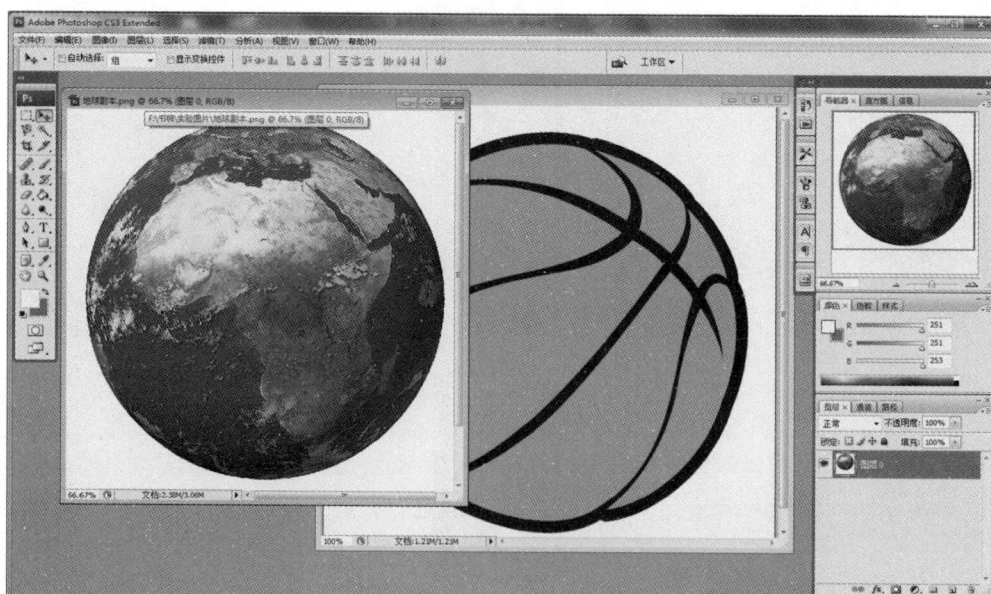

图1-100　打开图像

（2）把"地球"这张图拉到"篮球"这张图上面,出现如图 1 - 101 的图层。现在图层窗口中已有二个图层,分别是背景和图层 1。

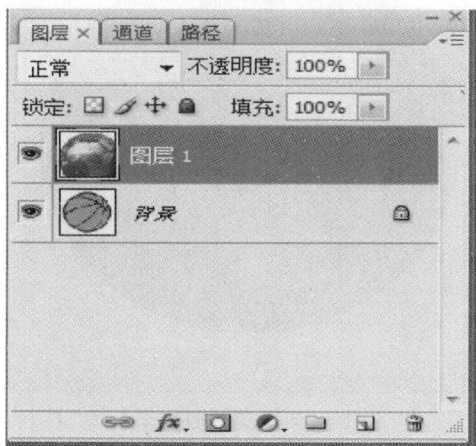

图 1 - 101

（3）调整"地球"即图层 1 中地球的大小,使地球与篮球大小一致。选择菜单栏中的"编辑"/"自由变换"（图 1 - 102）,这时,图像窗口会出现一个带有小正方形的方框,按住鼠标左键,调整大小（图 1 - 103）。

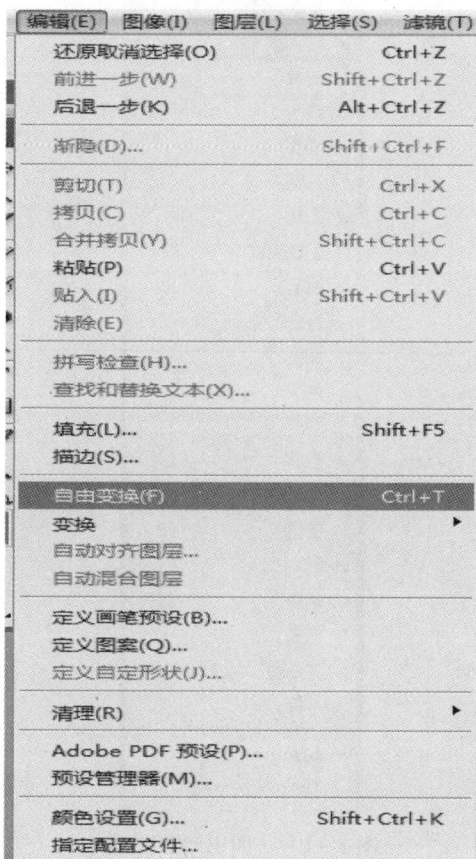

图 1 - 102　调整大小的选择

图 1 - 103　调整图像大小

（4）调整大小后，从菜单栏的"窗口"/"动画"中调出动画窗口。（图 1 - 104、图1 - 105）

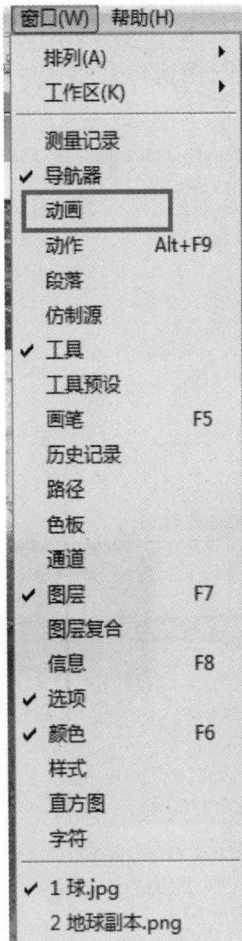

窗口(W)	帮助(H)	
排列(A)		▶
工作区(K)		▶
测量记录		
✓ 导航器		
动画		
动作	Alt+F9	
段落		
仿制源		
✓ 工具		
工具预设		
画笔	F5	
历史记录		
路径		
色板		
通道		
✓ 图层	F7	
图层复合		
信息	F8	
✓ 选项		
✓ 颜色	F6	
样式		
直方图		
字符		
✓ 1 球.jpg		
2 地球副本.png		

图 1 - 104　调出动画窗口

图1－105　动画窗口

（5）设置每帧动画的时间，即鼠标左键点击左下角的二个小三角形，设置每一帧的时间和运行的次数。（图1－106）

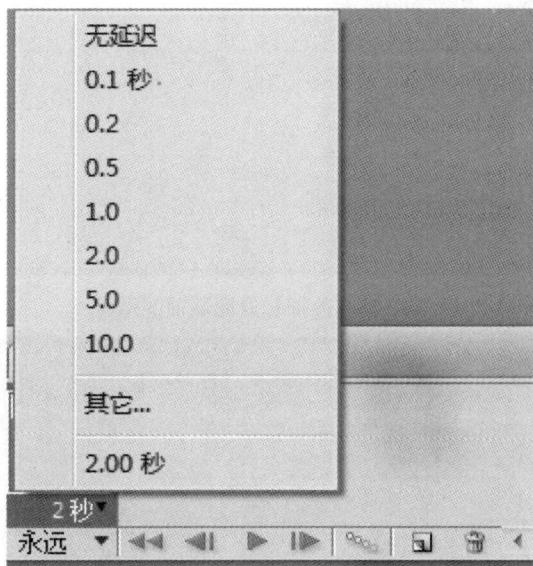

图1－106　设置动画时间

（6）在动画窗口中选择"复制所选帧"，点击一下，出现了第二帧。（图1－107）

图1－107　复制帧

（7）在图层窗口设置可见性，即在图层窗口把"背景"图层前面的"眼睛"关掉。（图1-108、图1-109）

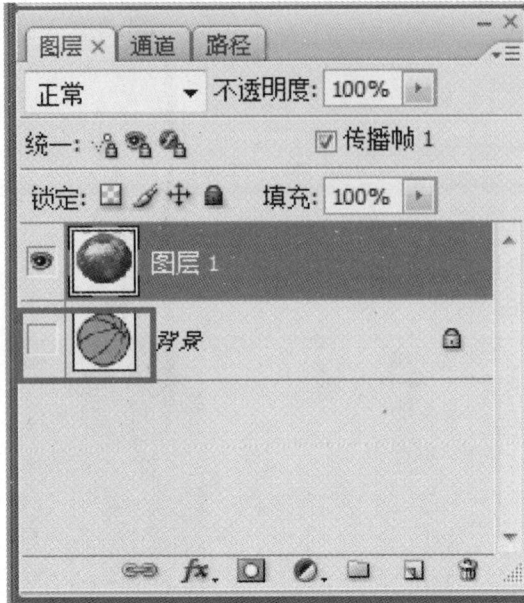

图1-108　关掉背景图层前的眼睛

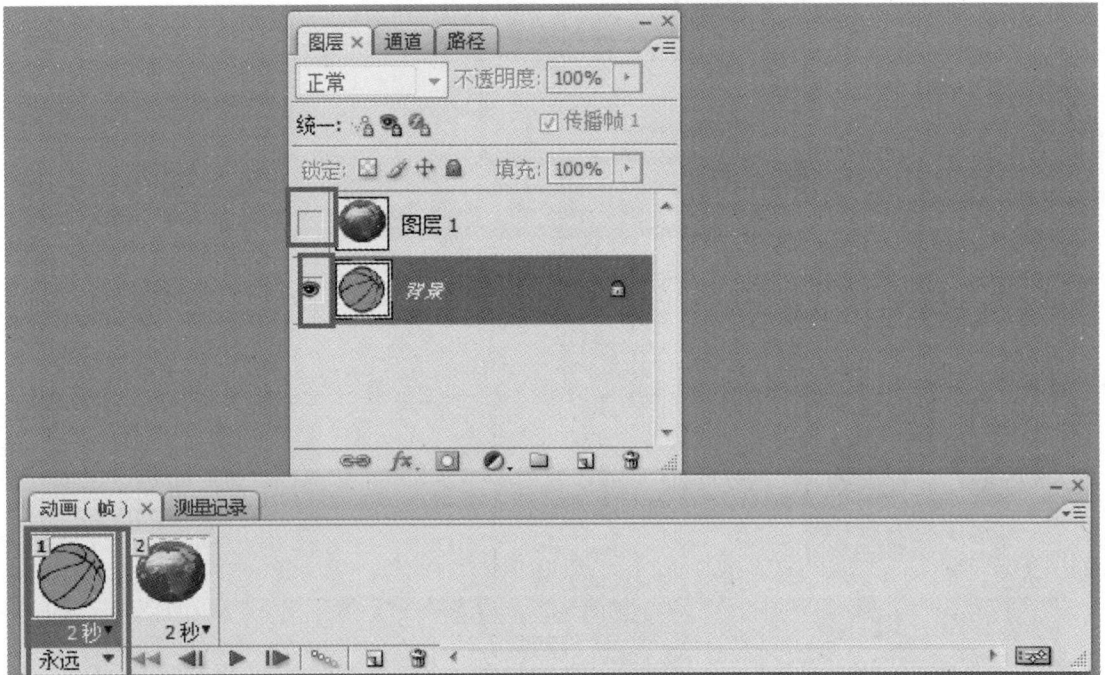

图1-109

（8）保存动画。通过上面的制作，基本上把动画制作好了，在"文件"/"存储为web和设备所用格式"中进行文件的保存（图1-110），然后对保存窗口进行设置（图1-111）。

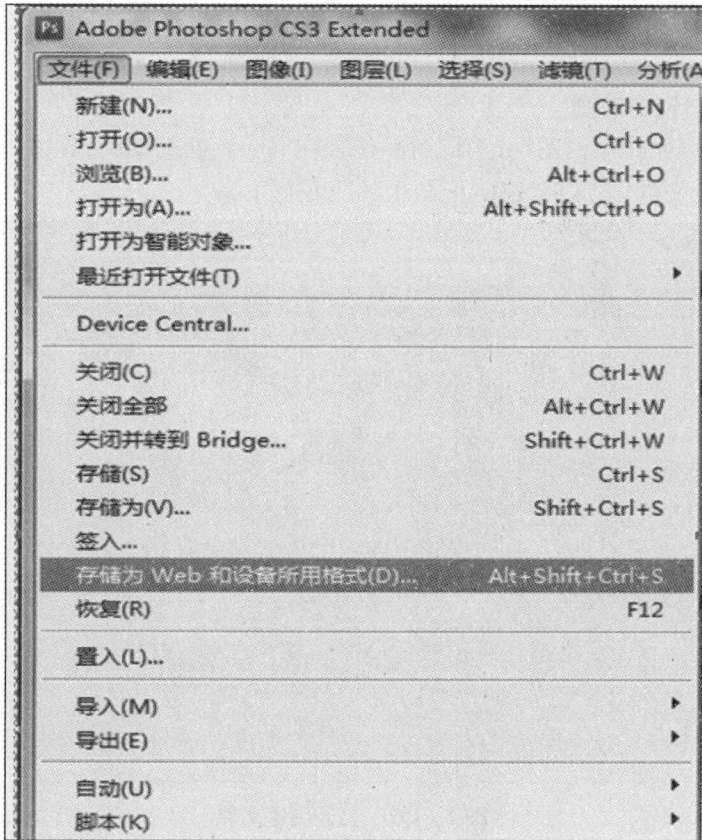

图 1 – 110　调出保存动画窗口

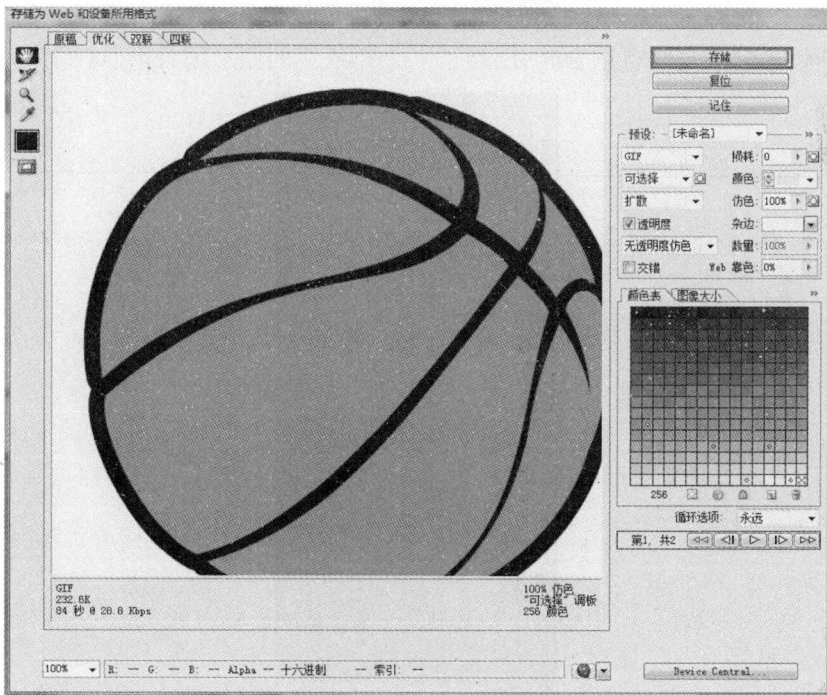

图 1 – 111　保存设置

(9)点击"存储",这样保存好了动画,格式为 GIF,可以在网页和图像浏览器中浏览动画了。

2. 多图继时出现的动画

Photoshop 可以制作不同图层、不同时间出现在同一页面的动画,具体步骤如下:

(1)打开一个文件(图 1 - 112),把图中的荷花抠下来。

图 1 - 112　打开图像文件

(2)应用工具栏中的"磁性套索工具"进行抠图(图 1 - 113)。磁性套索工具是根据图的形状来选取图像。首先把鼠标移动到所要选取的图像的起点,点击左键,然后移动鼠标,选取图像的形状,当起点与终点重合时,出现了一个蚂蚁线的图形闭合形状(图 1 - 114)。

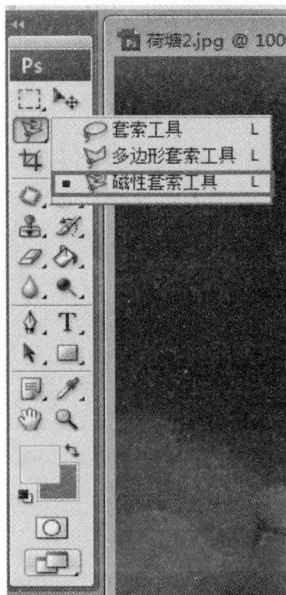

图 1 - 113　磁性套索工具

图 1 – 114　应用图形套索抠取图像

（3）复制所抠取的图像,可以按"Ctrl + C"键,也可以应用菜单栏的"编辑"/"拷贝"来实现。然后新建一个文件,并对新建的文件进行属性设置,把名称改为"hh1",背景内容改为"透明"。（图 1 – 115）

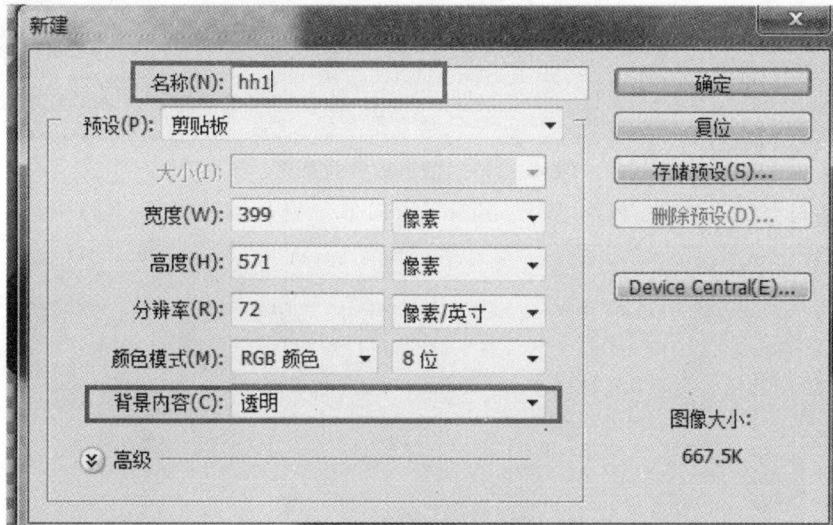

图 1 – 115　修改新建文件属性

（4）把复制好的抠出的图像拷贝到新建的文件之中,可以按"Ctrl + V"键,也可以应用菜单栏的"编辑"/"粘贴"来实现。（图 1 – 116）

图 1-116

（5）应用相同的方法再抠取一朵荷花。（图 1-117）

图 1-117　抠出白色的荷花

（6）重新打开一个文件，作为背景，在图层窗口显示为背景图层。（图 1-118）

图 1-118　打开背景图像文件

56

（7）把文件 hh1 和 hh2 中的图像拉到背景图层页面中。可以应用工具栏中的"移动工具"直接把图像拉入。（图 1 – 119）

图 1 – 119　把新建的两个图层中的图像拉入到背景图层

（8）两个图层中的图像拉入后，形成的效果图如下（图 1 – 120）。在图层窗口可以看到三个图层，分别是背景图层、图层 1 和图层 2。

图 1 – 120　效果图

(9)分别复制图层 1 和图层 2,形成了图层 1 副本和图层 2 副本(图 1 - 121)。复制后的效果图如图 1 - 122 所示。

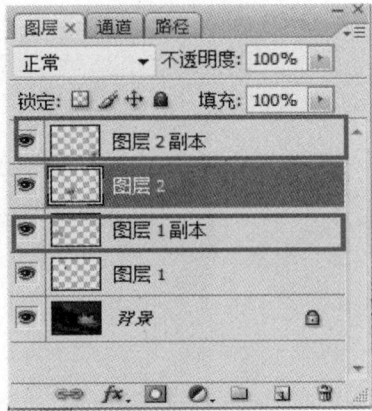

图 1 - 121　复制图层

图 1 - 122　复制后的效果图

(10)设置动画效果。把图层窗口中除了背景图层外的其他图层前面的"眼睛"用鼠标左键点击一下,就关掉了这些图层的可视。(图 1 - 123)

图 1 - 123　关闭图层的"眼睛"

（11）设置动画（帧）的运行时间。（图1-124）

图1-124　设置动画（帧）的运行时间

（12）复制动画窗口中的第2帧，就有了第2帧，然后在图层窗口把图层1前面的"眼睛"打开，即只需点击一下图层1前面的小方框，在页面中就会出现一朵白色的荷花。（图1-125）

图1-125　设置动画第2帧

（13）根据上面的方法，分别设置第3、4、5帧。（图1－126、图1－127、图1－128）

图1－126　第3帧的设置

图1－127　第4帧的设置

图 1 - 128　第 5 帧的设置

（14）预览制作好的动画。在动画窗口下面的一栏中点击播放按钮，就可以预览动画了。（图 1 - 129）

图 1 - 129　预览动画

（15）保存动画。

1.3　思维导图的制作

思维导图是表达发散性思维的有效的图形思维工具，它简单却又很有效，是一种革命性的思维工具。思维导图运用图文并重的技巧，把各级主题的关系用相互隶属与相关的层级图表现出来，把主题关键词与图像、颜色等建立记忆链接。思维导图充分运用左右脑的机能，利用记忆、阅读、思维的规律，协助人们在科学与艺术、逻辑与想象之间平衡发展，从而开启人类大脑的无限潜能。思维导图因此具有人类思维的强大功能。

思维导图又称脑图、心智地图、脑力激荡图、灵感触发图、概念地图、树状图、树枝图或思维地图，是一种图像式思维的工具以及一种利用图像式思考辅助工具。思维导图是使用一个中央关键词或想法，引起形象化的构造和分类的想法；它是用一个中央关键词或想法，以辐射线形连接所有的代表字词、想法、任务或其他关联项目的图解方式。基本软件有XMind、Coggle、MindMapper、MindManager等。

1.3.1 XMind软件介绍

XMind是一款非常实用的商业思维导图软件,它应用全球最先进的Eclipse RCP软件架构,全力打造易用、高效的可视化思维软件,强调软件的可扩展、跨平台、稳定性和性能。(图1-130)

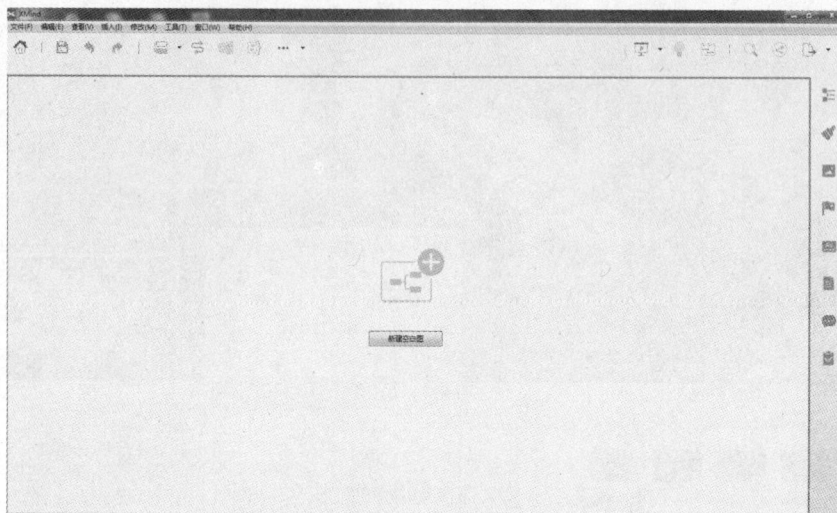

图1-130 XMind界面

XMind有19种视图窗口可以编辑、展示及管理思维导图,分别是属性、图标、剪贴画、风格、备注、录音、批注、大纲、浏览、索引、甘特图、任务信息、检查器、文件编辑历史、搜索、高级过滤、拼写检查、黑匣子和局域网共享。(图1-131)

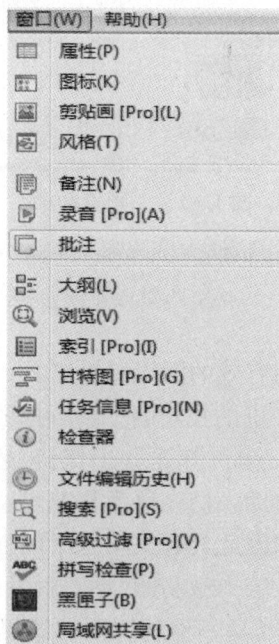

图1-131 视图窗口

1."大纲"工具及其功能

"大纲"工具是对所绘思维导图的内容及层级结构进行显示。(图1-132)

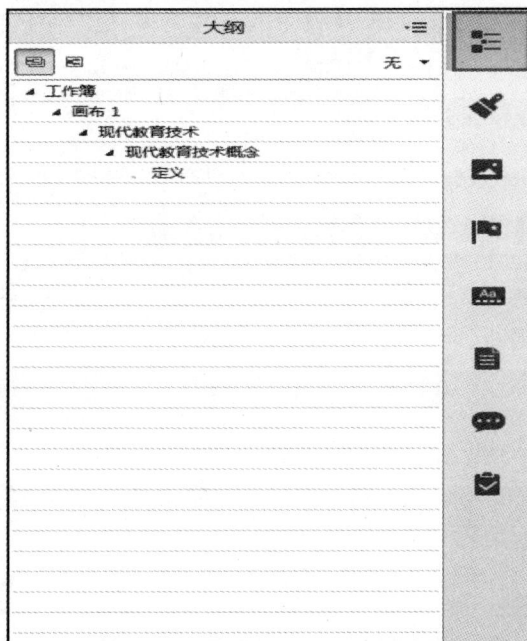

图1-132 "大纲"工具及其功能

2."格式"工具及其功能

"格式"工具可以对思维导图的结构、文字(大小、颜色、样式及排列)等、外形和边框、连接线进行修改。(图1-133)

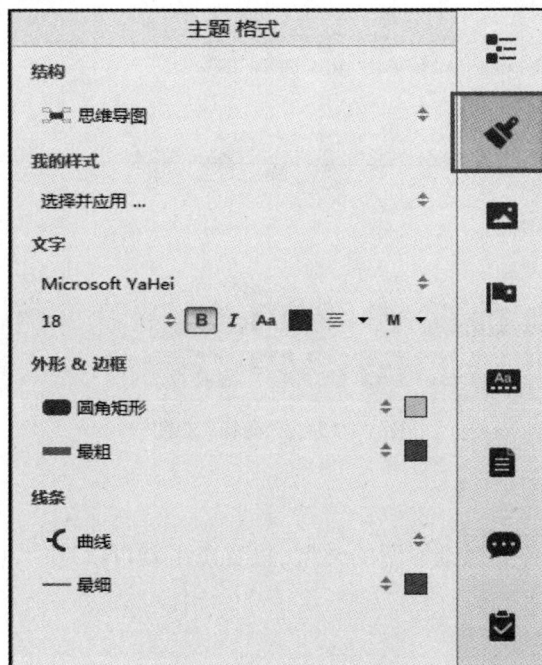

图1-133 "格式"工具

3."图标"工具及其功能

"图标"工具中提供了各种类型的图标,如数字、表情、任务进度、旗子、星星、人像、箭头及各种其他的符号(图 1-134)。如果升级的话还有更多、更复杂的图标。

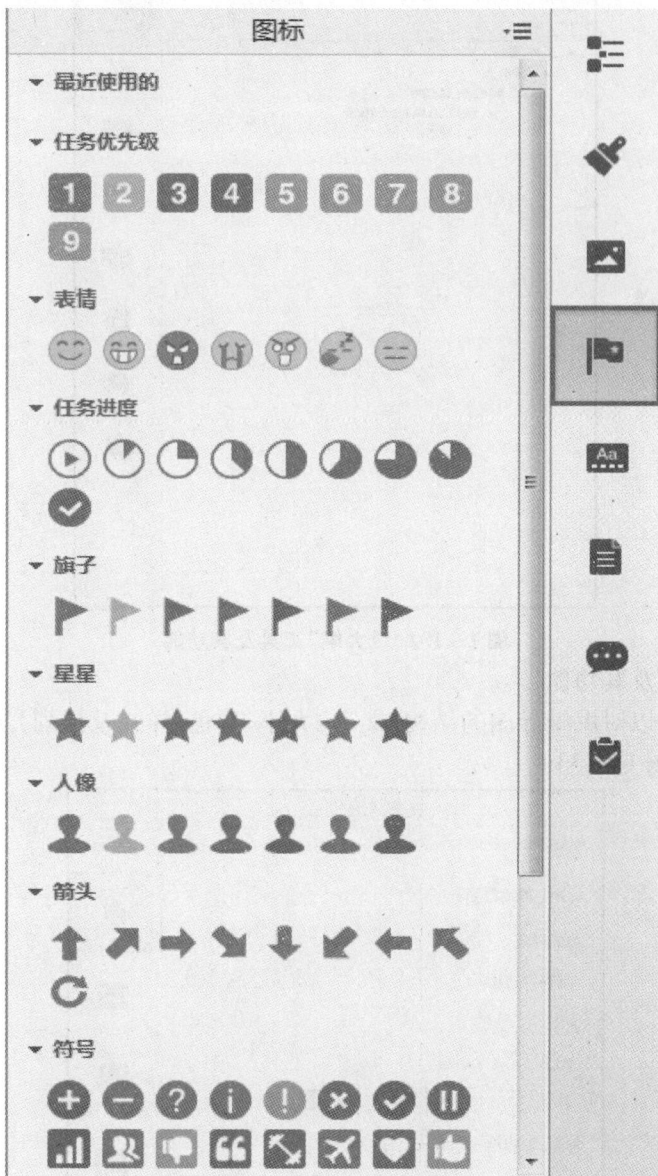

图 1-134 "图标"工具

4."风格"工具及其功能

"风格"工具提供了各类思维导图的类型,只要点击就可以选中,可以根据自己需要的类型进行选择。(图 1-135)

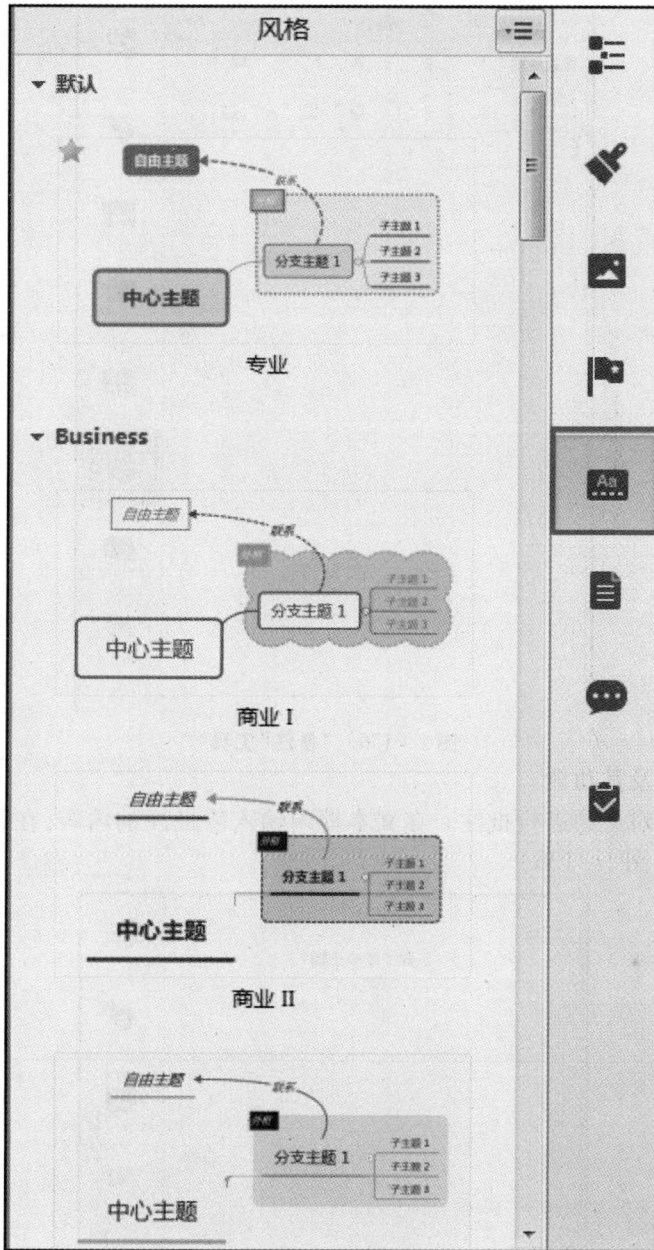

图 1 - 135　"风格"工具

5."备注"工具及其功能

"备注"工具是对画布上的内容进行备注,以便可以更为详细地说明画布上的主题。备注工具提供了文字、图片、链接及对文字等的修改等各项功能。(图 1 - 136)

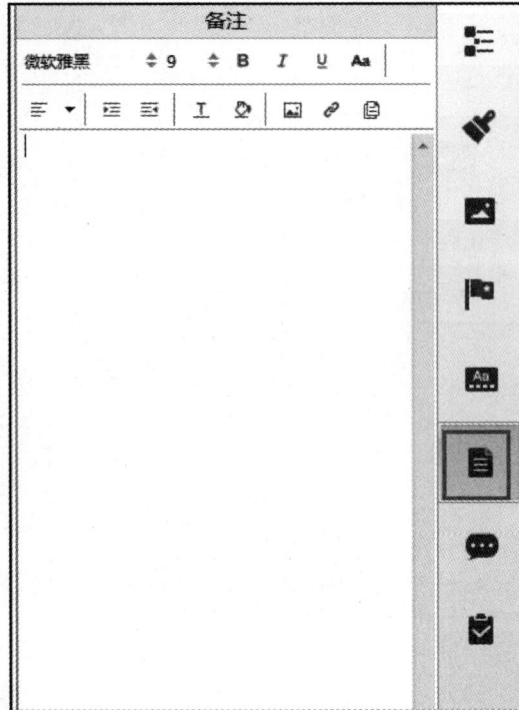

图1-136 "备注"工具

6. "批注"工具及其功能

"批注"工具是对主题进行批注。在文本框内输入需批注的内容,在画布上会有相应的显示。(图1-137、图1-138)

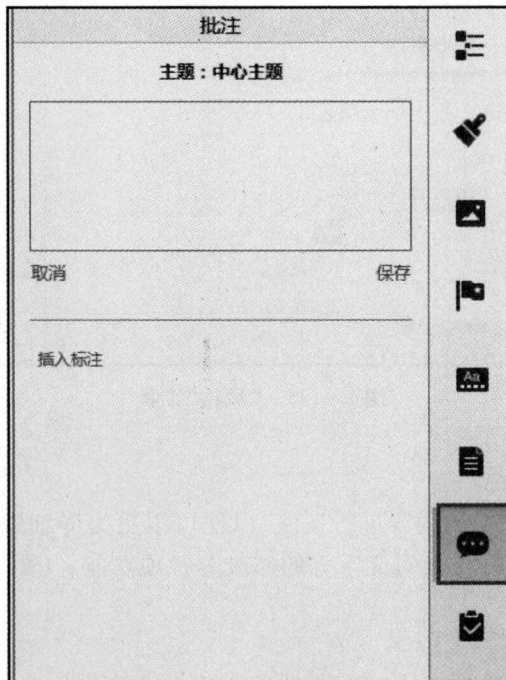

图1-137 "批注"工具

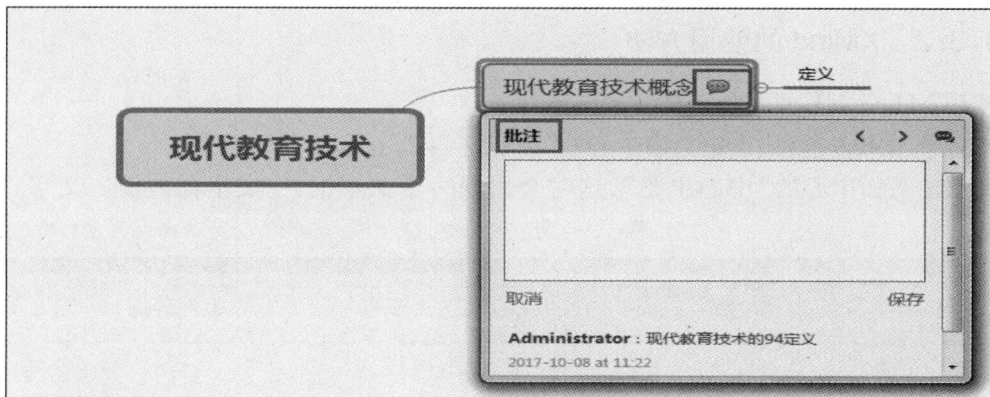

图 1-138　主题的批注

7."模板"工具

Xmind 提供了大量现在的模板供使用者选择,用户可以根据自己的需要进行选择。(图 1-139)

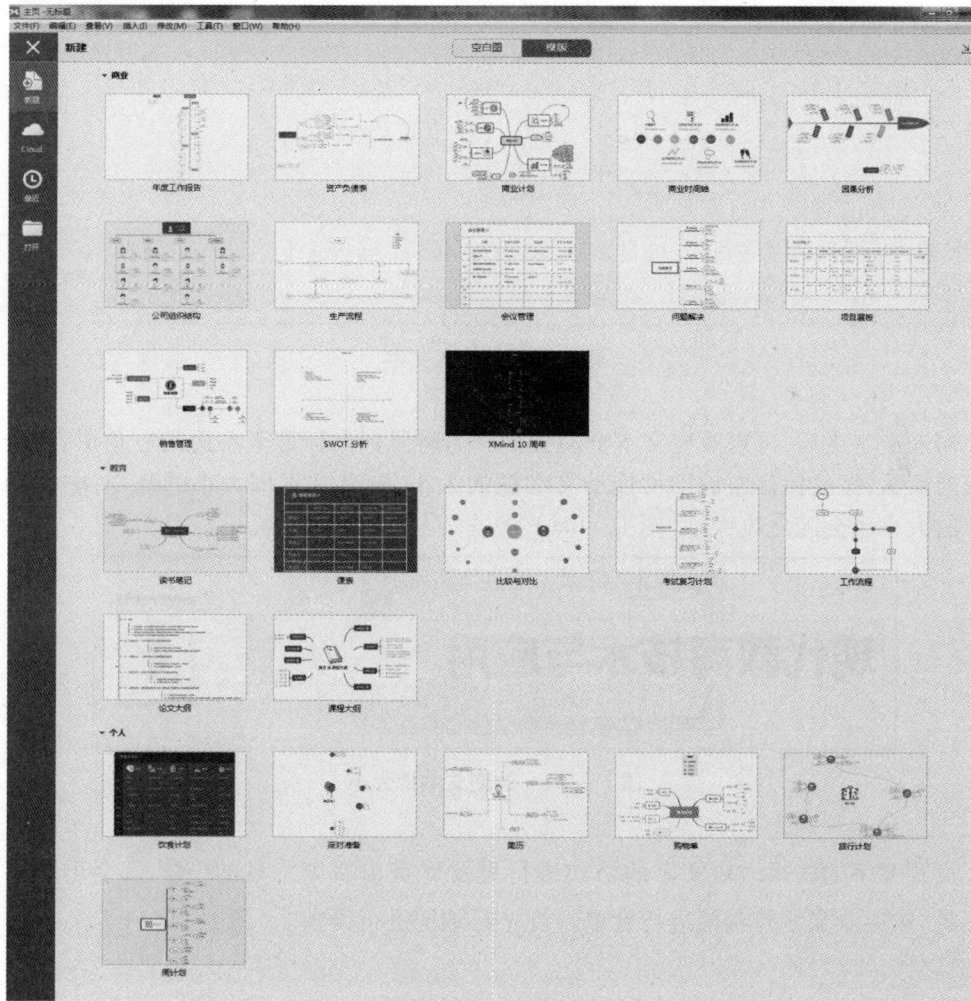

图 1-139　模板

1.3.2 XMind 的使用方法

应用 XMind 制作思维导图的方法具体如下：

1. 打开 XMind 软件，点击页面中心的"新建空白图"。

2. 双击页面中心的"中心主题"，这时会出现一个文本框，在文本框内输入文字。（图 1-140）

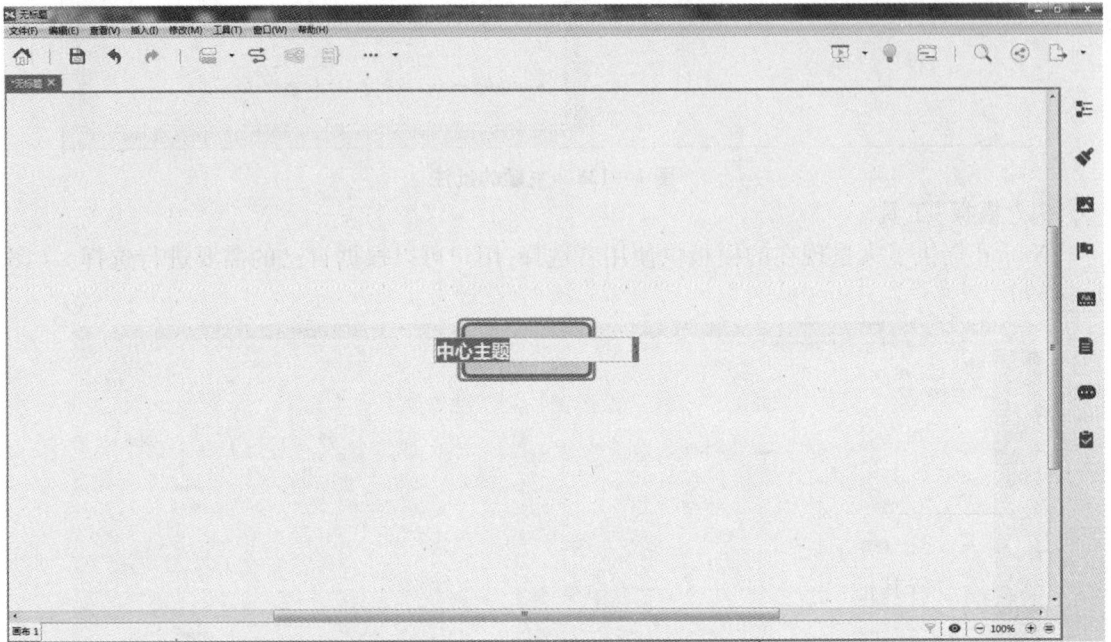

图 1-140　输入文字

3. 输入文字之后，可以改变文本框的大小。当将鼠标光标移至右边的三角形旁，会出现一个双向箭头，按住鼠标左键即可拖动文本框的大小，随着文本框大小的改变，中间的圆角长方形的大小也会随之改变。（图 1-141）

图 1-141　改变文本框大小

4. 设置文字的格式。对文字的格式进行设置先点击右侧工具的" ✔ "，会出现格式设置的工具，然后对文字及其他进行设置。首先对结构进行设置。（图 1-142）

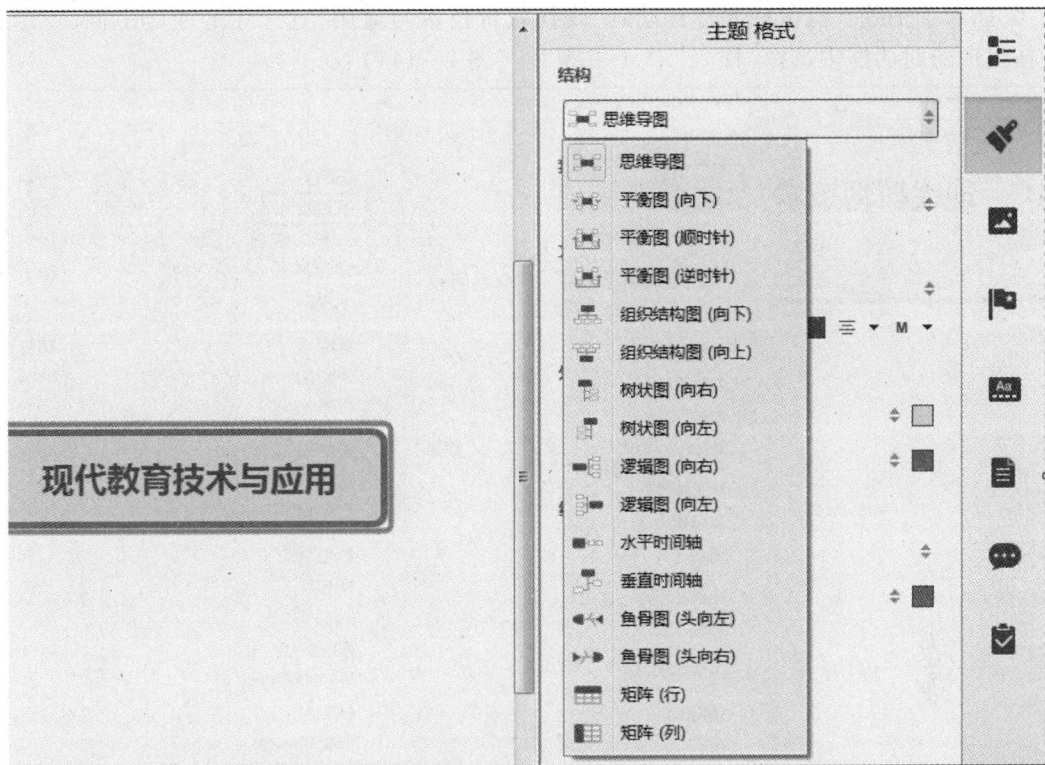

图1-142　结构设置

5. 然后进行其他选项的设置,图1-143为设置好的效果图。

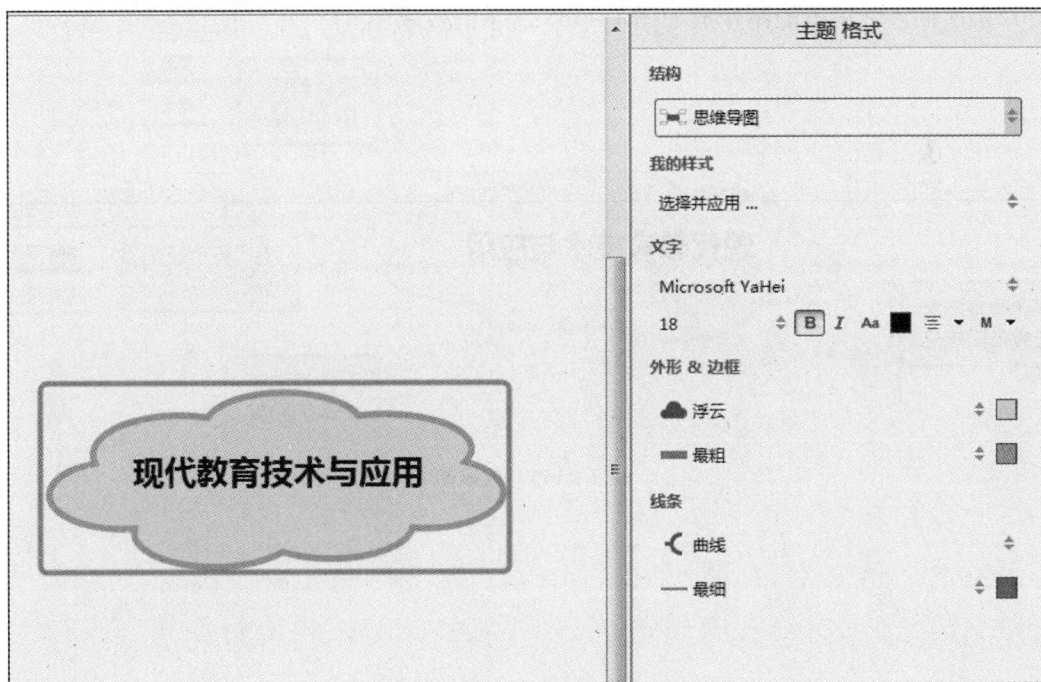

图1-143　重新设置后的效果图

6. 插入子主题。将鼠标光标移动到"现代教育技术与应用"这个中心主题上面,点击右键,在出现的对话框中选择"插入"/"子主题"。(图 1 – 144)

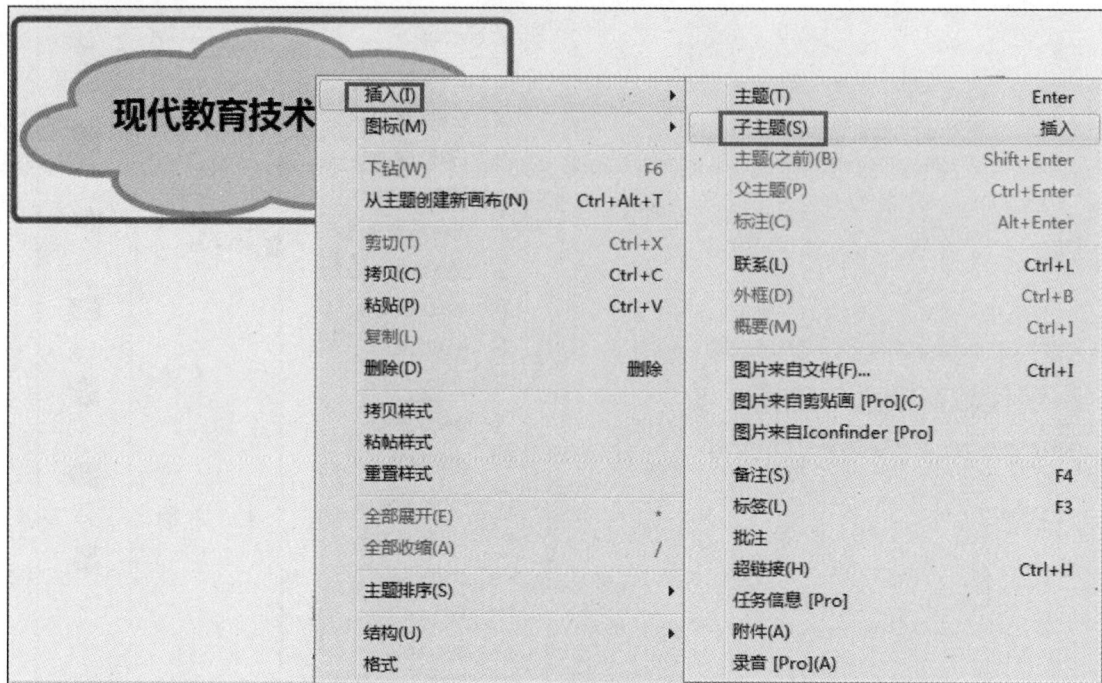

图 1 – 144　插入子主题

7. 多次插入之后就能制作成如图 1 – 145 所示的效果图。

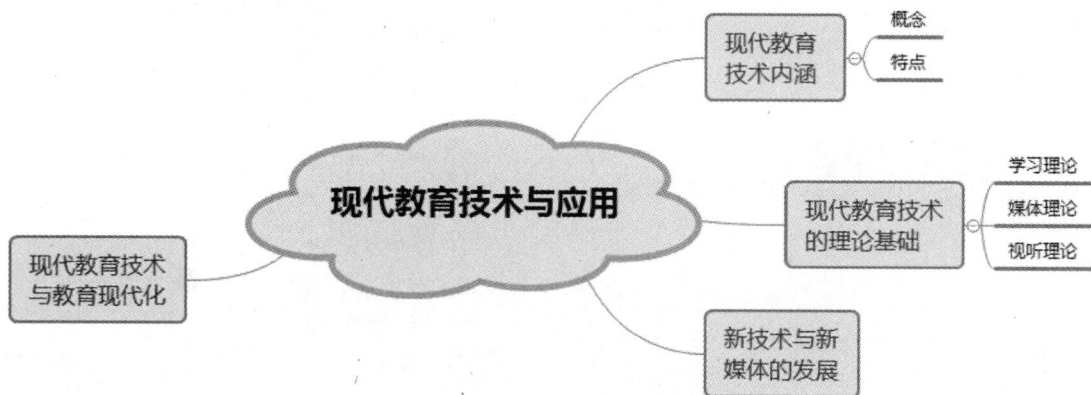

图 1 – 145　效果图

8. 一般情况下,制作好的图像的位置不会进行改变,要移动位置,需进行相关的设置:点击菜单栏中的"修改"/"允许自由位置"。(图 1 – 146、图 1 – 147)

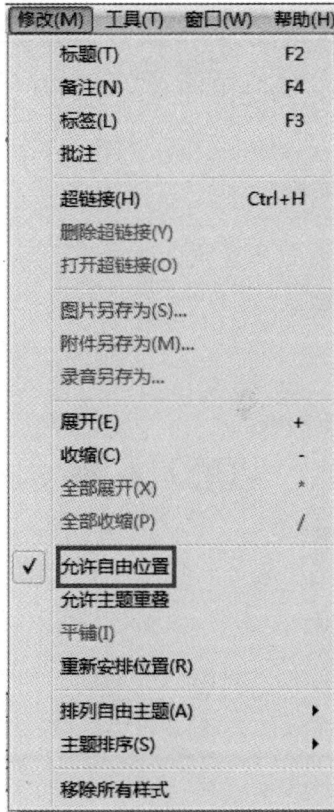

图 1 – 146　设置自由移动

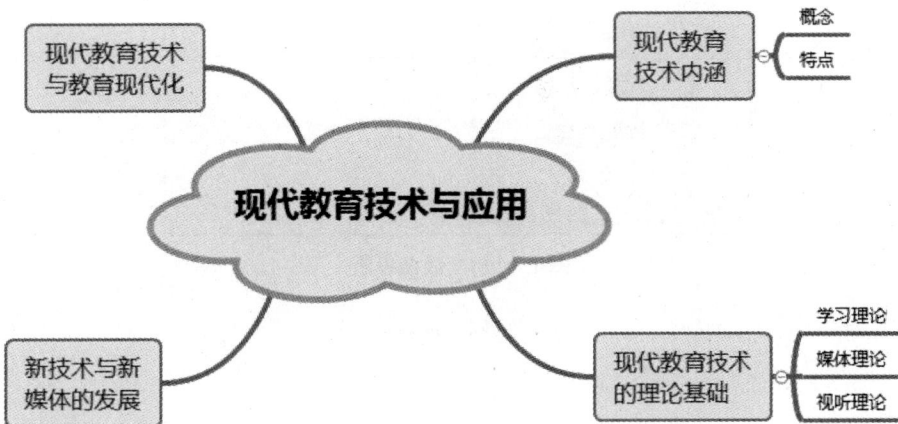

图 1 – 147　移动后的图

9. 还可以在主题格式中对连接线进行设置(图 1 - 148、图 1 - 149)。设置好后的效果图如图 1 - 150 所示。

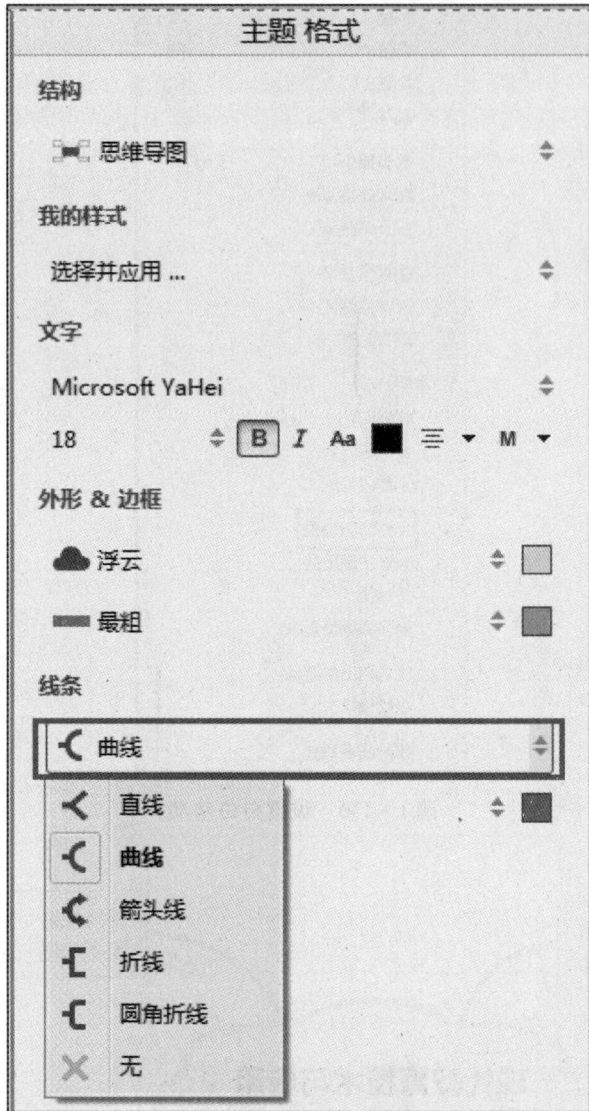

图 1 - 148　线条设置

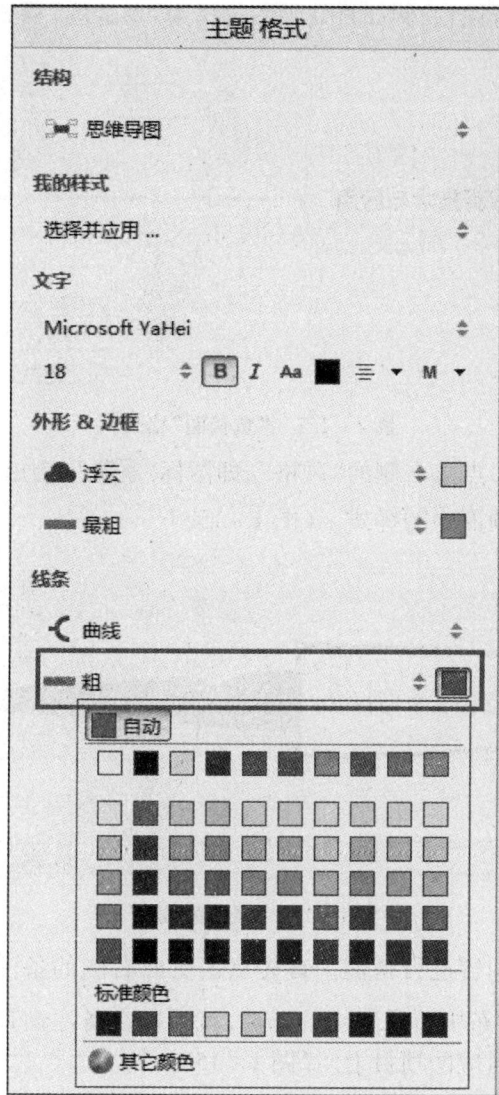

图 1 - 149　线条粗细与颜色设置

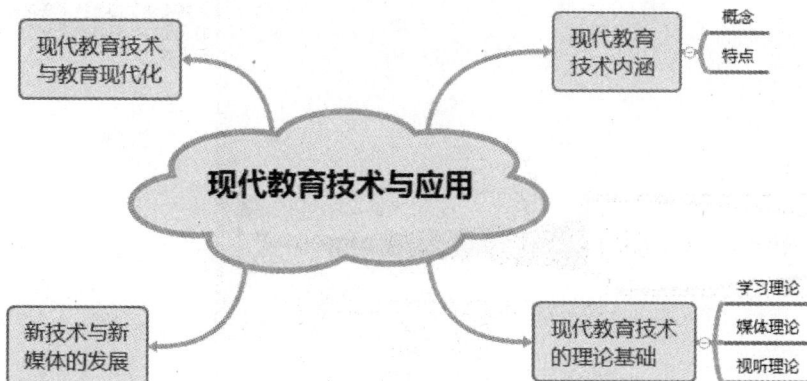

图 1 - 150　效果图

10.也可以对结构进行设置,例如将效果图选择为"鱼骨图"格式。(图1-151)

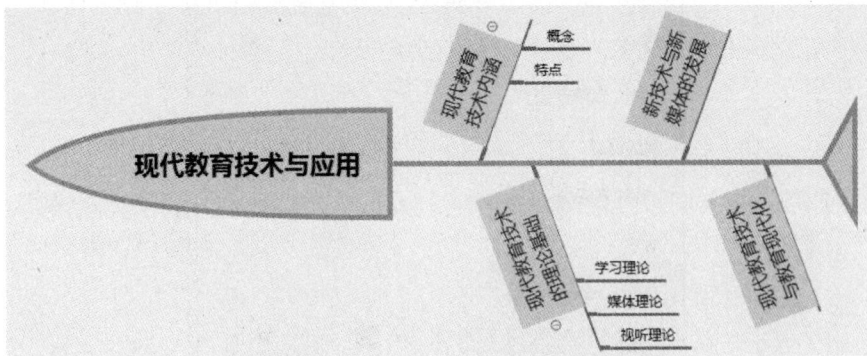

图1-151 "鱼骨图"格式

11.改变图形的风格。点击右侧的"风格",即图标" ",会出现风格的样式,选中所需的样式,双击后就会改变画面中的样式。(图1-152)

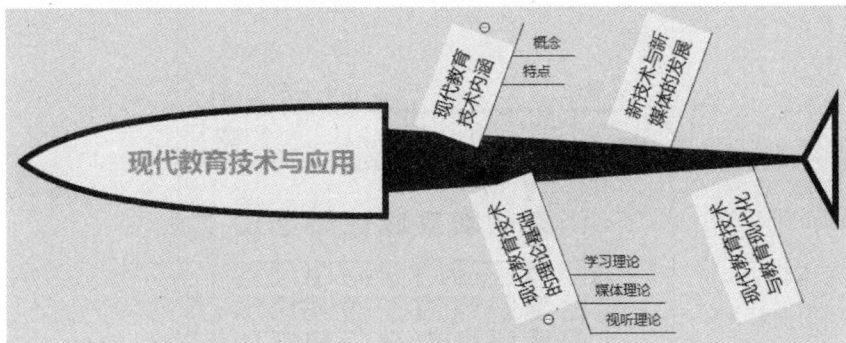

图1-152 风格的改变

12.对图形中的各项内容进行备注。首先点击页面右侧的备注图标" ",出现了"备注"的窗口,然后再点击画布中所需备注的选项,就可以在备注窗口进行备注了。写完备注后,相应的备注会出现在对应的项目上。(图1-153)

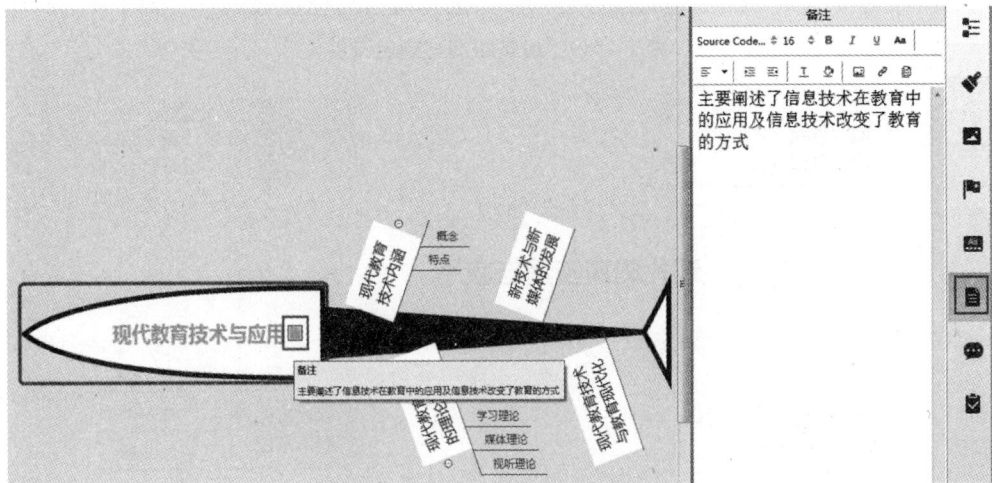

图1-153 备注相关的内容

13. 为相关项目插入批注。点击图标""，然后点击你要进行批注的项目，然后在批注文本框中输入批注的文本，在相关的项目上会出现相应的批注内容。（图 1 – 154）

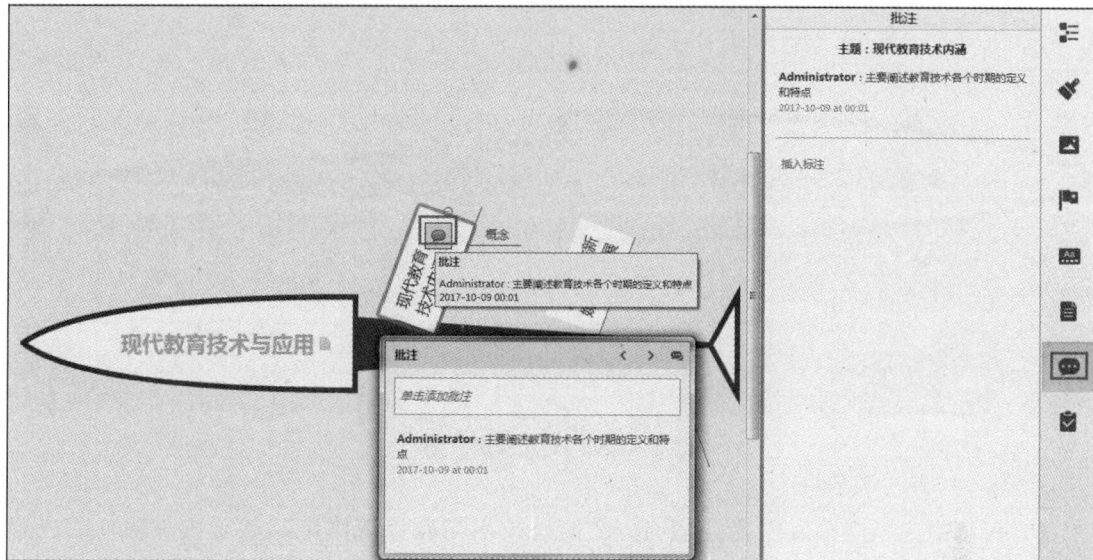

图 1 – 154　插入批注内容

14. 为图形插入图标。点击右侧的""，会出现图标选项，然后双击要插入图标的内容，会出现文本框，选择要插入图标的位置，点击右侧的图标，这些图标就会出现在相应的文本框内。（图 1 – 155）

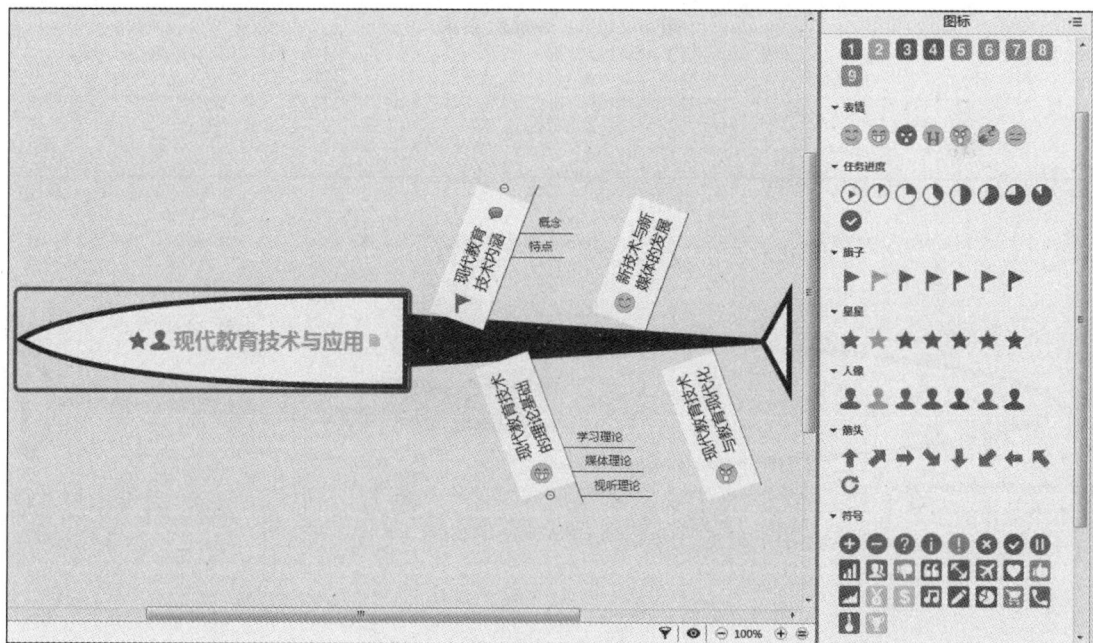

图 1 – 155　添加图标

15. 为所绘图形添加"自由主题"。在画布上相应的位置双击，会出现"自由主题"字样，

这样你就可以在画布上随意添加自由主题了。(图1－156)

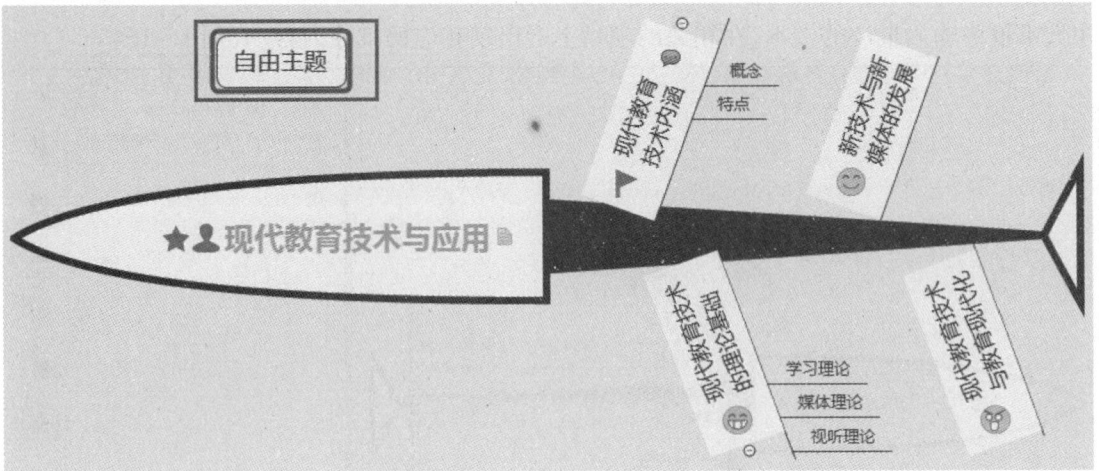

图1－156　插入自由主题

16.在自由主题内输入内容,这里输入"信息技术与教育现代化",然后再对输入的内容进行格式设置。设置完后,可以添加相应的联系线(图1－157),效果如图1－158所示。

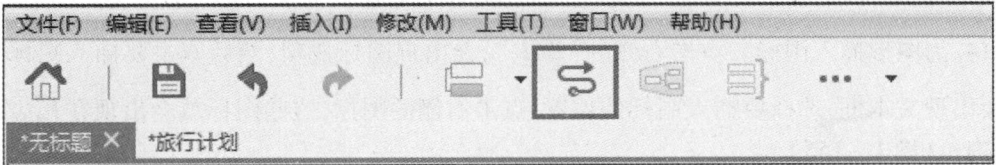

图1－157　添加联系线

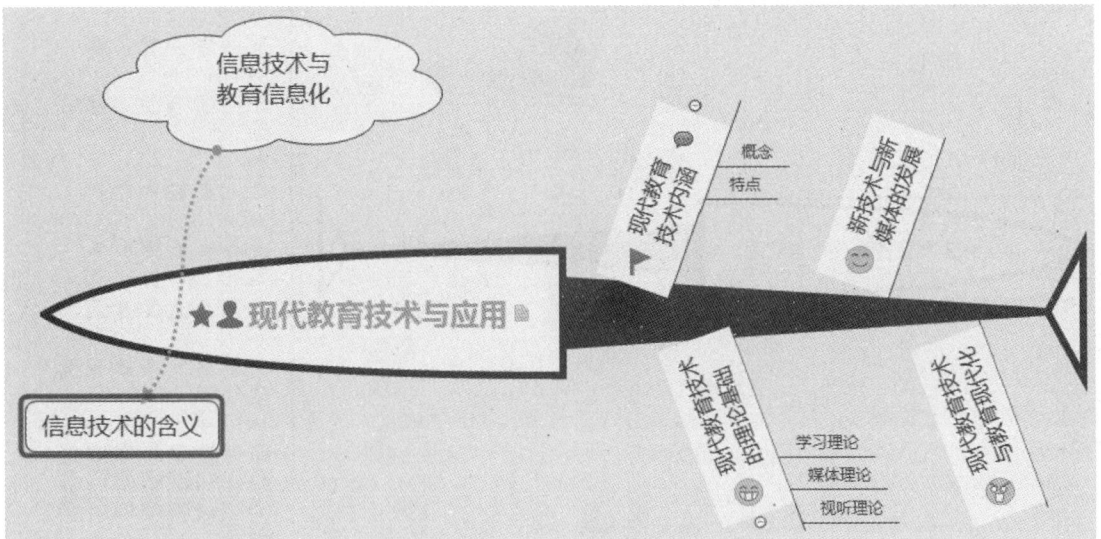

图1－158　自由主题及联系

17. 为画布上的内容添加外框。外框的图标为" "（图 1 – 159）。首先单击画布上所要添加外框的内容,然后单击外框图标,就会为相应内容加上外框。（图 1 – 160）

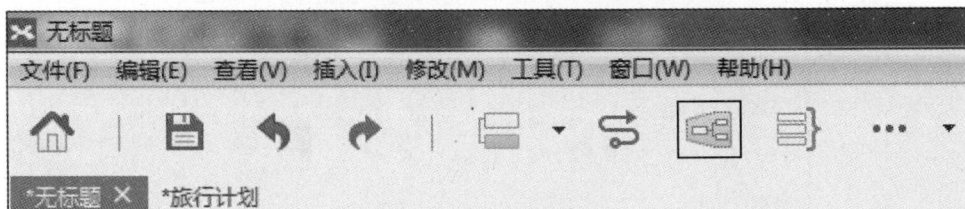

图 1 – 159　外框图标

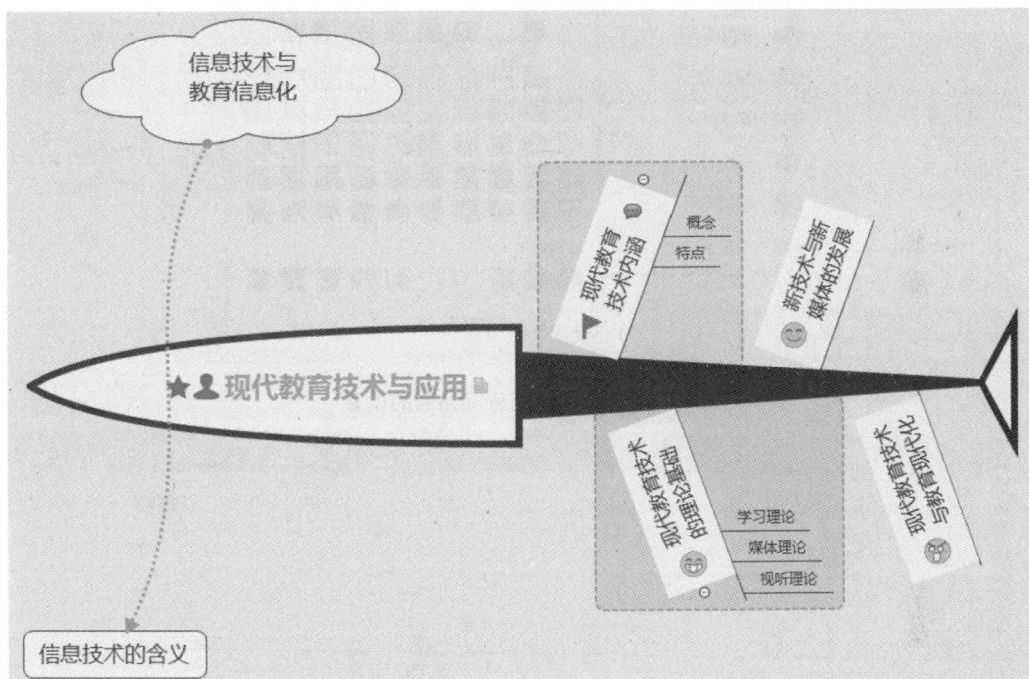

图 1 – 160　添加外框

然后对外框进行相应的格式设置:点击外框,在页面的右侧会出现相应的设置工具(图 1 – 161),点击外形的下拉式菜单就可以看到预设的外框样式,选中所需的就行了,我们在这选择了扇贝形。点击颜色,可以出现颜色的选择框,选中所需颜色即可。设置好后的效果图如图 1 – 162 所示。

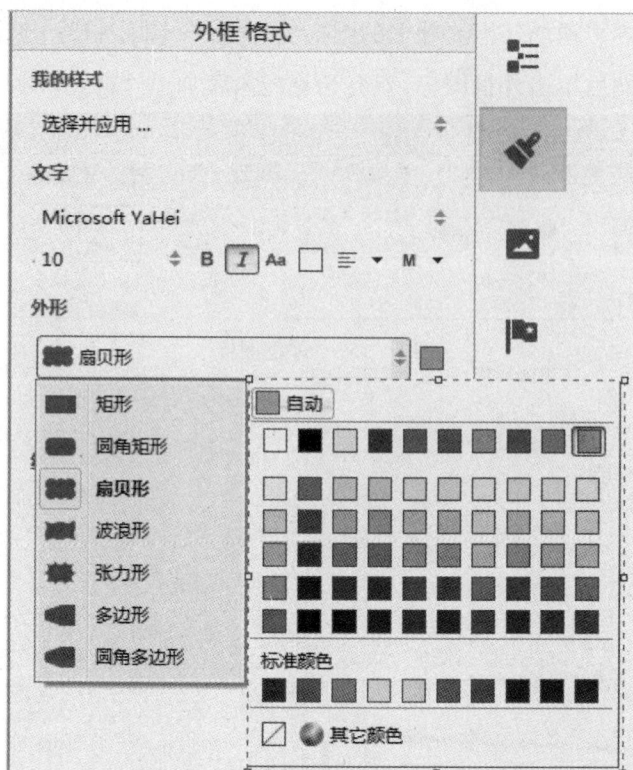

图 1 - 161　外框颜色及外形的设置

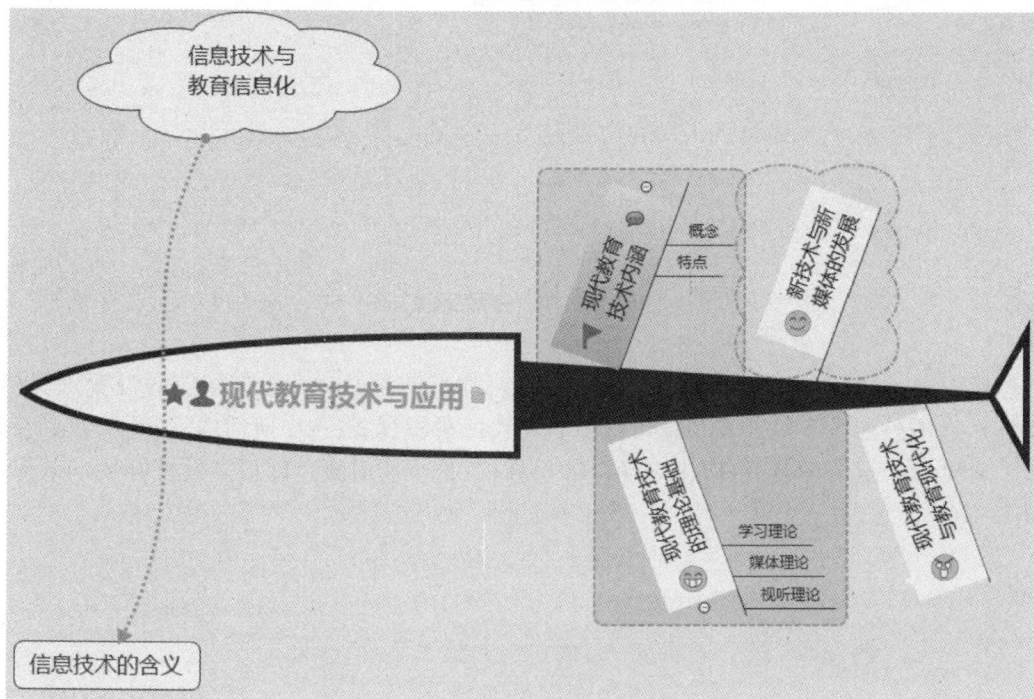

图 1 - 162　外框设置后的效果图

18. 模板的应用。XMind 提供了很多模板,我们在这儿以旅游模板为例进行介绍。点击页面左上角的"⌂"(图 1 - 163),会出现大量的模板,选择你要的模板,如旅游思维导图的模板,这时,画布上就会出现旅游计划思维导图。(图 1 - 164)

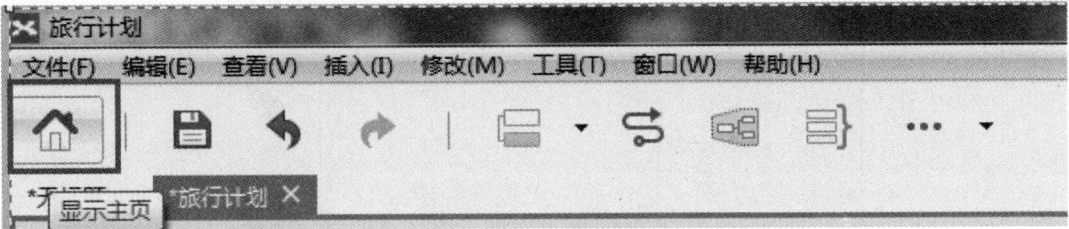

图 1 - 163　选择模板

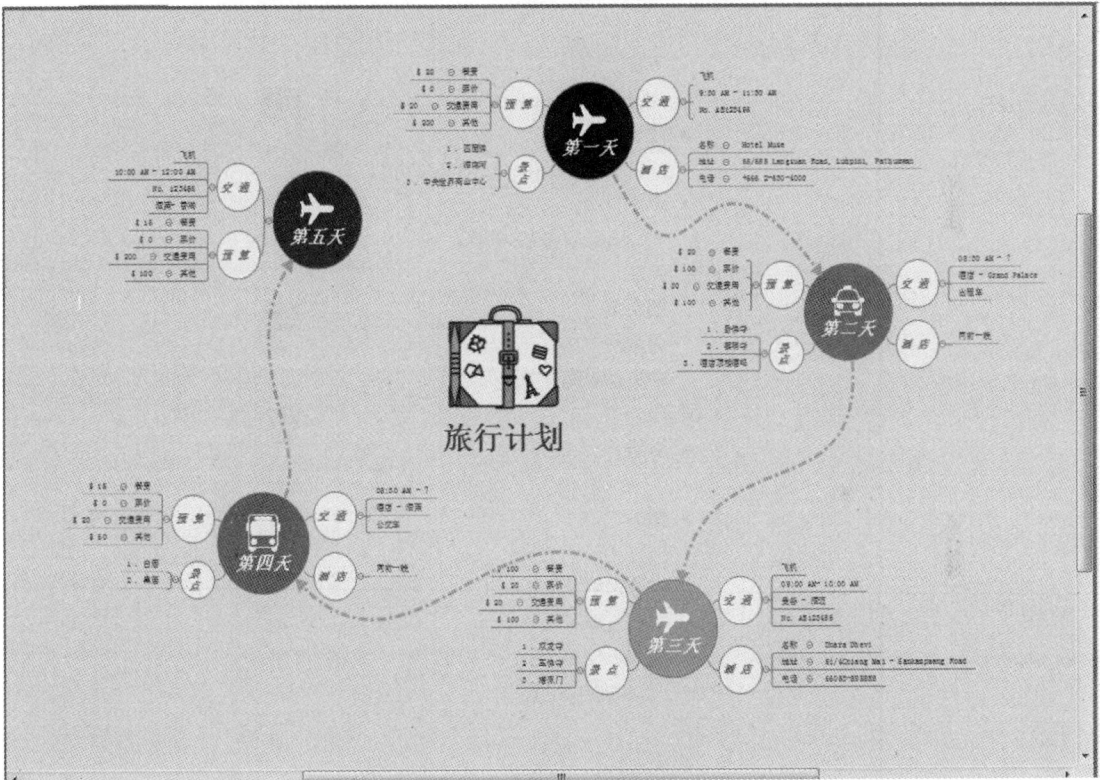

图 1 - 164　旅游计划思维导图

19. 对思维导图的修改可以直接在画布上修改,也可以在"大纲"视图下修改。(图 1 - 165)

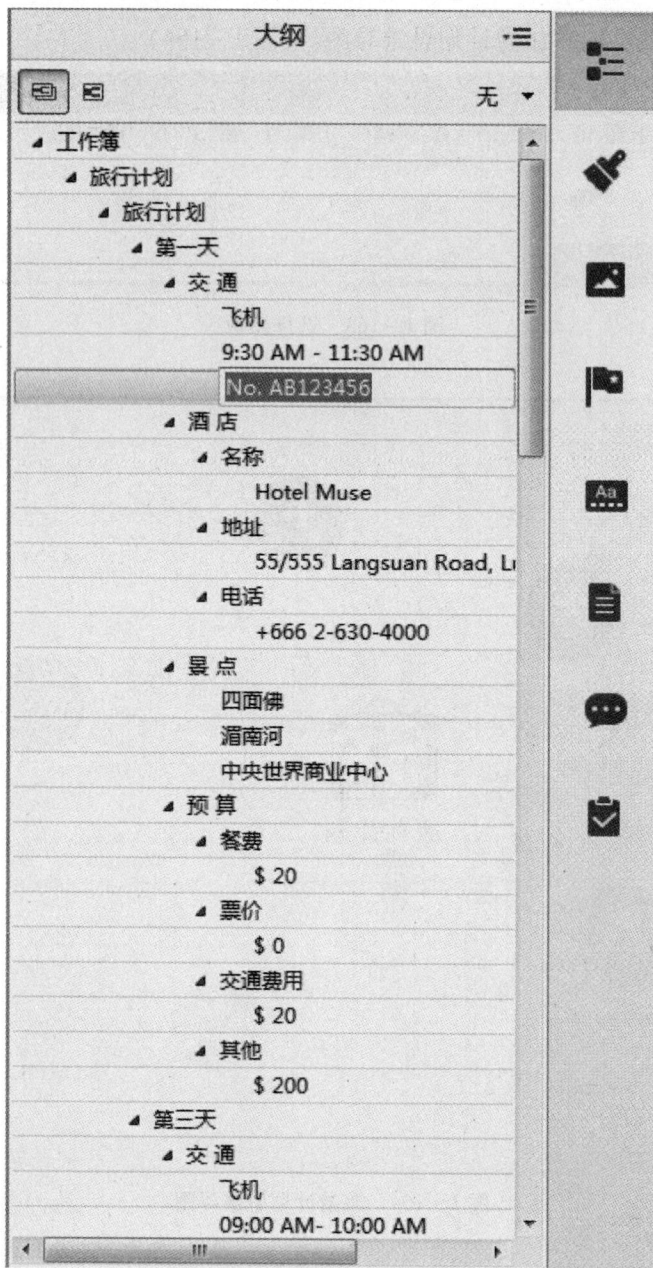

图 1 - 165　修改旅游计划思维导图内容

20.修改好文件后,对文件进行导出设置,导出设置的工具在右上角。(图1-166)

图1-166　导出文件

21.为了使文件以后可以进行修改,需进行文件的保存设置。点"文件"/"另存为"选择要保存的目录,这样源文件格式就保存好了。(图1-167)

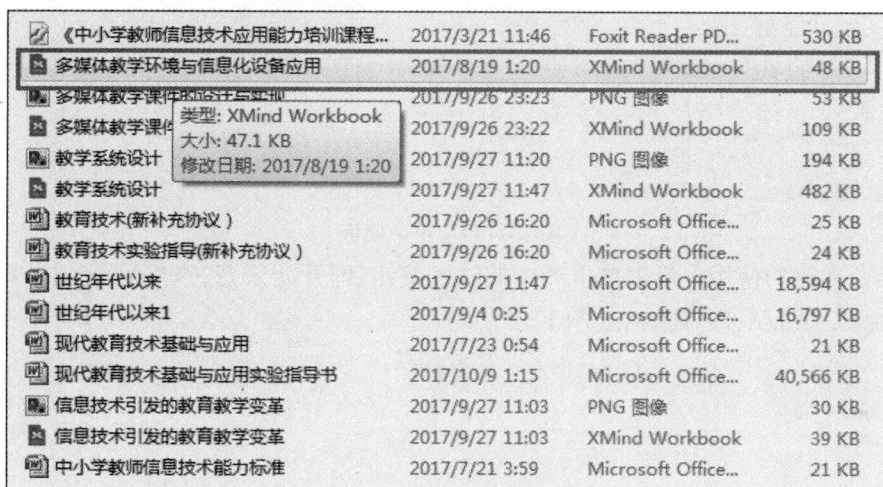

图1-167　保存文件

22.如果我们做好了的思维导图以后还要继续应用所设置的各种格式,则可保存为模板,点击"文件"/"保存模板",则会出现如下对话框(图1-168)。我们可以在对话框中进行模板名字的修改,修改好后点"确定"即可。

图1-168　保存模板设置

点击"确定"后,查看主页中的模板内容,这时在模板最后一栏就出现了"用户"一栏的模板(图1-169)。如果以后要应用到这个模板,只需调出即可。

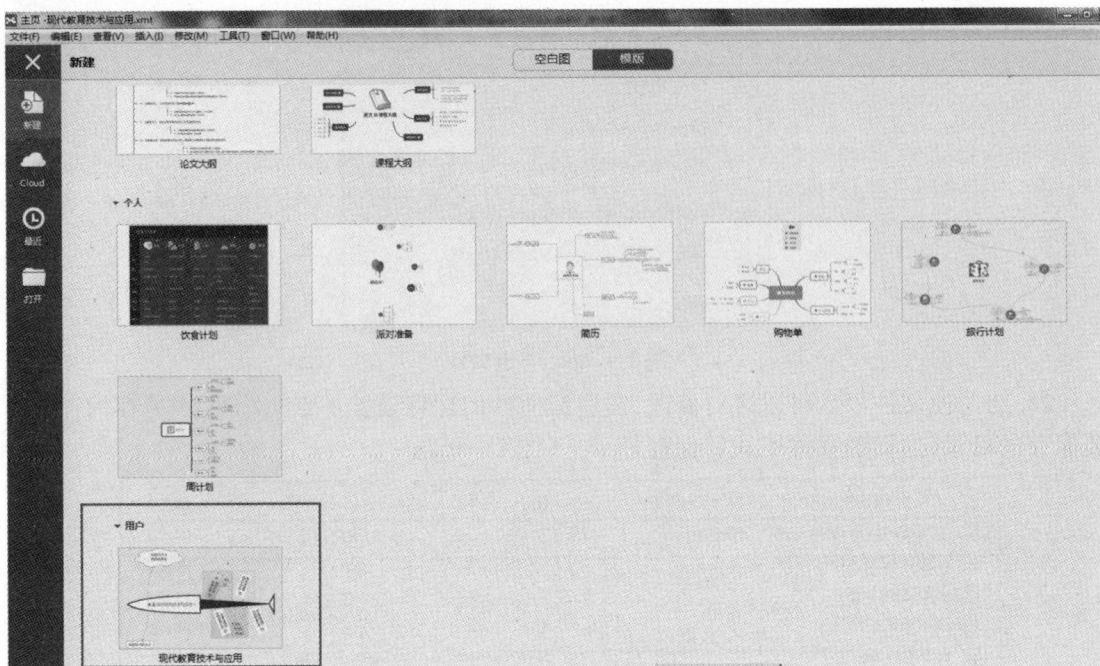

图1-169 用户模板

23.录音功能的使用。只需单击图中的红色按钮,即开始录音,录好后,点击"Talk"旁边的三角形播放按钮就可以播放。(图1-170)

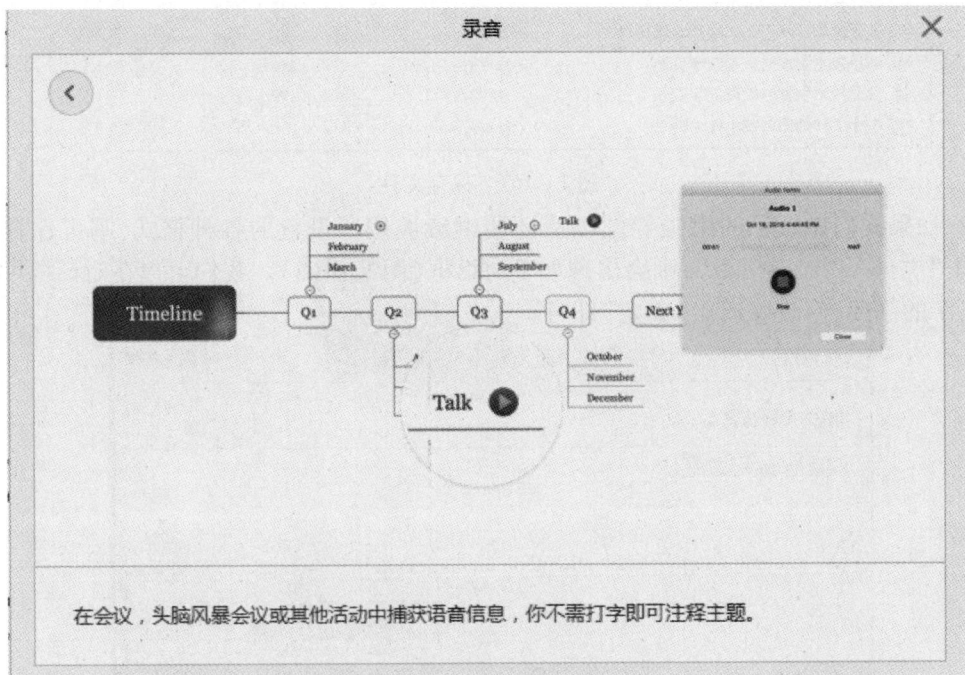

图1-170 录音功能

实验二　数字音频素材的采集与编辑

【实验目的】

1. 熟悉 Adobe Audition 音频编辑软件,了解其基本功能。
2. 会用 Adobe Audition 软件导入音频文件、录制音频文件。
3. 掌握 Adobe Audition 软件处理音频效果的基本技能。
4. 能用 Adobe Audition 软件制作音频文件。

【实验类型】

基础型实验

【实验任务】

朗读中学语文教材中朱自清的散文《春天来了》,用 Adobe Audition 软件录制下来,并进行剪辑、添加特殊效果和合成声音,最后形成配乐朗诵。

【实验环境】

1. 操作系统:Windows XP 以上版本。
2. 工具软件:Adobe Audition 软件。
3. 其他:带麦克风的耳机。

【实验指导】

2.1　认识 Adobe Audition 软件界面及功能

Adobe Audition(前身是 Cool Edit Pro)是 Adobe 公司开发的一款功能强大、效果出色的多轨录音和音频处理软件。它是一个非常出色的数字音乐编辑器和 MP3 制作软件。不少人把它形容为音频"绘画"程序。

Adobe Audition 的编辑界面主要是由工作区和素材框组成,在素材框上方的选项卡里可以选择效果调板和收藏夹调板。

打开 Adobe Audition 软件,软件大致分为 5 个区,包括菜单栏、工具栏、资源区、音频轨道区和播放控制区。(图 2-1、图 2-2、图 2-3)

图 2-1　菜单区

图 2-2　Adobe Audition 软件多轨编辑界面

图 2-3　单轨编辑界面

2.2　录制音频文件

2.2.1　录制音频

1.双击 Adobe Audition 的图标,打开程序(图 2-4),然后会进入 Audition 的编辑界面(图2-5)。

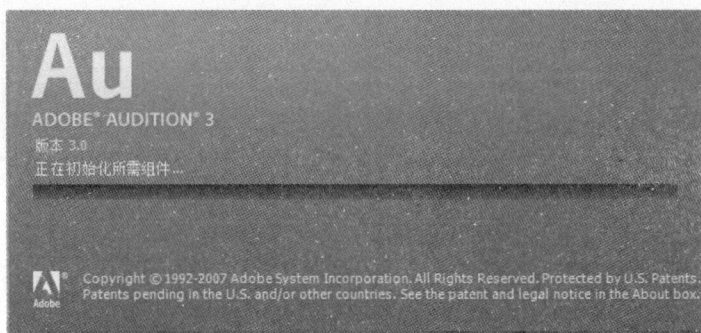

图2-4　打开程序

图2-5　进入编辑界面

2.进入编辑界面之后,选中界面中的一个轨道作为放置录制音频的轨道,然后在"主群组"对话窗口中选中的轨道点击" R "(图2-6),可以直接点击传送器调板上的录音键即" ● "进行录音(图2-7)。

图2-6　录音轨道

85

图2-7 录音界面

3.设置音频的采样率。如果调出了如图2-8所示的采样率界面,则进行相应的设置,设置数值为44100,通道设置为立方声,分辨率为16位。设置好后点击录音键""即可以进行录制了。

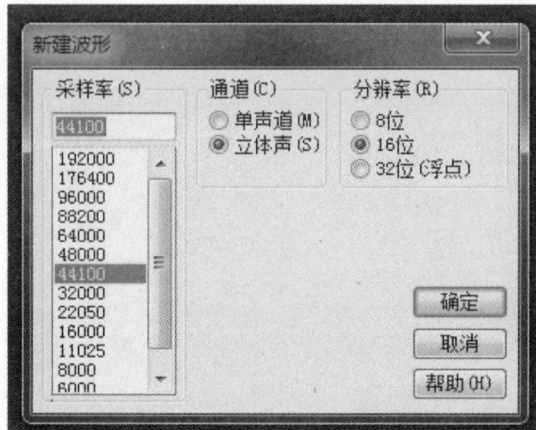

图2-8 设置波形文件的采样率

4.停止录音则只要再次单击录音按键""即可,这时在轨道上则出现了录制好的音频文件。(图2-9)

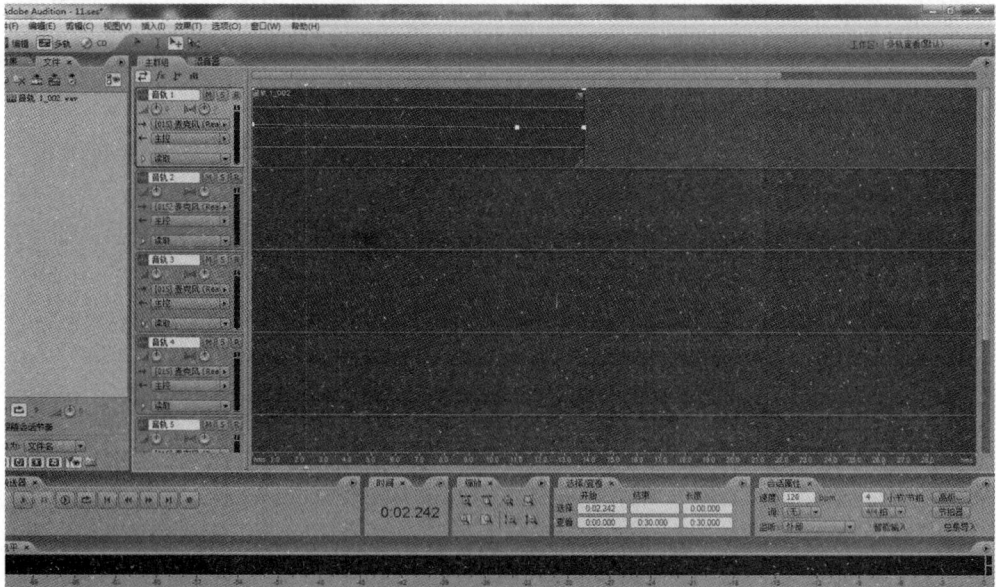

图2-9 录制好的音频文件

5. 这个时候就可以用传送器调板进行音频的重放,听听录制的效果。如果满意的话,选择"文件"/"所有音频另存为"(图2-10)。

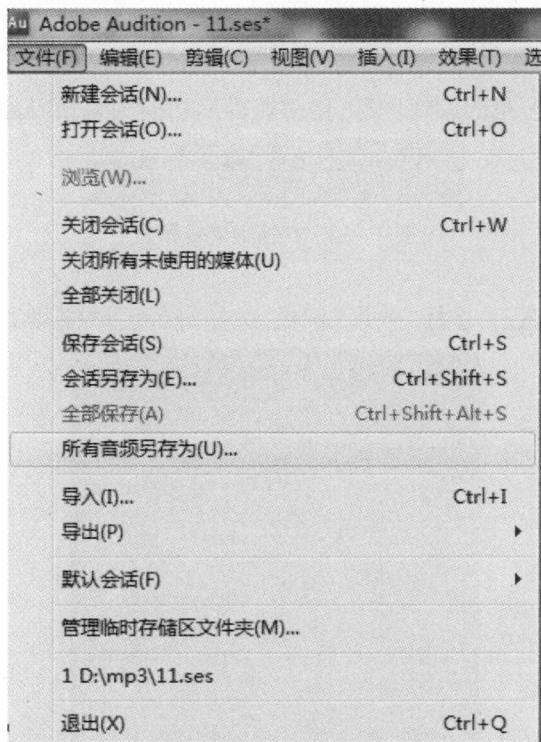

图2-10　保存文件

6. 音频保存的格式设置。点击"所有音频另存为"后,会出现音频保存的设置,可以对输出文件目录、输出格式等进行设置。(图2-11)

图2-11　保存设置

2.2.2 录音降噪

对于录制完成的音频,由于硬件设备和环境的制约,总会有噪音生成,所以,我们需要对音频进行降噪,以使得声音干净、清晰。

1.单击软件窗口左上角的编辑图标,由多轨界面切换到编辑界面。(图2-12)

图2-12 切换到编辑界面

2.接着在左侧素材框上,选择"效果"调板,选择"修复"/"降噪器"。(图2-13)

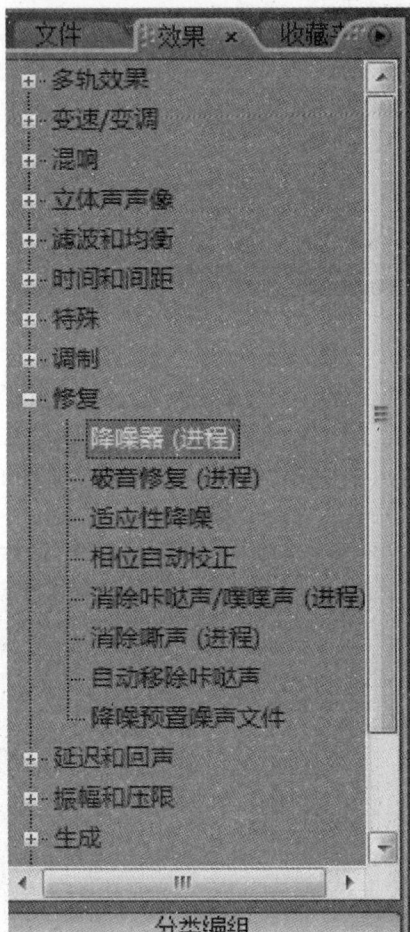

图2-13 降噪界面

3.双击打开降噪器,然后单击"获取特性"(图2－14),软件会自动开始捕获噪音特性(图2－15),然后生成相应的图形(图2－16)。捕获完成后,单击"保存",将文件保存。

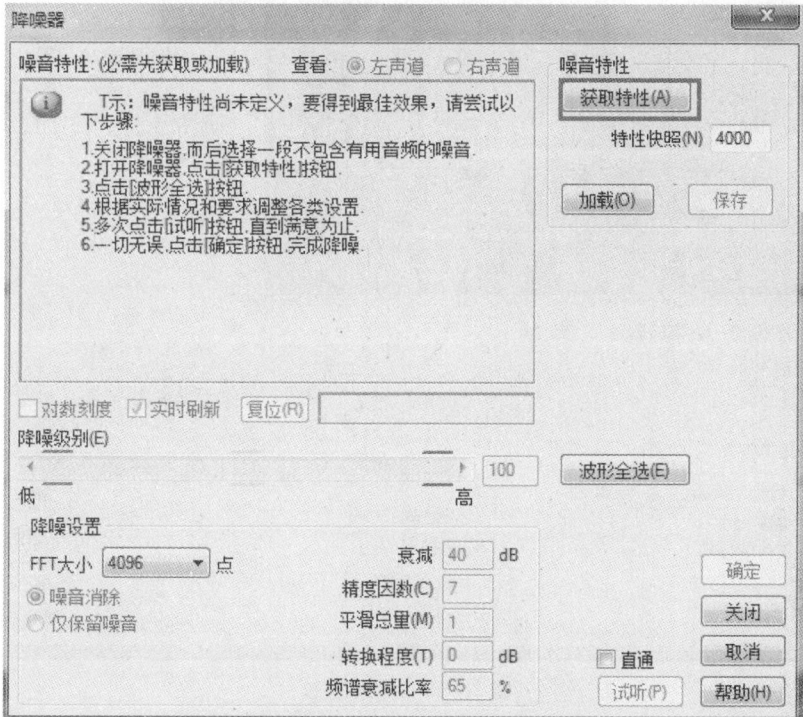

图2－14　选择降噪特性

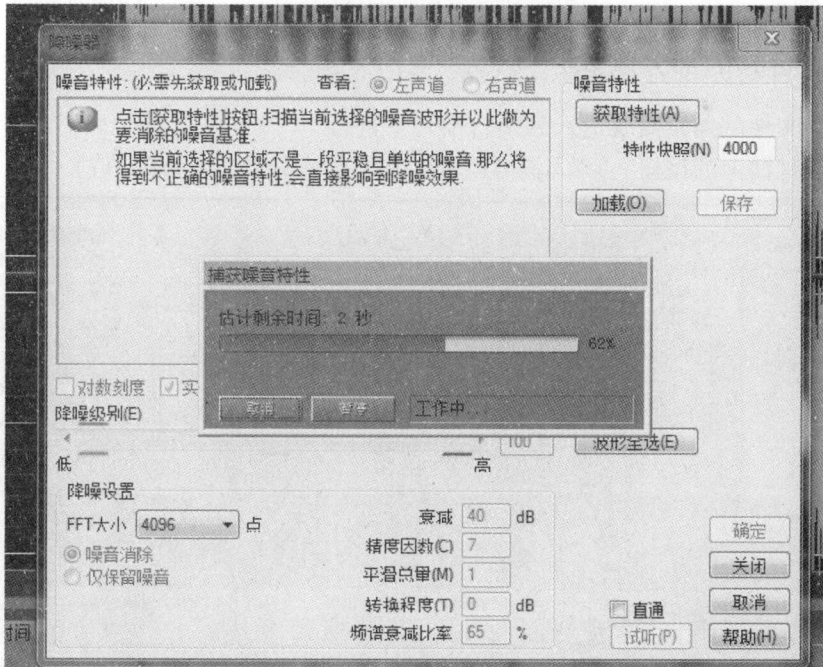

图2－15

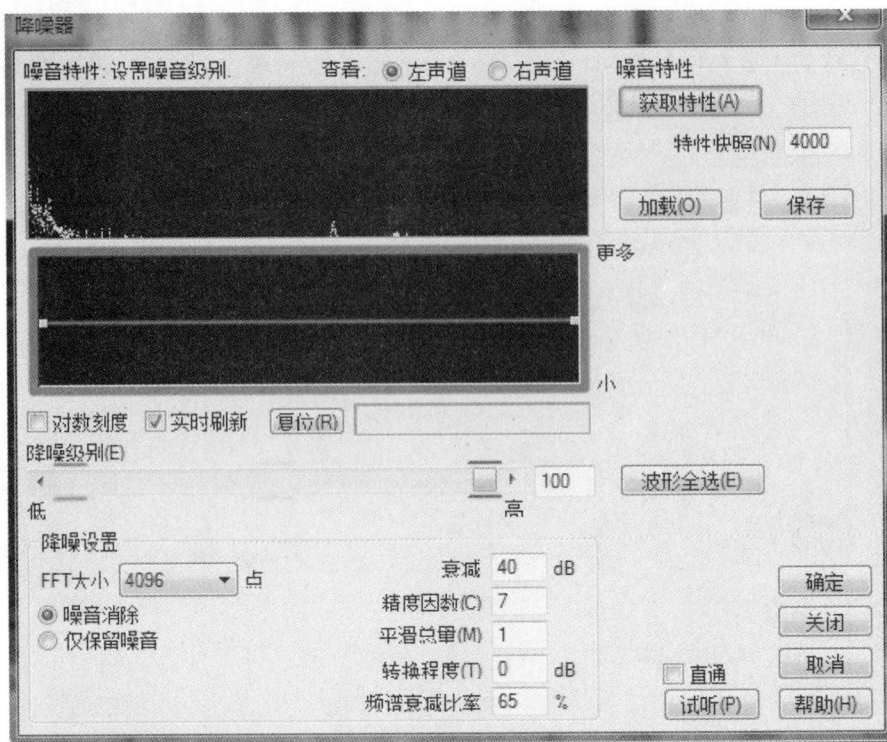

图 2-16 生成图形

2.3 多个音频的编辑

2.3.1 音频的部分删除

多个音频文件的编辑需要进入到多轨模式下进行。

1.单击素材框上的按钮"多轨"就可以进入多轨编辑模式。（图 2-17）

图 2-17 进入多轨界面

2. 选择"文件"/"导入"。(图2-18)

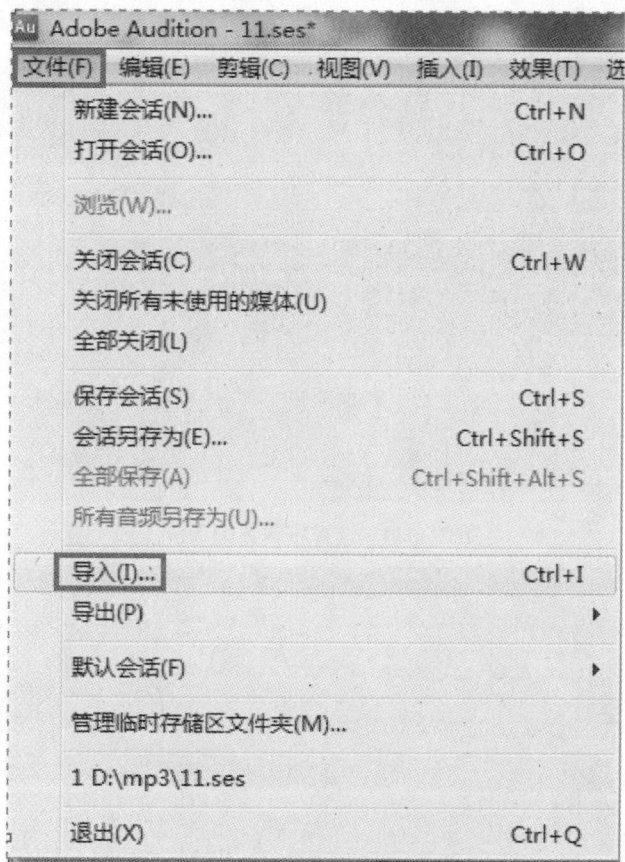

图2-18　导入音频文件

3. 导入之后在资源管理器中会出现导入文件的信息。(图2-19)

图2-19　导入的文件

4. 将这两个文件,分别拖放到音轨1和音轨2上,这时,可以对两个音频进行编辑,例如将音频中不需要的部分删除。单击工作区上方的时间选择工具"　　",然后对准音频不需要的部分,按住鼠标左键进行选择(图2-20),然后按"Delete"删除(图2-21)。

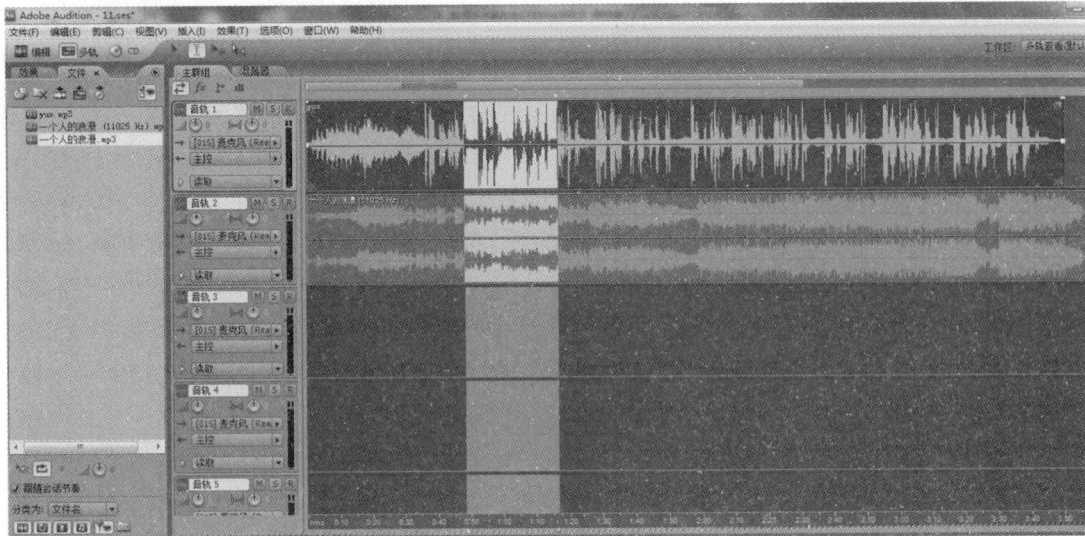

图 2 - 20　选择不需要的部分

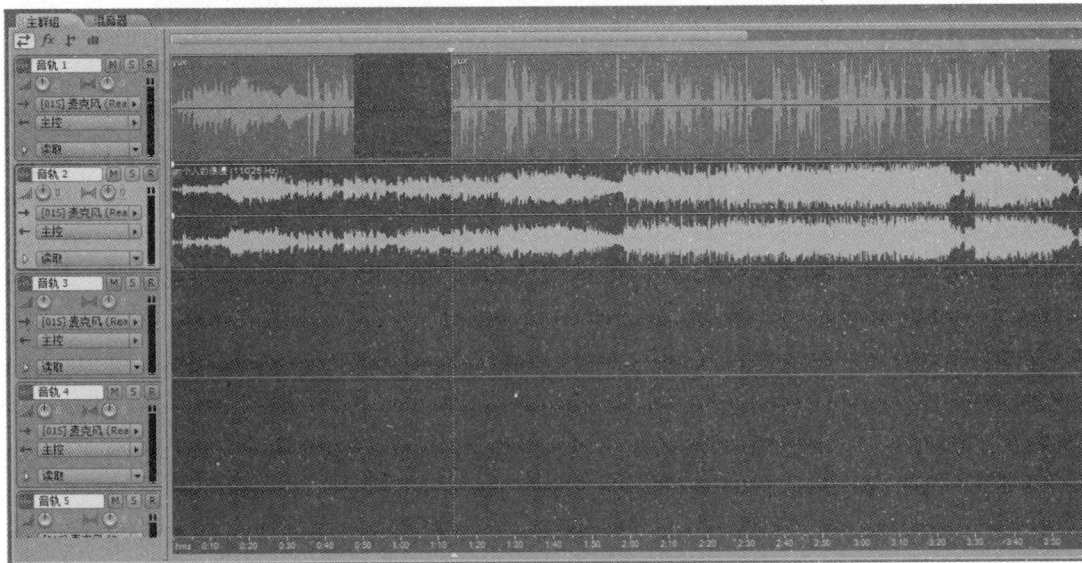

图 2 - 21　删除不需要的部分

2.3.2　音频的分离

有的时候我们需要将音频切成几个小段,方便声音的对齐。

1. 用"时间选择工具"单击需要切开的位置(图 2 - 22)。或者选择"音轨 2"上的音频,在"选区"/"视图"面板中设置"选区"的开始时间为 16 秒。可在方框内点击,直接输入数字(图 2 - 23)。

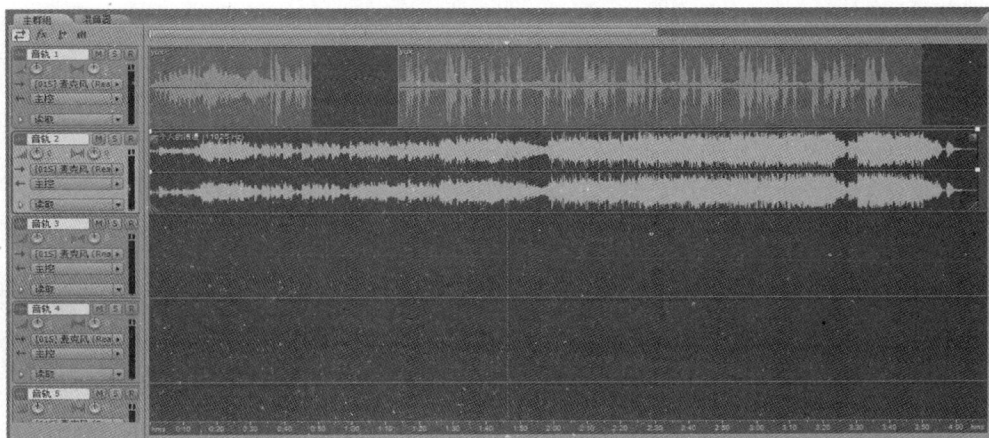

图 2 - 22

图 2 - 23 输入时间

2. 然后使用快捷键"Ctrl + K",或者选择"剪辑"/"分离"(图 2 - 24),这样就将音频切割开了。如图 2 - 25 所示,我们把轨道 2 的音频分割成了 4 段。

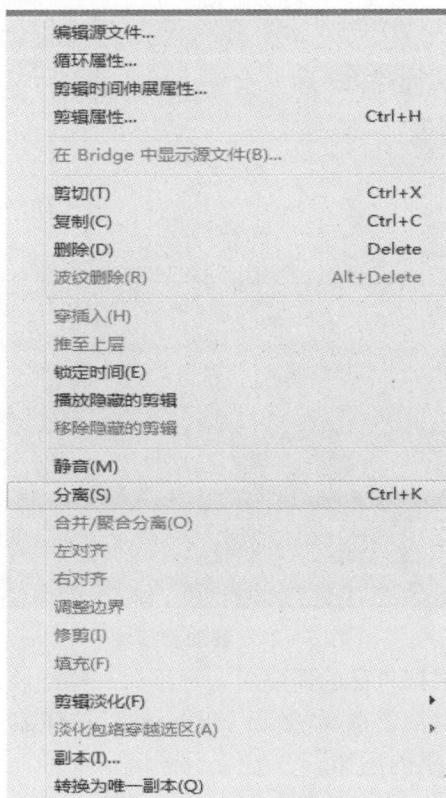

图 2 - 24 分离文件

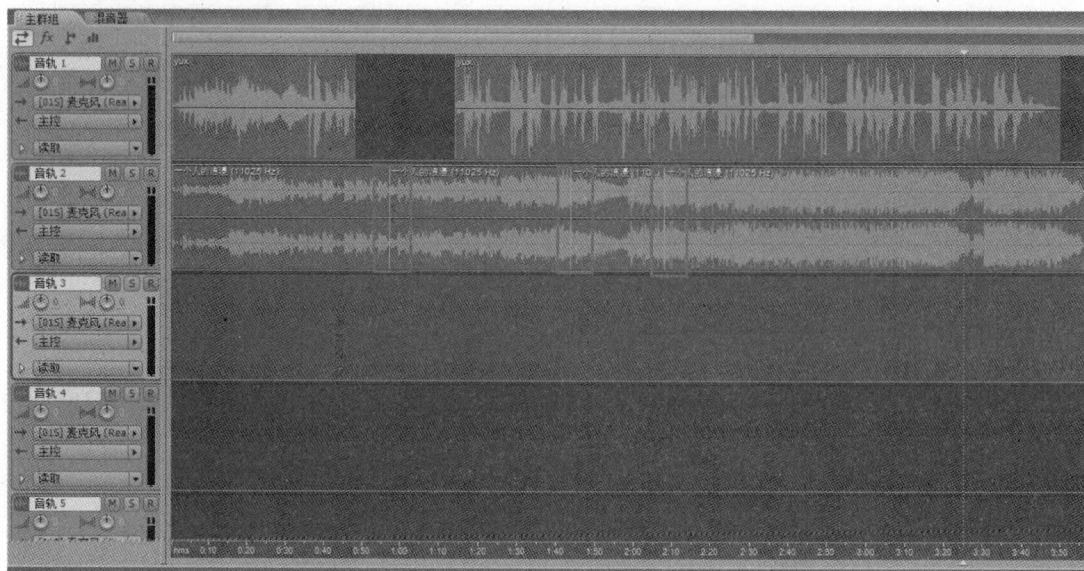

图 2 – 25　分离好的文件

2.3.3　音频的移动

1. 利用移动工具" "就可以对音频块进行移动,将音频对准。(图 2 – 26)

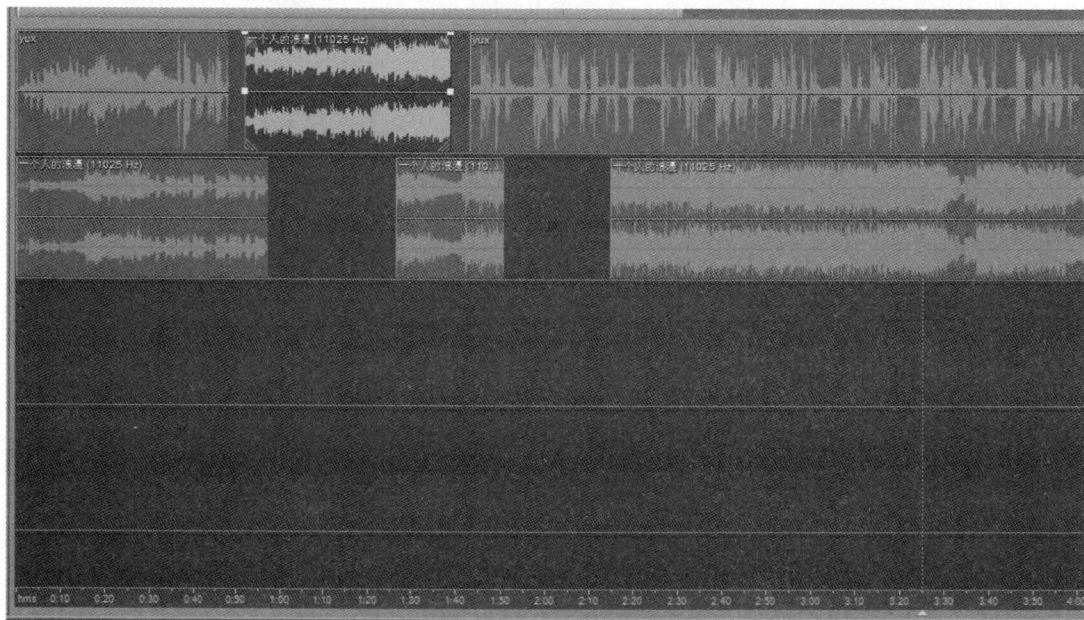

图 2 – 26　移动音频块

2. 对准完成之后,可以根据自己的需要对音频添加一些特效,这时只要选中需要添加特效的音频块,然后在左侧素材框上选择"效果"调板,然后选择需要的效果双击打开,按照类似降噪的步骤就可以完成效果的添加。

2.3.4　多轨音频的导出

多轨音频完成编辑之后,要进行输出。

1. 选择"编辑"/"混缩到新文件"/"会话中的主控输出",按照需要选择"立体声"或者是"单声道"。(图 2 – 27)

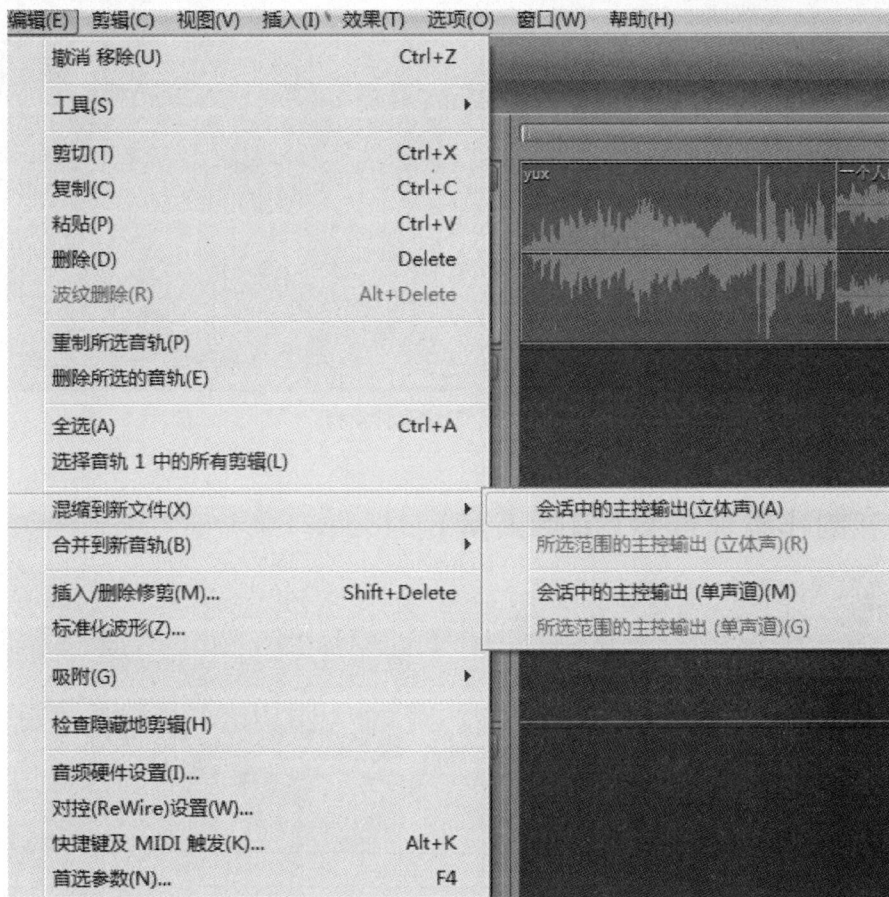

编辑(E)　剪辑(C)　视图(V)　插入(I)　效果(T)　选项(O)　窗口(W)　帮助(H)

撤消 移除(U)	Ctrl+Z
工具(S)	▶
剪切(T)	Ctrl+X
复制(C)	Ctrl+C
粘贴(P)	Ctrl+V
删除(D)	Delete
波纹删除(R)	Alt+Delete
重制所选音轨(P)	
删除所选的音轨(E)	
全选(A)	Ctrl+A
选择音轨 1 中的所有剪辑(L)	
混缩到新文件(X)	▶
合并到新音轨(B)	▶
插入/删除修剪(M)...	Shift+Delete
标准化波形(Z)...	
吸附(G)	▶
检查隐藏地剪辑(H)	
音频硬件设置(I)...	
对控(ReWire)设置(W)...	
快捷键及 MIDI 触发(K)...	Alt+K
首选参数(N)...	F4

会话中的主控输出(立体声)(A)
所选范围的主控输出 (立体声)(R)

会话中的主控输出 (单声道)(M)
所选范围的主控输出 (单声道)(G)

图 2 – 27　保存音频文件

2. 选择好立体声或者单声道之后,软件会自动开始进行混缩(图 2 – 28),并在单轨模式下自动生成一个混缩文件(图 2 – 29),这时只要再按照单轨编辑的保存方式进行保存就可以了。

创建混缩

估计剩余时间: 2 秒

30%

取消　　暂停　　工作中……

图 2 – 28　创建混缩

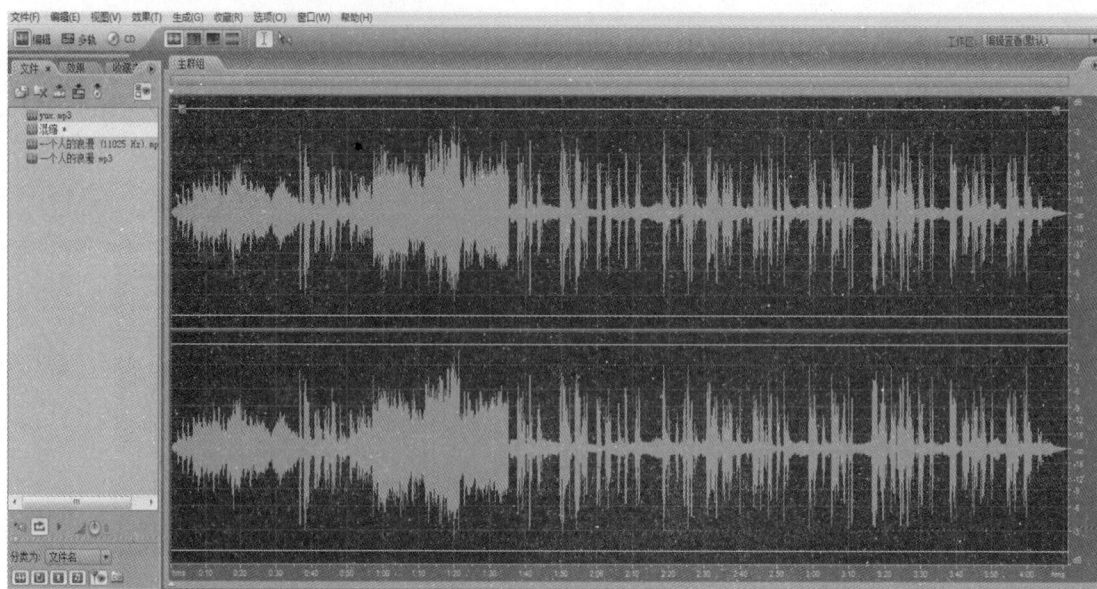

图 2 - 29 形成混缩文件

2.4 制作歌曲伴奏(消除人声)

1. 导入需要的文件。(图 2 - 30)

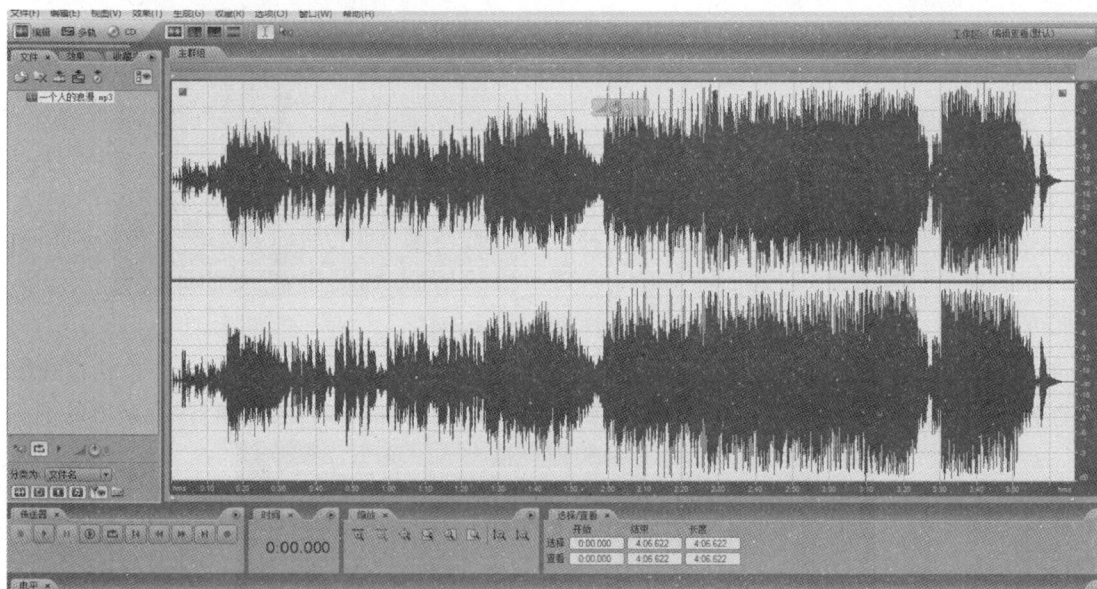

图 2 - 30 导入音频文件

2. 依次选择"效果"/"立体声声像"/"析取中置声道"/"人声移除(Vocal Remove)"。(图2-31)

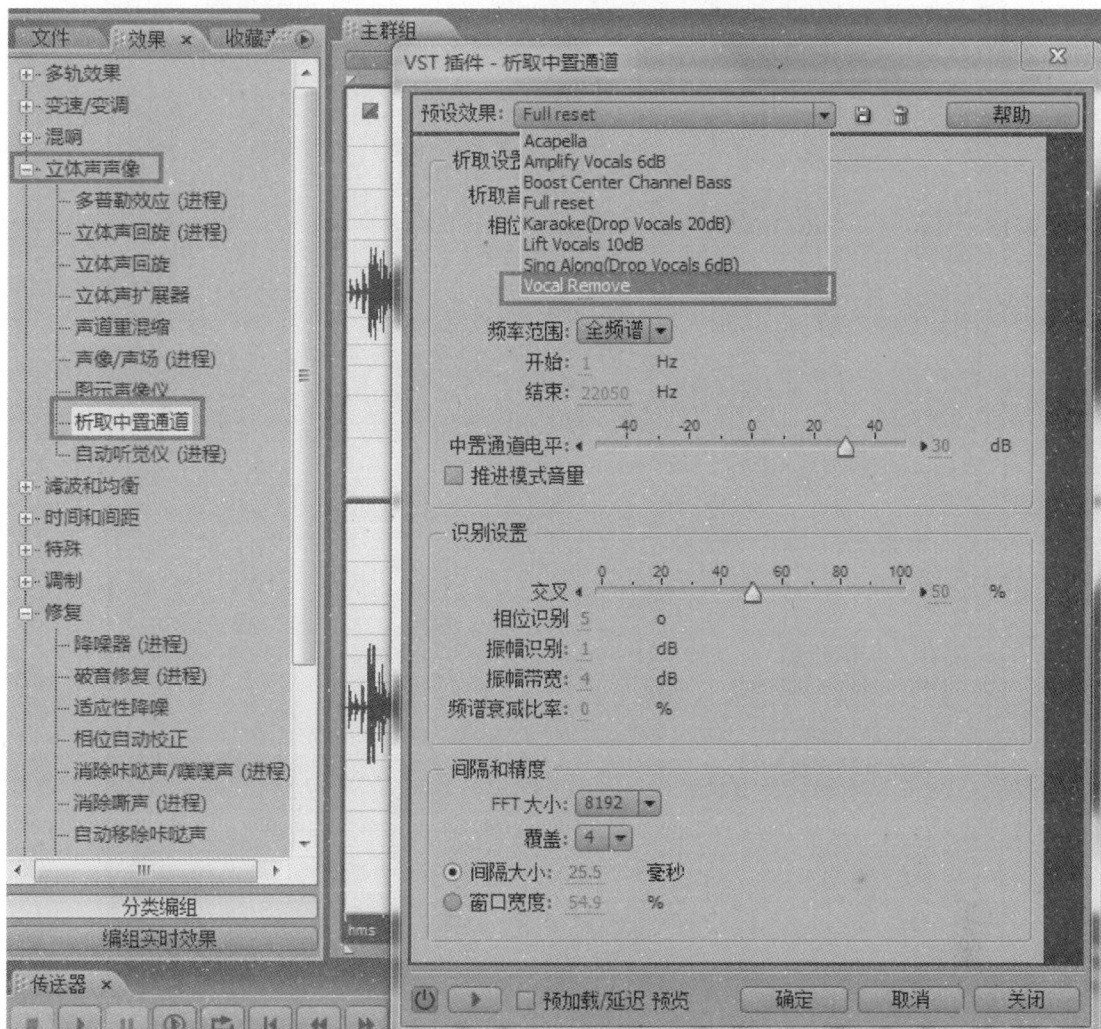

图2-31　消除人声

3. 点击监听" ■ "按钮,同时对两个调节杆进行轻微调节,调整到满意的程度就点"确定"。(图2-32)

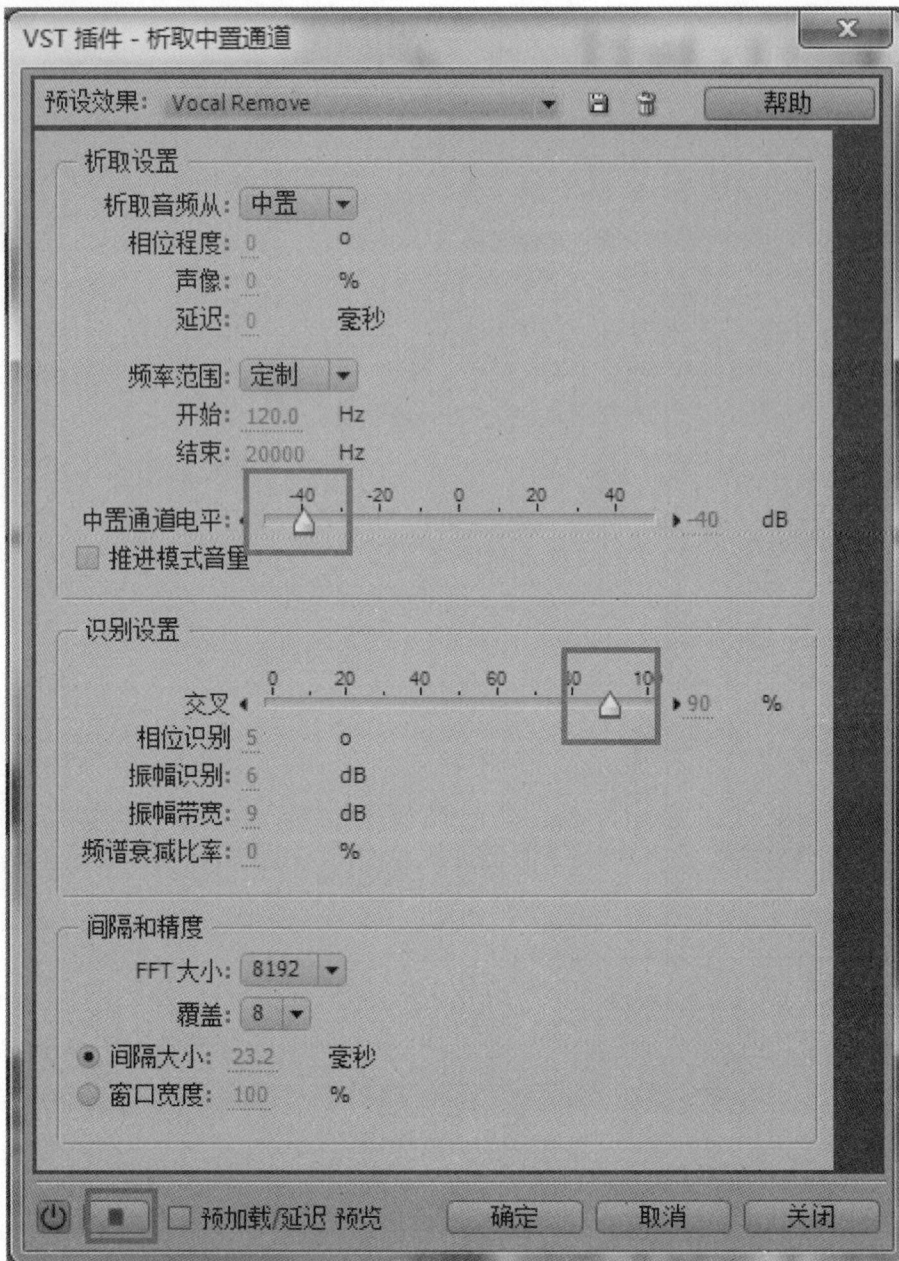

图 2-32　调节音频

2.5　淡入淡出效果和波形拼接

2.5.1　淡入淡出效果

1.第一种方法,最简单也是最推荐的一种。通过音频编辑窗的默认按钮来拉伸。

(1)在编辑界面找到"包络"按钮,它分别在音频窗口上面的左右两侧,即左侧的淡入图

标""和右侧的淡出图标""。（图 2 - 33）

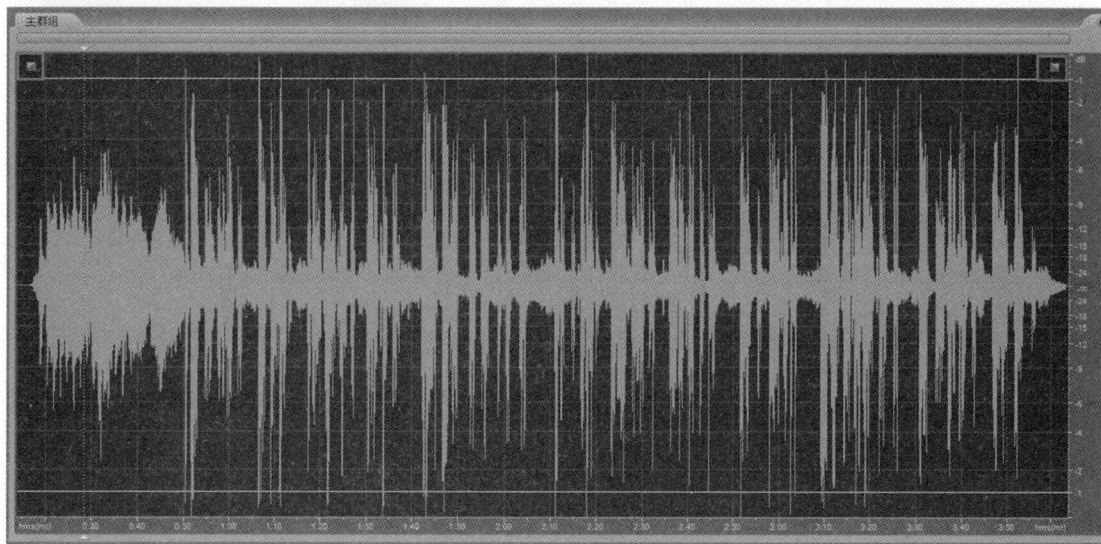

图 2 - 33　"包络"按钮

（2）按住"淡入"按钮向右下拖动。（图 2 - 34）

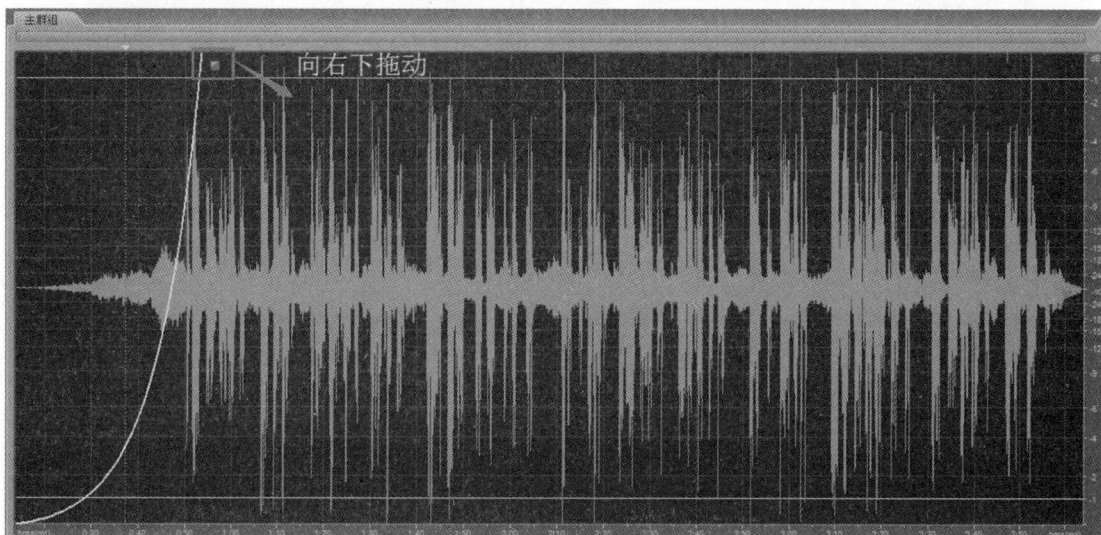

图 2 - 34　制作淡入效果

（3）按住"淡出"按钮向左下拖动。（图2-35）

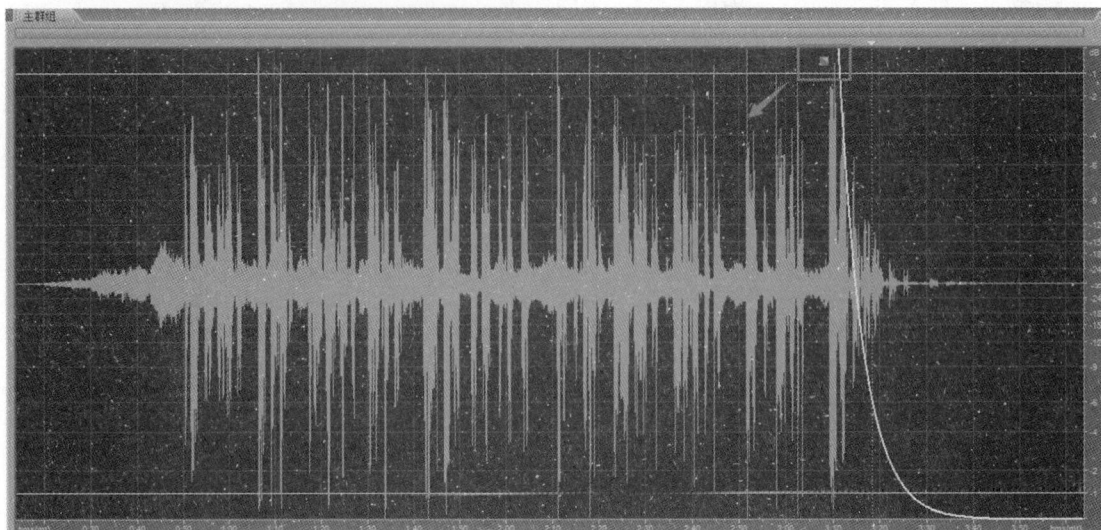

图2-35　制作淡出效果

2. 第二种方法，包络控制。音频需要制作得相对复杂的时候就选用这种。

（1）需要进入多轨模式，要用到音量包络线。包络线有音量包络和声像包络两个线条，这里我们在音频的最上方，先找到白色的音量包络线。（图2-36）

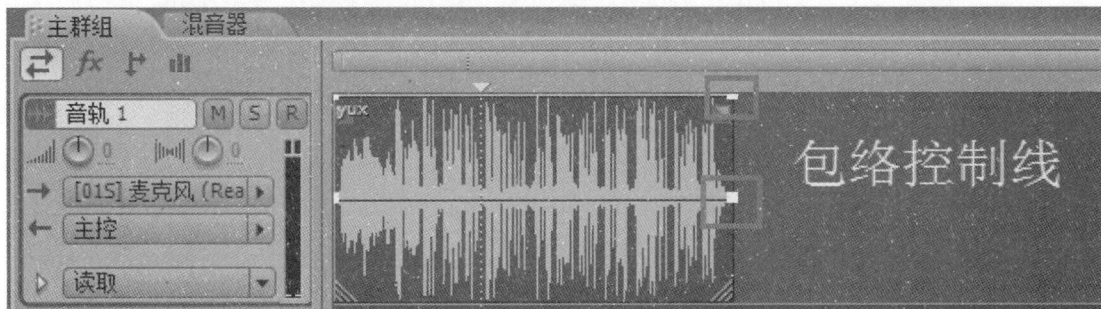

图2-36　找到包络控制线

（2）按鼠标左键，在线条空白位置添加控制点（根据需要来添加）。（图2-37）

图2-37　添加控制点

（3）通过拖动控制点来画出想要的控制效果。（图2-38）

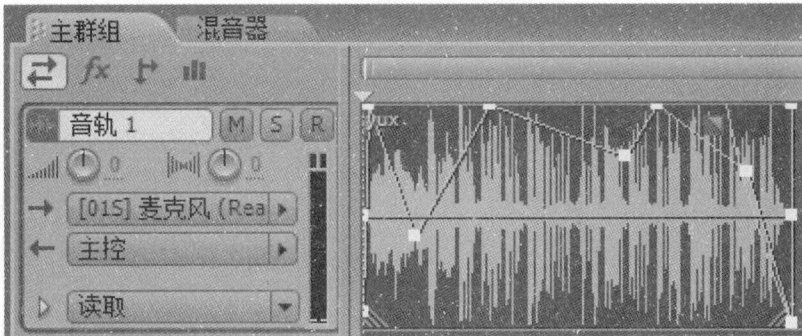

图2-38　拖动画出效果

3.第三种方法,录制自动控制法。

（1）这一种方法需要用到音量旋钮、写入和读取以及录制按钮。（图2-39）

图2-39　音量旋钮和读取按钮

（2）将所有音量归零,把"读取"改成"写入"。（图2-40）

图2-40　"读取"改成"写入"

（3）点击传送器上的播放按钮""，进行播放，在播放过程中按住音量旋钮进行上下移动来调节音量的大小。（图2－41）

图2－41　播放的同时调节音量

（4）选择回到"读取"模式，再点击"播放"按钮，你会看到刚才你所做的操作都被录制下来了，并且会自动控制音量旋钮旋转。（图2－42）

图2－42　调节好的音频

2.5.2　波形拼接

1.在多轨里,在音轨1里插入第一首曲子,在音轨2里插入第二首曲子,点击""或按住鼠标右键往左或往右拖动轨道上的曲子,使位置合适。(图2-43)

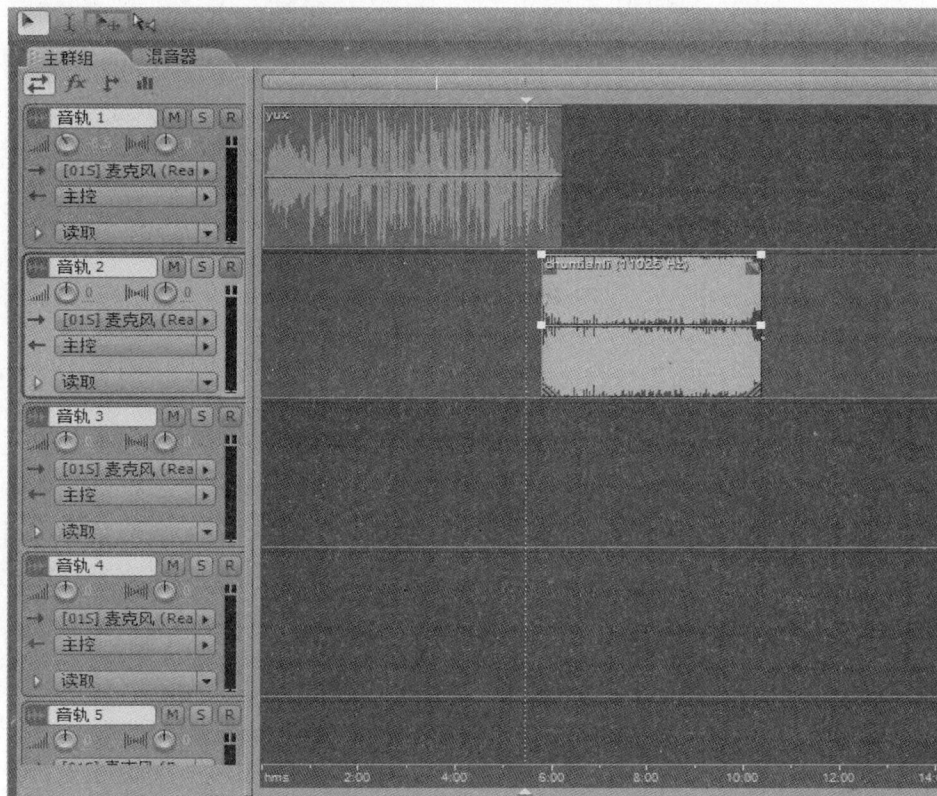

图2-43　插入音频后调整位置

2.需要淡出淡入的话,拖动曲1尾部的""(淡出淡入)和曲2头部的"",调整好淡出淡入时的幅度。(图2-44)

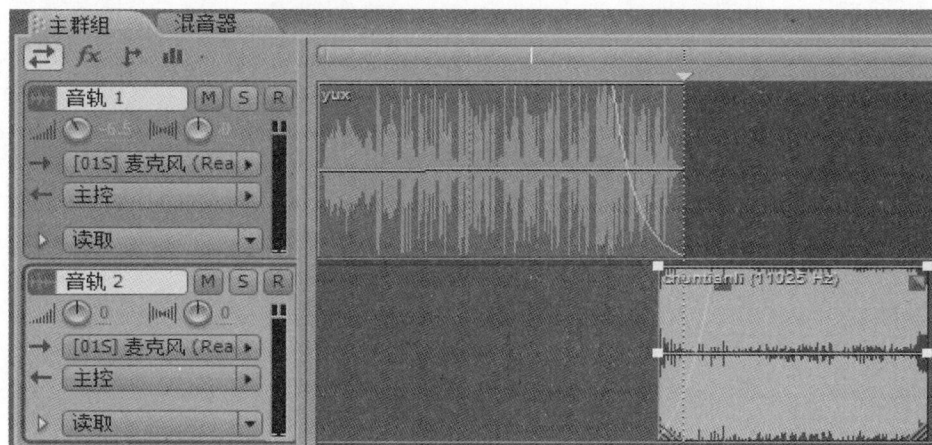

图2-44　调整淡入淡出

103

3. 在波形上点击鼠标右键选择"混缩到新文件"/"会话中的主控输出（立体声）"，混缩后保存文件即可。（图2-45）

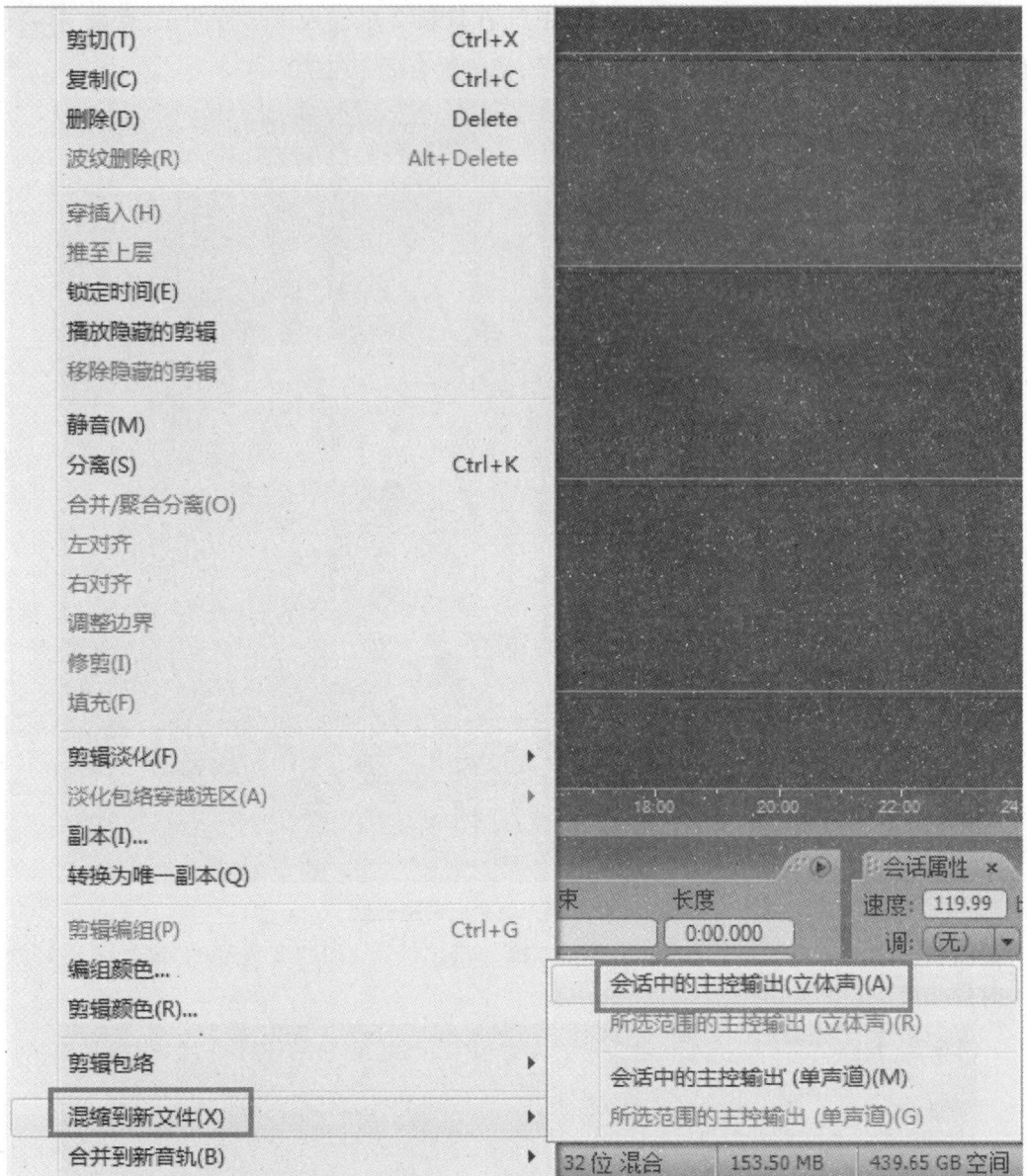

图2-45　混缩新文件

2.6　案例制作

2.6.1　配乐朗诵《荷塘月色》

上面我们已经讲了如何录制声音，在这儿准备的素材是预告录制好的《荷塘月色》的朗诵音频及背景音乐。具体操作步骤如下：

实验二 数字音频素材的采集与编辑

1.把朗诵的音频文件和背景音乐分别插入两个音轨上。(图2-46)

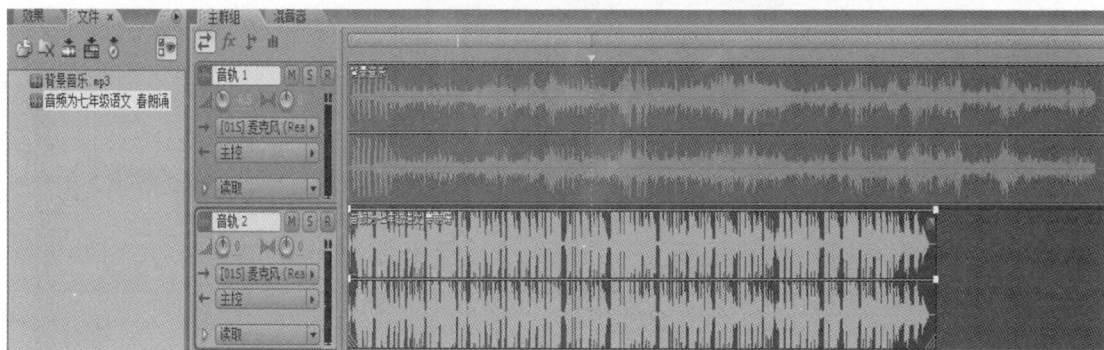

图2-46 插入朗诵音频与背景音乐

2.把《荷塘月色》音频往后移动一段位置,这样,我们在听到朗诵前可以先听到一段背景音乐。(图2-47)

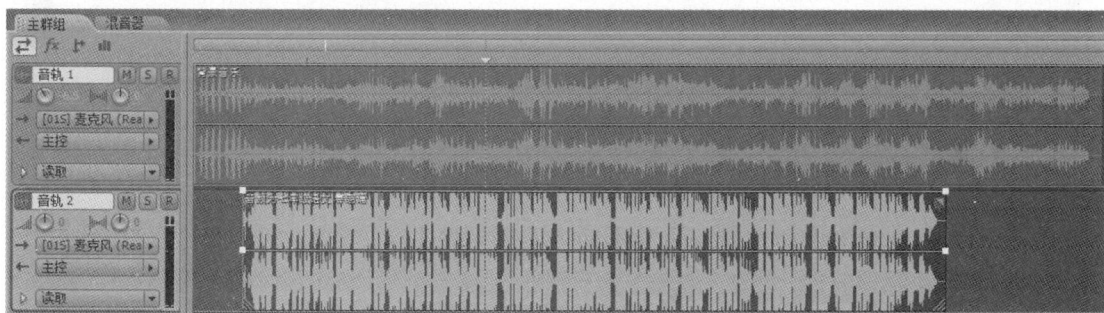

图2-47 移动朗诵音频块

3.调整背景音乐音频块的音量。鼠标放在背景音乐的音轨上,双击,进入编辑界面。(图2-48)

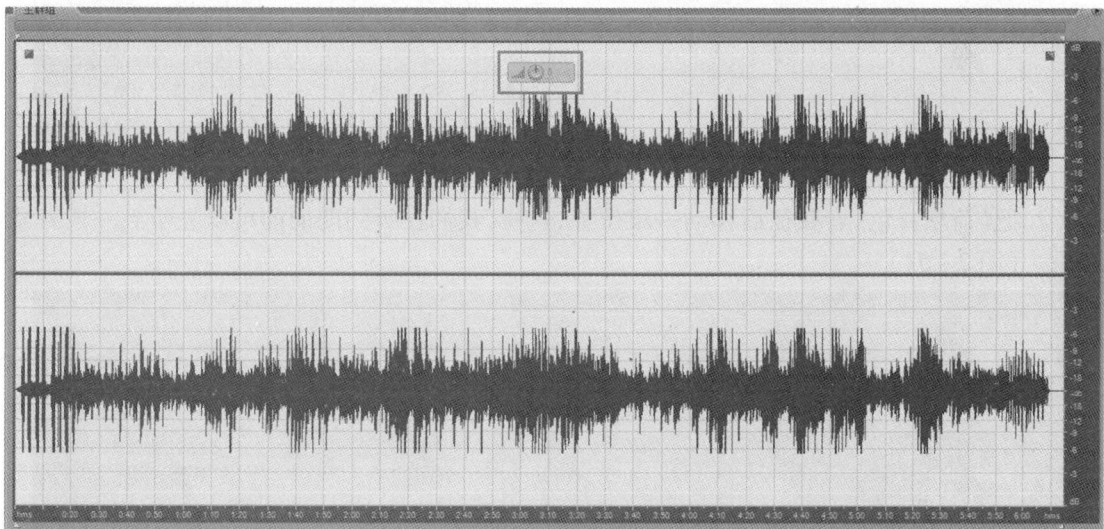

图2-48 选择调整音频块音量

4.往下拖动音量旋钮"[图标]",降低背景音乐的音量。（图2-49）

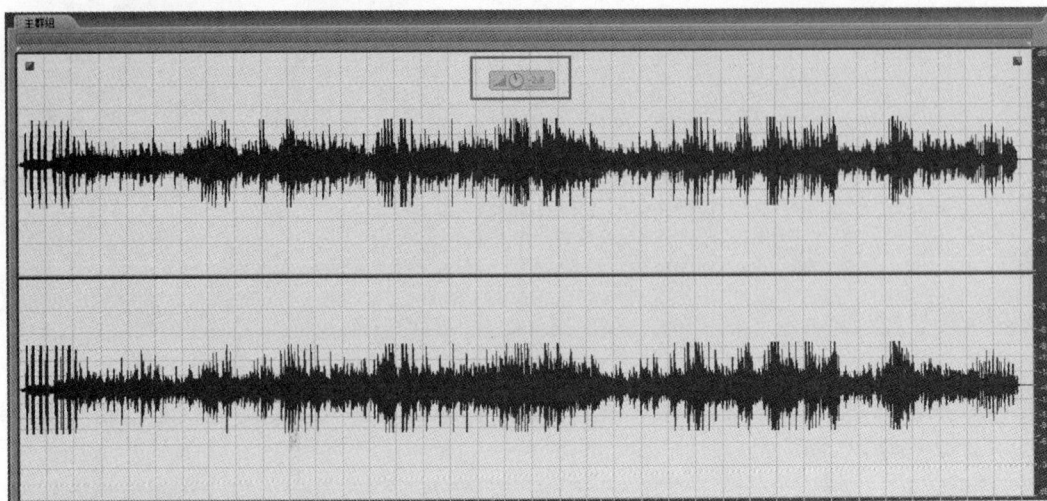

图2-49　调节音量

5.保存音频。

2.6.2　增加《荷塘月色》朗诵的段落停顿时间

1.把朗诵的音频文件和背景音乐分别插入两个音轨上。（图2-50）

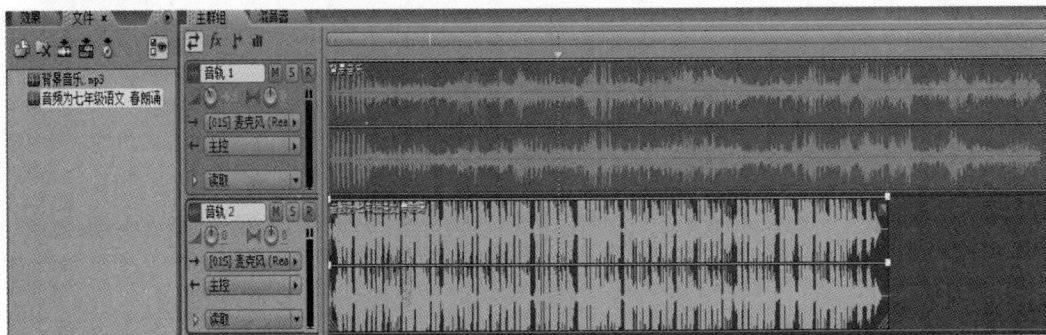

图2-50　插入朗诵音频与背景音乐

2.把《荷塘月色》音频往后移动一段位置,这样,我们在听到朗诵前可以先听到一段背景音乐。（图2-51）

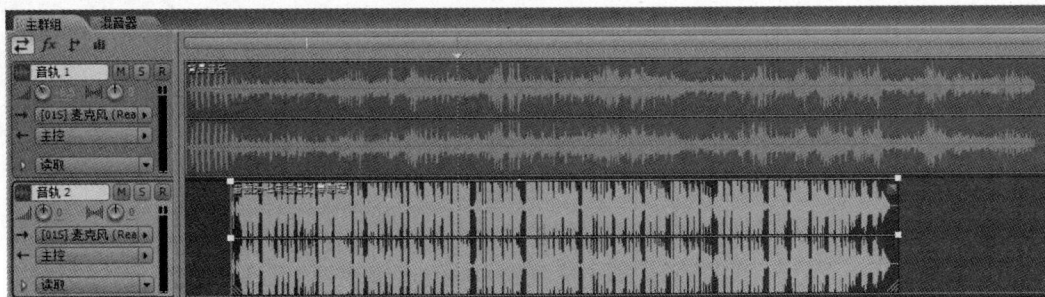

图2-51　移动朗诵音频块

3. 为了使朗诵更为清晰,可以先把轨道 1 的背景音乐设置为静音,即点击音轨 1 上的"M"。(图 2 - 52)

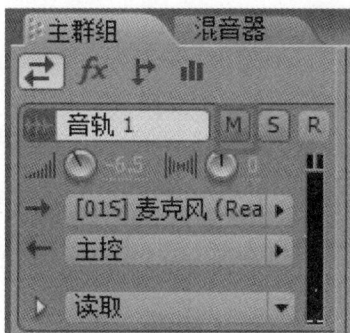

图 2 - 52　音轨 1 设置静音

4. 点击音轨 2,播放音轨 2 的音频,然后在听完一个段落时按下暂停按钮" "。(图 2 - 53)

图 2 - 53　在一段后按暂停

5. 暂停后,编辑界面会出现一条白色的竖线(图 2 - 54),表明当前所播放的位置。

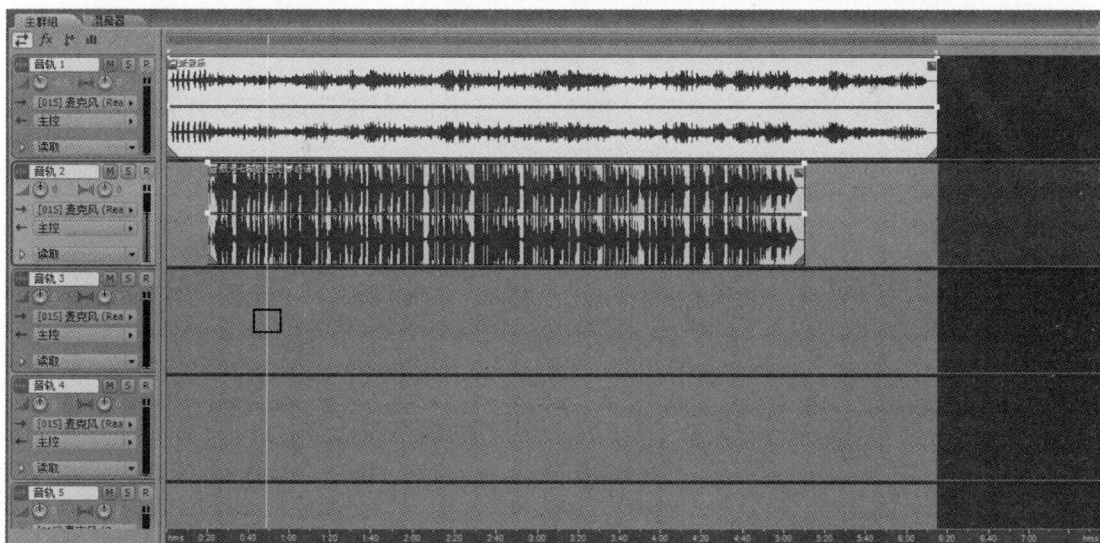

图 2 - 54　暂停位置

6. 在菜单栏下方选择时间选择工具" ",鼠标在音轨 2 白色竖线上点击,使黄线与白色重合,然后点右键,选择"分离"。(图 2 - 55)

107

编辑源文件...	
循环属性...	
剪辑时间伸展属性...	
剪辑属性...	Ctrl+H
在 Bridge 中显示源文件(B)...	
剪切(T)	Ctrl+X
复制(C)	Ctrl+C
删除(D)	Delete
波纹删除(R)	Alt+Delete
穿插入(H)	
推至上层	
锁定时间(E)	
播放隐藏的剪辑	
移除隐藏的剪辑	
静音(M)	
分离(S)	Ctrl+K
合并/聚合分离(O)	
左对齐	
右对齐	
调整边界	
修剪(I)	
填充(F)	

图 2-55　分离音频

7. 点击移动图标"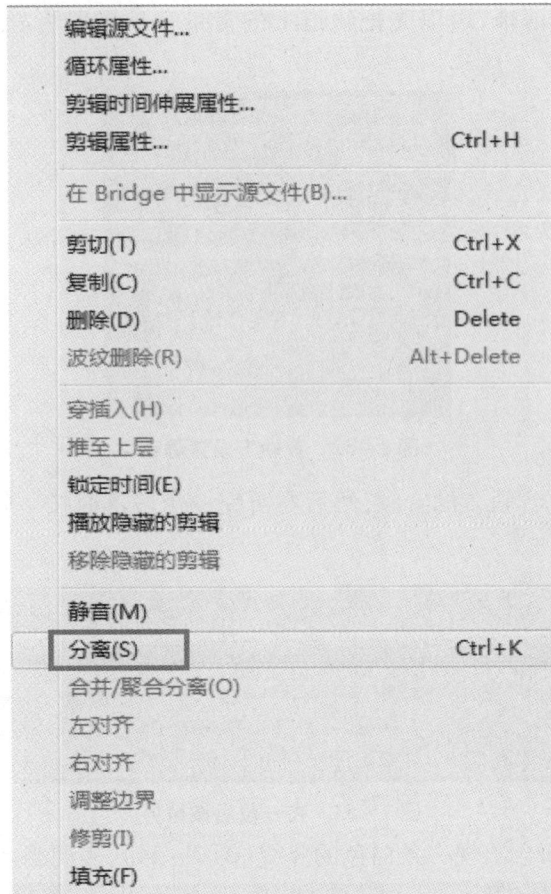",把白线后面的音频块往后拉,拉的距离越长,停顿的时间越久
(图 2-56)。其他段落的处理方法也是如此。

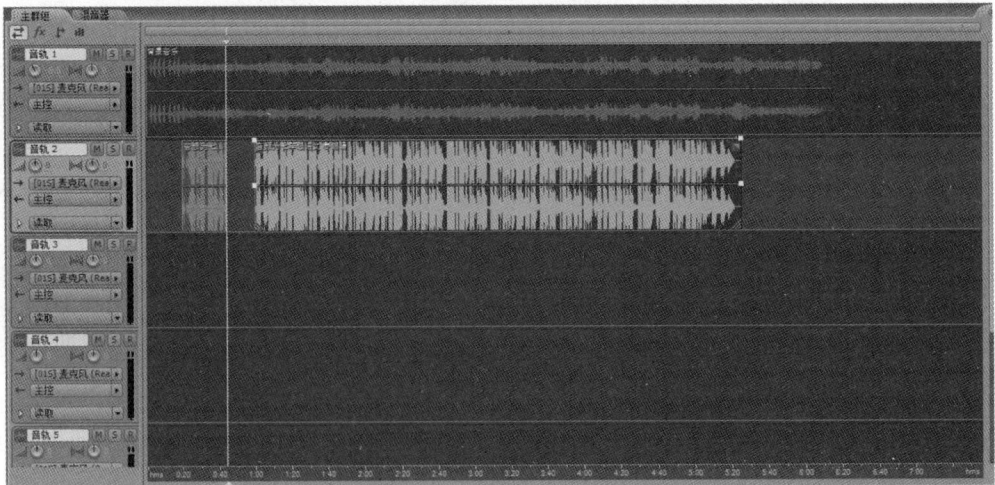

图 2-56　拉动音频块

8. 停顿时间的长短可以在"时间"面板中计算出来。(图 2 - 57)

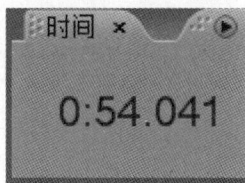

图 2 - 57 "时间"面板

9. 单击音轨 1 的静音按钮"M",恢复音轨 1 的声音,然后进行保存即可。

实验三　数字视频素材的采集与编辑

【实验目的】

1. 掌握视频各种格式的特点。
2. 掌握视频各种格式的互换,学会使用狸窝进行格式转换。
3. 能应用相关软件采集素材,将素材输出至硬盘,并能用相关软件剪辑素材并制作简单的视频。

【实验类型】

基础型实验

【实验任务】

利用视频编辑软件制作一小短片,短片内容根据各自的专业来定,时间不少于 2 分钟。

【实验环境】

1. 操作系统:Windows XP 以上版本。
2. 工具软件:狸窝软件、会声会影软件。
3. 其他:带麦克风的耳机。

【实验指导】

3.1　视频文件的特点和常见文件格式

3.1.1　视频文件的特点

视频作为多媒体家族中的成员之一,在多媒体教学中占有非常重要的地位。视频本身可以由文本、图形图像、声音、动画中的一种或多种素材组合而成,利用其声音与画面同步、表现力强的特点,能大大提高教学的直观性和形象性。

3.1.2　常见的视频文件格式

最常见的视频文件格式有 Microsoft 的 Video for Windows 文件(∗. avi)和 Apple 的 Quick Time 文件(∗. mov 和 ∗. qt)。此外还有 MPEG 文件(∗. mpg)、VCD 上的 DAT 文件(∗. dat)以及网络上常用的 Real Video 文件(∗. rm)等。

下面就视频文件的格式与特点列表如下表。（表1）

表1　视频文件的格式与特点

存储格式	扩展名	特点	播放软件
AVI 格式	*.avi	兼容好、调用方便、图像质量好,缺点是占用存储容量大	超级解霸
QuickTime 格式	*.mov	在本地播放或是作为视频流格式在网上传播	QuickTime
MPEG 格式	*.mpg *.mpeg	主要用在 VCD 和 DVD 的制作上	超级解霸
流媒体格式	高级流格式 *.asf	ASF 是一个可以在网上即时观赏的视频"流"格式	Windows Media Player
	实时流格式 *.rm、*.ra、 *.ram	常用在多媒体网页的制作上。要在网页中使用该格式文件,要求浏览器的支持和支持流式播放的网页服务器	Real Player

3.2　视频素材的采集方法

视频素材的采集方法有很多种。最常见的是用视频捕捉卡配合相应的软件(如 Ulead 公司的 Video Studio、Adobe 公司的 Premiere)来采集录像带上的素材。录像带在教学中使用比较普及,用这种方法,其素材的来源较广,缺点是硬件投资较大。

另一种方法是利用超级解霸等软件来截取 VCD 上的视频片段,或把视频文件 *.dat 转换成 Windows 系统通用的 AVI 文件。用这种采集方法得到的视频画面的清晰度要明显高于用一般视频捕捉卡从录像带上采集到的视频画面。

还可以用屏幕抓取软件如 Snagit、HyperCam 等来记录屏幕的动态显示及鼠标操作,以获得视频素材。此外互联网上也有大量的视频素材,也可以下载后在多媒体教学中使用。

3.3　狸窝中视频文件格式的转换与应用

用视频编辑工具,可以将视频素材进行格式转化。一般 PC 机使用 AVI 格式,APP IP 系列使用 QuickTime 格式,使用较大的视频素材时要用 MPEG 高压缩比格式,在网上实时传输视频类素材时使用流媒体格式。

通过狸窝软件的各种视频格式转换工具,可以任意转换各种格式的视频素材。具体步骤如下:

3.3.1　狸窝界面介绍

图 3-1 为狸窝全能视频转换器的主界面。

111

图 3 - 1　狸窝全能视频转换器的主界面

　　预置方案是指你想要输出的视频格式,点击三角形的下拉式菜单(图 3 - 1),里面包含了各种音频与视频格式(图 3 - 2)。

图 3 - 2　狸窝中的视频格式

3.3.2 各类格式的转换方法

进行视频或音频格式的转换,或者从视频中提出音频文件,具体的操作方式如下:

(1)点击狸窝菜单栏的"添加视频",导入视频文件。添加好了视频之后,我们可以看到视频的信息,即"源文件""原始长度""输出大小""目标文件"的格式等内容。在"预置方案"中选择你想要输出的格式类型。想要知道你的文件是否导入,可以点击"播放"按钮,这时就能播放视频了。(图3-3)

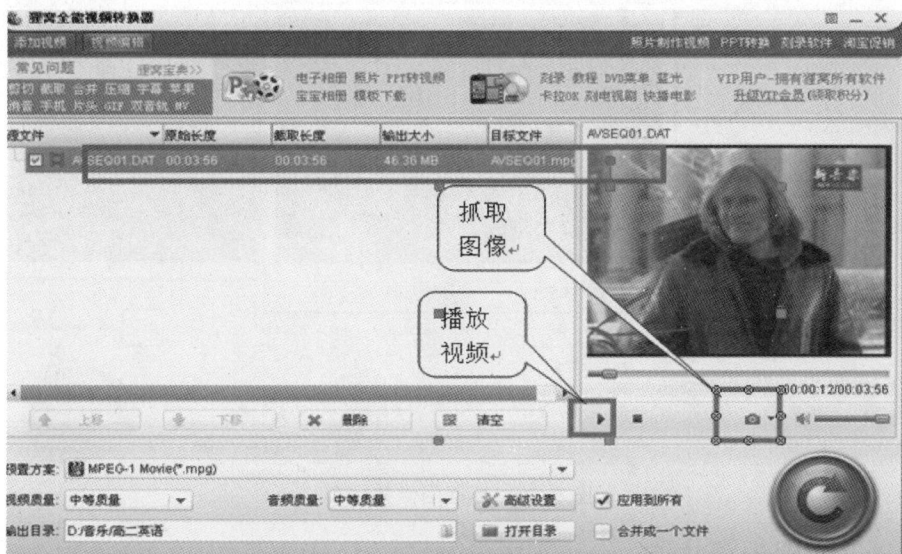

图3-3 添加视频并播放视频

(2)进行格式转换

选择你要保存文件的路径,点击"开始转换"按钮进行格式的转换。(图3-4)

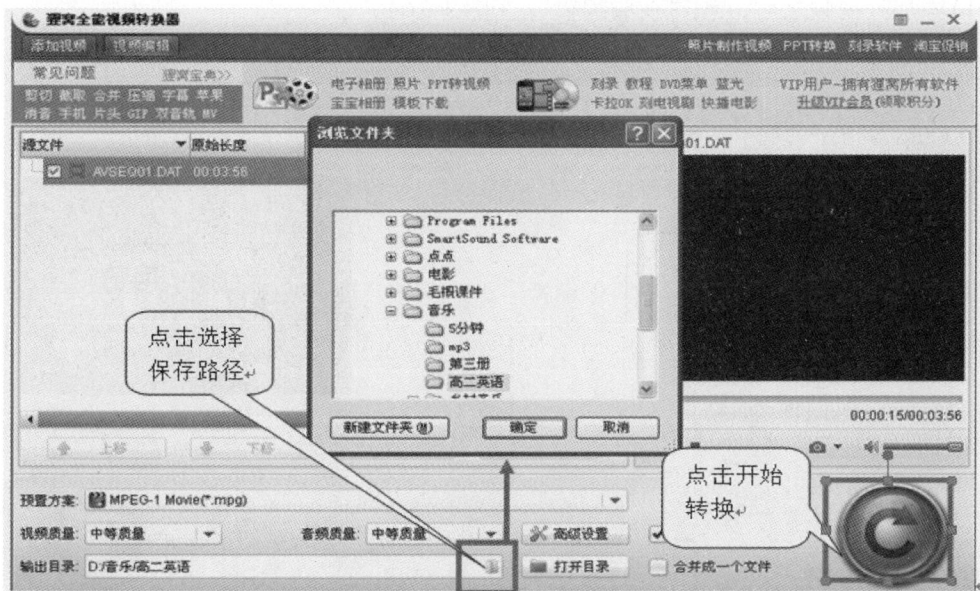

图3-4 进行格式转换

3.3.3 抓取图像

把画面定格到要抓取的那一帧上(可通过"滑块"及"单帧步进"按钮的相互配合来精确定位)。点击界面中的照相机图标按钮,出现当前画面的图像信息(图3-5),点击"保存为",可以选择你要保存的路径及保存的图像文件类型。

图3-5 抓取图像并保存

3.3.4 截取视频片段

有时我们在教学中会要用到一些视频片断,而不是整个视频,因此就要截取视频片断,具体操作步骤如下:

(1)添加好视频之后,点击"视频编辑"。(图3-6)

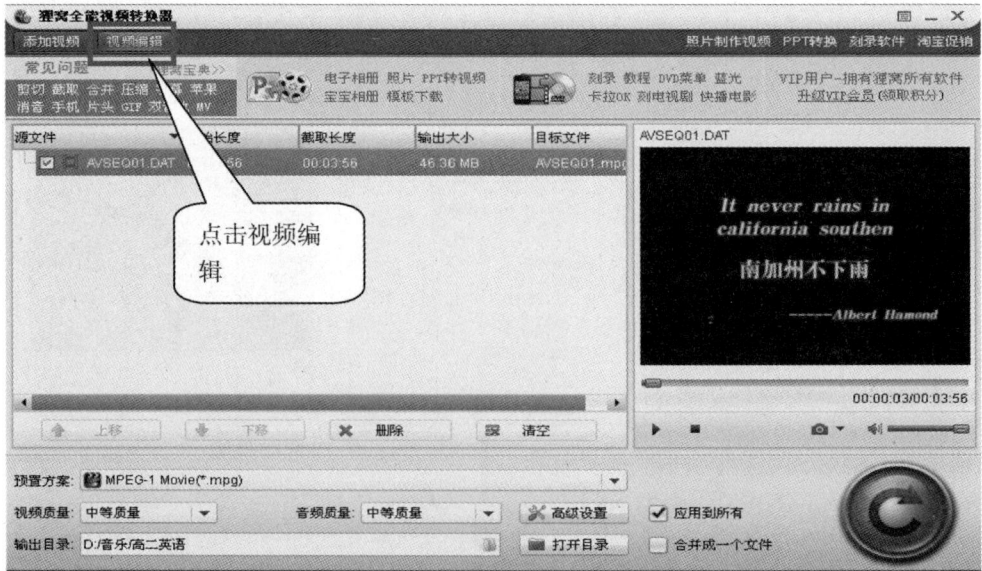

图3-6 转换到"视频编辑"界面

（2）点击了"视频编辑"后，出现以下界面。（图3-7）

图3-7　视频编辑界面

这时我们就可以进行视频片断的截取了。

（3）选择视频片断区间进行视频截取。当视频播放到你想要的位置时，点击"暂停"，然后点击"左区间"和"右区间"，即要截取的视频的开始与结束部分，通过拖动"滑块"配合"搜索""单帧步进"等按钮来定位要截取片段的起始帧，然后点击"剪切"或"确定"即可。界面上有开始时间与结束时间的提示，这样你就可以知道你截取了多长时间。（图3-8）

图3-8　视频截取并保存

（4）选择要保存的视频格式，保存视频。

这一步与视频格式转换的方法是一样的。

3.3.5 视频片段的合并

当截取了多个视频片断之后，如想合并成一个视频，具体操作方法如图3－9。

图3－9 合并成一个文件

3.4 Storm Video 软件中视音频的采集与应用

3.4.1 利用 Storm Video 分别采集来自摄像机的数字信号、S-Video 信号、复合信号

（1）将摄像机的 DV 信号输出端口用 DV 线与非编系统的接口箱中 DV 端口相连；将摄像机的 S-Video 信号输出端口用 S-Video 端子线与非编系统的接口箱中 S-Video 端口相连；将摄像机的复合信号输出端口用复合信号线与非编系统的接口箱中复合端口相连。

（2）打开摄像机，放入素材带，将摄像机设置为 VCR 状态。

（3）打开 Storm Video 软件，打开该软件的设置菜单。为确保支持长于9分钟（2G）的素材采集，将设置菜单中的"采集为参考 AVI 文件"选中。（图3－10）

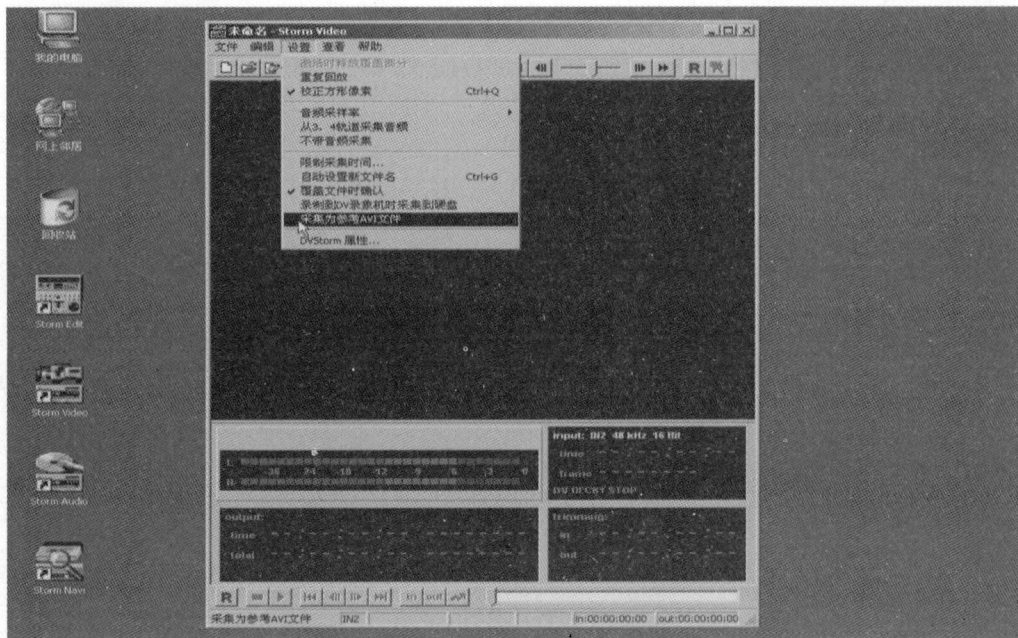

图 3 - 10　Storm Video **软件菜单**

（4）选中快捷工具栏的蓝色"DV"按钮，选中"DV 通道"，此时，接口箱的 DV 端口指示灯亮，进行 DV 信号的采集。

（5）利用录像机控制器来控制摄像机，找到需采集的素材入点，按下 AVI 控制器中的"采集"按钮，弹出如图 3 - 11 的对话框，设置文件路径及文件名，保存文件。（本实验放在各组自己定义好的 AV 硬盘上的文件夹内）

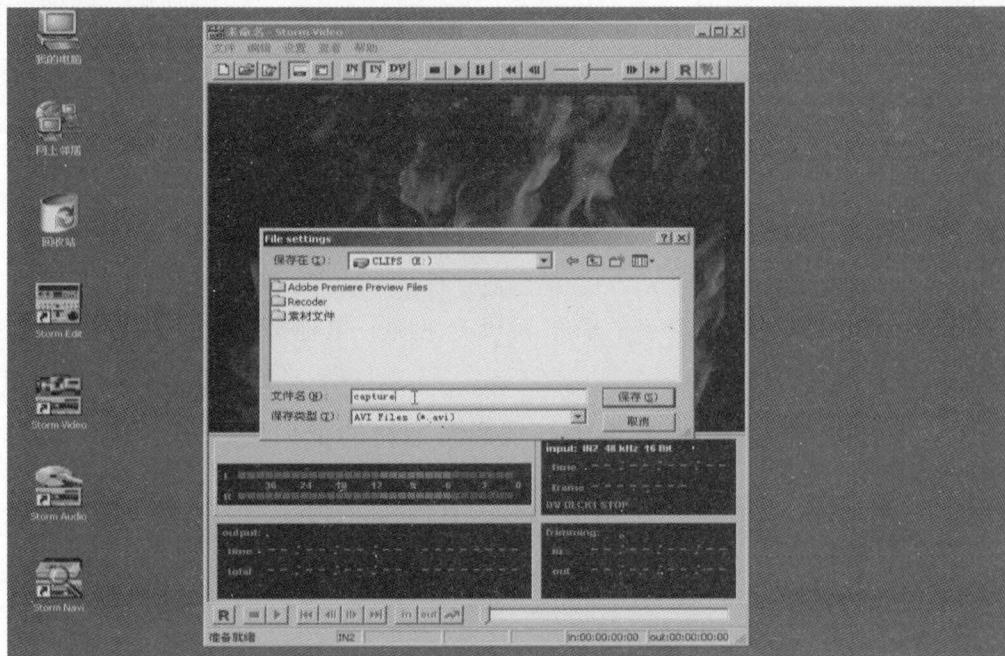

图 3 - 11　保存设置

（6）按下 AVI 控制器的停止按钮，完成一段素材的采集。

（7）在文件菜单中打开刚采完的素材片段进行回放及简单编辑。

（8）选中设置菜单中的"DVStorm 属性"，出现一个属性对话框，分别选中 INPUT 2 选项卡中的视频输入格式 S-Video 或复合，进行 S-Video 信号或复合信号的采集，同时可在 INPUT 2 选项卡中的图像调整中对图像的参数进行调整。（图 3 – 12）

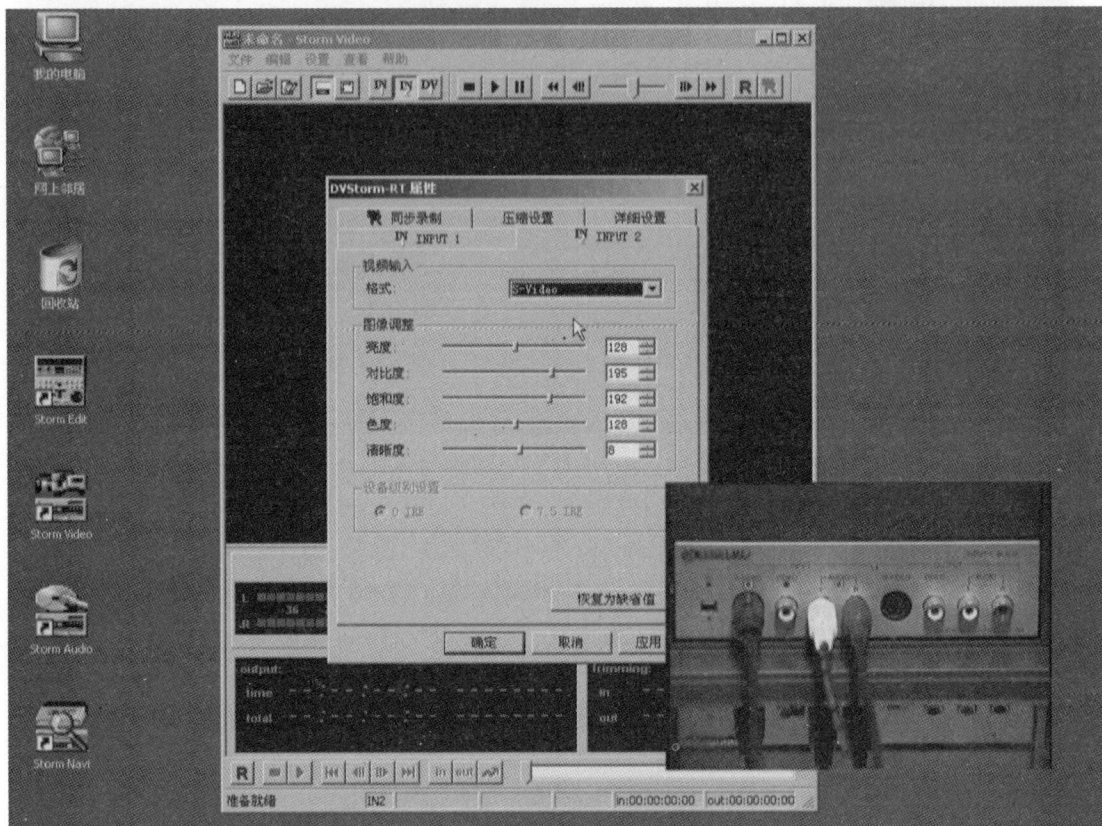

图 3 – 12　DVStorm 属性设置面板

（9）手动操作摄像机。在摄像机中找到需采集的素材入点，暂停，等采集时手动播放（与 DV 信号不同）。

（10）分别重复5—7 步，完成 S-Video 信号或复合信号的采集。

利用 Storm Audio 软件进行声音的采集，除没有视频外，其他操作与 Storm Video 类似，不赘述。

3.4.2　利用 Storm Edit 软件进行视音频素材的批采集

（1）打开 Storm Edit 软件。

（2）在工具栏中点击"采集"快捷按钮，或从"文件"菜单选择"批采集"/"无缝采集"。

（3）这时，将出现采集窗口，确保已将"采集方式"设置为"批采集"。（图3-13）

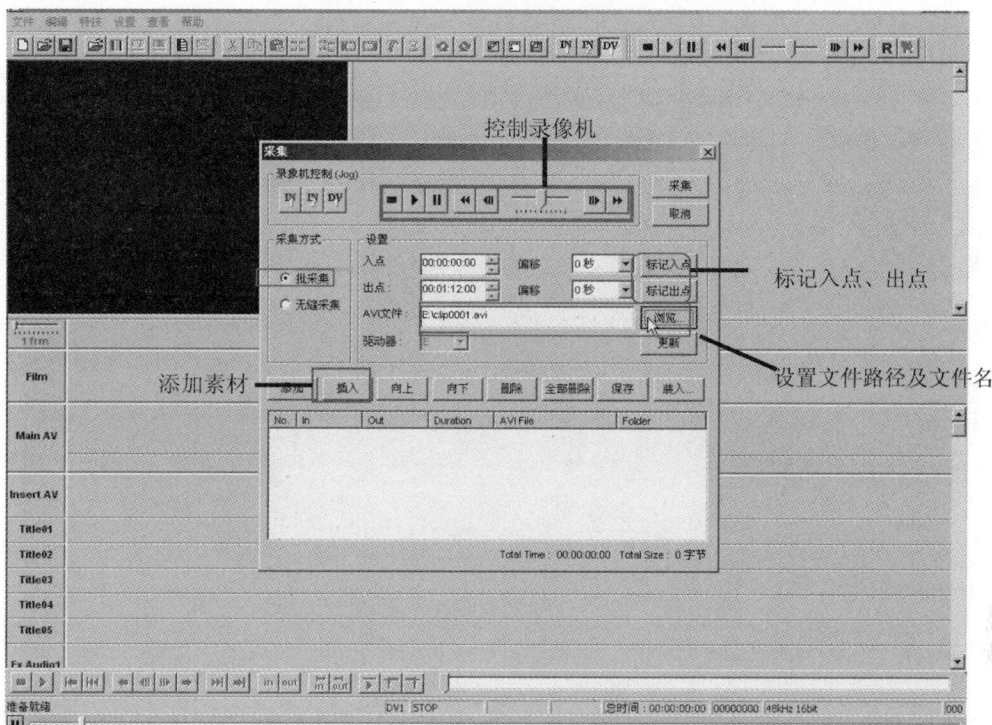

图3-13　Storm Edit 软件音频采集属性面板

（4）为你希望采集的剪辑设置文件名。

（5）使用录像机控制器定位磁带到你希望开始采集的地方。

（6）点击"标记入点"按钮，入点将被自动输入。

（7）将磁带向后快进，找到你要结束采集的地方。

（8）点击"标记出点"按钮，出点将被自动输入。

（9）点击"添加"按钮，片段将会出现在"批采集/无缝采集"窗口底部的列表中。

（10）点击"采集"按钮开始采集，Storm Edit 自动将你选择的部分采集到盘。

3.5　利用 Adobe Premiere 进行视频的编辑

Adobe Premiere 是一款常用的视频编辑软件，由 Adobe 公司推出，现在常用的有 CS4、CS5、CS6、CC、CC2014、CC2015 以及 CC2017 等版本。这是一款编辑画面质量比较好的软件，有较好的兼容性，且可以与 Adobe 公司推出的其他软件相互协作。目前这款软件广泛应用于广告制作和电视节目制作中。

3.5.1　界面认识

Premiere 是 Adobe 公司出品的一款用于进行影视后期编辑的软件，是数字视频领域普及程度最高的编辑软件之一。Adobe Premiere Pro CS3 作为高效的视频生产全程解决方案，从开始捕捉直到输出，使用 Adobe Premiere 都能节省您的时间，还可以将内容传输到 DVD、蓝光光盘、Web 和移动设备中。

  Premiere 的默认操作界面主要分为素材框、监视器调板、效果调板、时间线调板和工具箱五个主要部分,在效果调板的位置,通过选择不同的选项卡,可以显示信息调板和历史调板。(图 3 – 14)

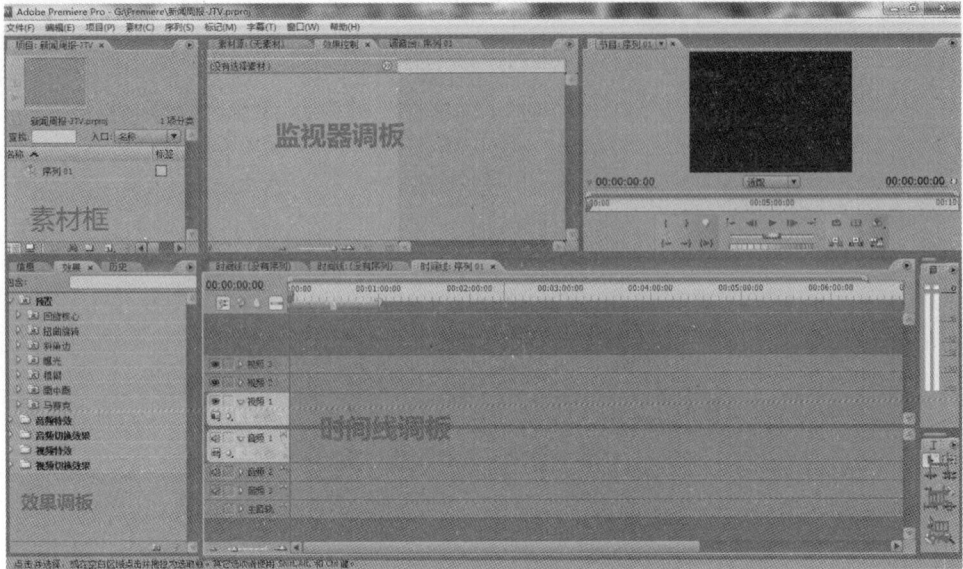

图 3 – 14 基本操作界面

1. 项目窗口

项目窗口及其功能如图 3 – 15 所示。

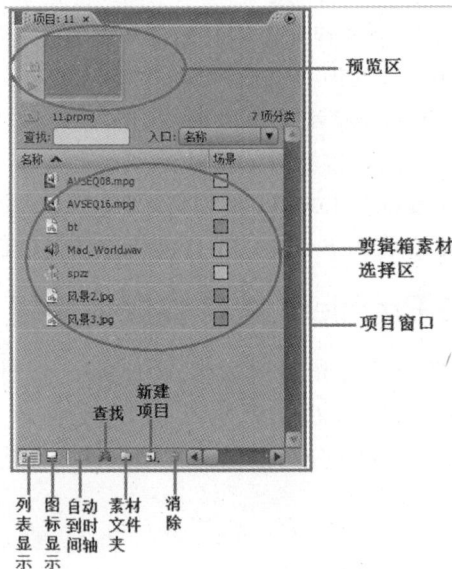

图 3 – 15 项目窗口

各项功能为:

(1)"列表显示"按钮:将剪辑箱素材显示区中的素材以列表的形式显示。

(2)"图标显示"按钮:将剪辑箱素材显示区中的素材以图标的形式显示。

（3）"自动到时间线"按钮：就是自动生成一个时间线序列。

（4）"查找"按钮：在项目窗口中文件较多层次、较复杂的情况下，使用此工具可以快速查找所需文件。

（5）"素材文件夹"按钮：此按钮用于创建新的素材文件夹，有利于整理组织项目中的素材。

（6）"新建项目"按钮：此按钮用于创建新的字幕、非线性文件、时间线等。单击此按钮可以弹出一个项目菜单，它与单击文件菜单中的新建选项所弹出的子菜单相同。

（7）"消除"按钮：用于删除项目窗口中所选择的素材。

2. 监视器窗口

窗口的作用：主要用于预览、输出视频素材和音频素材，监控整个项目的内容。在建立项目的时候还可以通过此窗口设置素材的入点、出点、改变静态图片的持续时间和设置标记等。（图3－16）

图3－16 监视窗口

监视窗口的功能为：

（1）设定出点和入点的两个按钮：用来设置当前位置为出点或者入点，按下"Alt"的同时单击它则被取消设置。

（2）设定未编号标记：用于为素材设置非数字标记。一段素材只能设置一个非数字标记，若想设置多个可应用数字标记。

（3）转到上一个标记或者下一个标记：此按钮用于将编辑线直接转到素材的上一个标记或者下一个标记。

（4）单步前进或者后退：用于将节目或者预演的素材片段正向或者反向播放，单击一次跳一帧。

（5）播放停止。

（6）循环：用于循环播放节目或者预演素材。

（7）安全框：用于设置当前素材的安全边界。

（8）输出：单击，可以弹出菜单以便选择用于输出的方式。

（9）转到入点或者出点：单击，可以是编辑线直接转到素材的入点或者出点。

（10）从入点到出点播放：单击可以播放从入点到出点的部分素材。

（11）插入：用于将选定的源素材插入到序列中指定的位置。

（12）覆盖：用于将选定的源素材覆盖到序列中指定的位置。

（13）确定抓取音视轨：此按钮用于切换获取素材的方式。

（14）飞梭：又名时间梭，用鼠标向左拖动时间梭，剪辑将向后播放，反之则向前播放。注意，录音播放的速度随鼠标从中心向两边拖动时间梭的速度而变化，释放滑块，时间梭将返回到中心位置，播放停止。

（15）逐帧移动：此按钮用于向两端移动编辑线，以达到素材或编辑节目的端点。如果拖动指针到按钮的边缘而编辑线还没有到达素材的端点，则可以继续在同一时间点拖动此按钮，编辑线标识将继续移动。

（16）提升：将当前选定的片段从编辑轨道中删除，与之相邻的片段不改变位置。

（17）提取：将当前选定的片段从轨道中删除，后面的片段将会自动提前，与前一片段连接到一起。

（18）修整：使用此按钮可以对轨道内剪辑进行剪切、修改。

3. 时间线窗口

时间线窗口如图 3-17 所示。

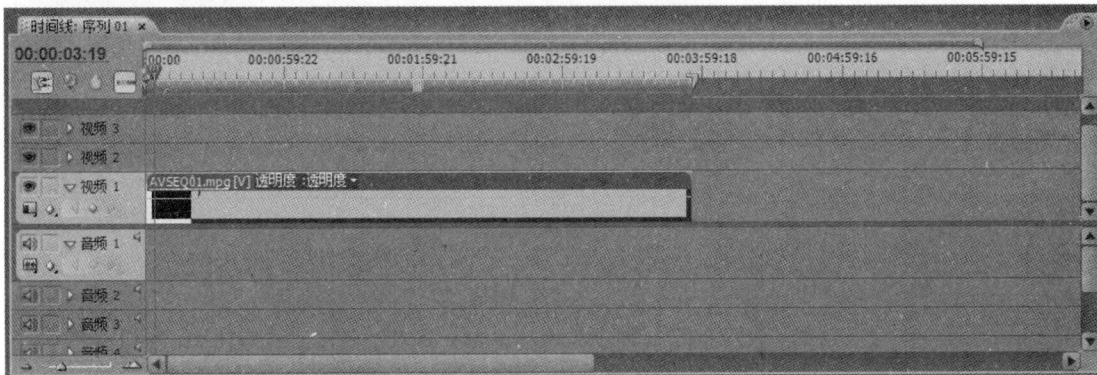

图 3-17 时间线窗口

开关轨道输出按钮：初始状态见图 3-17，表示该条轨道为可见轨道，可以应用各种效果。单击该按钮则会变成空白，此时轨道中的所有素材在编辑过程中将不产生任何效果。

锁定轨道按钮：初始状态见图 3-17，此时该轨道可以进行正常操作，单击后会变成，同时视频轨道出现反斜线，表示轨道被锁定，不能进行任何操作。

缩小／扩张轨道按钮：初始状态见图 3-18，此时轨道未被展开，单击后会变成朝下的三角形状态，此时轨道被展开，当视频轨道被展开后将会出现五个功能按钮（图 3-19）。

图 3-18 展开前

图 3-19 展开后

设定显示风格按钮:该按钮用于设置轨道中剪辑素材的显示方式。单击该按钮会弹出菜单,从此菜单中可以看出,共有四种显示方式。其中"显示头和尾"表示在视频轨道中仅显示剪辑素材的第一帧和最后一帧画面,"仅显示开头"则表示仅显示素材的第一帧画面,"显示全部帧"表示在视频轨道中的显示素材的每一帧动画,"仅显示名称"表示仅显示剪辑素材的名称,而不显示画面。(图3-20)

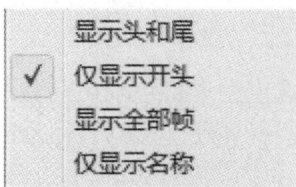

图3-20　显示风格

显示关键帧按钮:此按钮可以设置视频轨道中关键帧的显示,点击此按钮,弹出如图3-21所示菜单。如果选择了"显示透明控制"选项,那么将在视频轨道中显示不同控制按钮,用于设置关键点的透明度值。

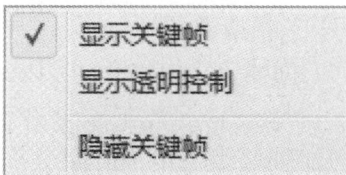

图3-21　设置视频轨道中关键帧的显示

4. 工具面板

工具面板各项工具如图3-22所示。

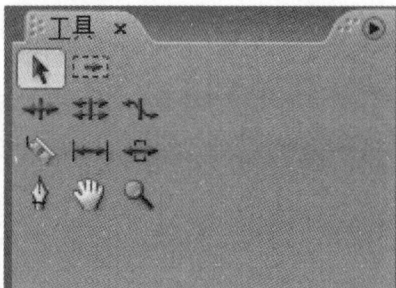

图3-22　工具面板

工具面板各项工具的功能为:

选择工具:用于选择移动拉伸素材片段,调节素材关键帧,为素材设置入点和出点等操作,快捷键是"V"。按住"Ctrl"键,单击目标对象可以进行多选,按住"Shift"键单击目标对象可以选择所有对象。

轨道选择工具:用于选择某个轨道上的多个素材片段,即从第一个被选择的片段开始到轨道结尾处的所有素材片段,快捷键为"M"。如果选择多个轨道上的素材片段进行整体移动,可以选择的同时按住"Shift"键。

波纹编辑工具:用于拖动素材片段出点,改变片段长度,相邻片段的长度保持不变。

快捷键为"B"。激活该工具时,将鼠标移动到素材片段的边缘处,就会出现拉伸图标,此时就可以调整片段长度了。

旋转编辑工具:用于调整两个相邻素材的长度,调整后两素材的总长度不变。快捷键是"N"。

比例伸展工具:用于改变素材片段的时间长度,调整片段的速率以适应新的时间长度,快捷键是"X"。

剃刀工具:此工具可以将选定的素材片段切割为两个片段,以方便进行单独的调整和编辑,快捷键是"C"。

错落工具:此工具用于改变一个素材片段的开始位置和结束位置,快捷键是"Y"。

滑动工具:用于改变相邻素材片段的出入点。与错落工具不同的是,错落工具是针对一个素材片段的,而滑动工具是用于改变前一个片段的出点和后一个片段的入点,快捷键是"U"。

钢笔工具:该工具用于调节节点,如单轨关键帧的音频变换点。在编辑字幕素材的时候,还可以用于绘制所需的曲线图形,快捷键是"P"。

手动把握工具:用于平移时间线窗口中的素材片段,以显示出影片的不同部分,快捷键是"H"。

缩放工具:用于放大缩放时间线窗口中的时间单位,以改变轨道上的显示状态,按住"Alt"键则缩小片段,快捷键是"Z"。

5.信息面板和历史面板

信息面板:主要用于显示所选剪辑或者转场等的一些信息。里面所显示的信息会随着媒体类型和当前窗口等因素的不同而发生变化。如果没有打开可以到菜单栏里面找"窗口"/"信息"命令。(图3-23)

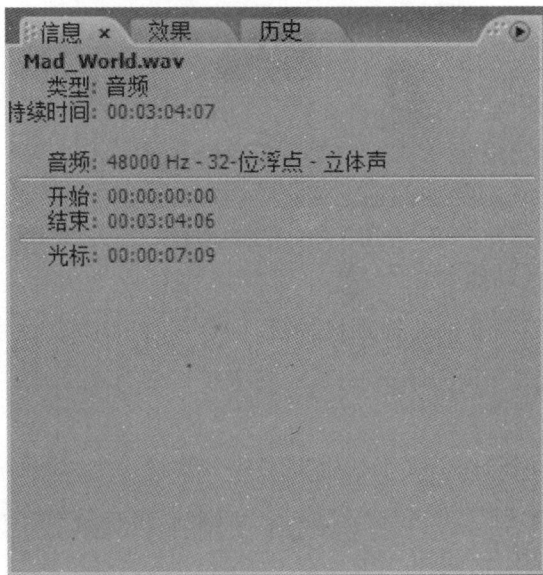

图3-23　信息面板

历史面板:用于记录所走过的步骤,或者回复以前的操作步骤,如果返回到当前的操作步骤,那么位于该步骤下的将变暗显示,此时如果需要重新进行编辑,系统将自动删除这些变暗的操作步骤。历史面板中显示的每种状态也包括了改变项目时所用的工具和命令名称以及代表它们功能的图标。(图3-24)

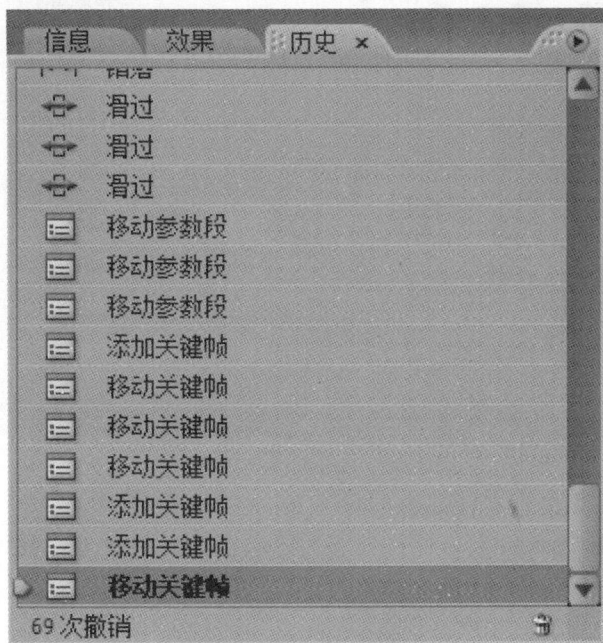

图3-24　历史面板

3.5.2　Premiere 的基本操作

1. 新建项目

双击打开 Premiere 程序,使其开始运行,弹出开始画面。(图3-25、图3-26)

图3-25　Premiere 加载画面

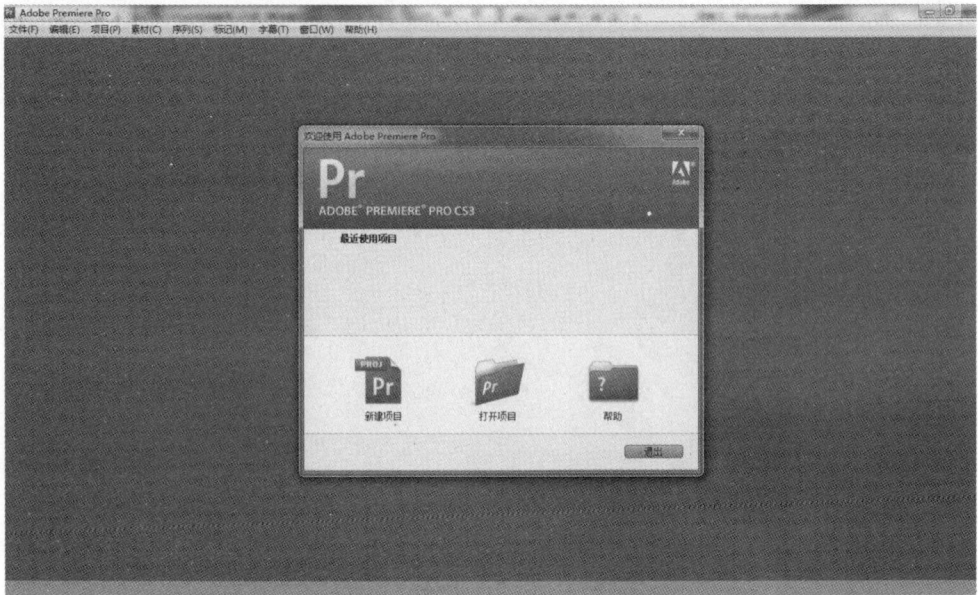

图 3 – 26　Premiere 开始界面

在开始界面中,如果最近有使用并创建了 Premiere 的项目工程,会在"最近使用的项目"下,显示出来,只要单击即可进入。要打开之前已经存在的项目工程,单击"打开项目",然后选择相应的工程即可打开。要新建一个项目,则点击"新建项目",进入下面的配置项目的画面。(图 3 – 27)

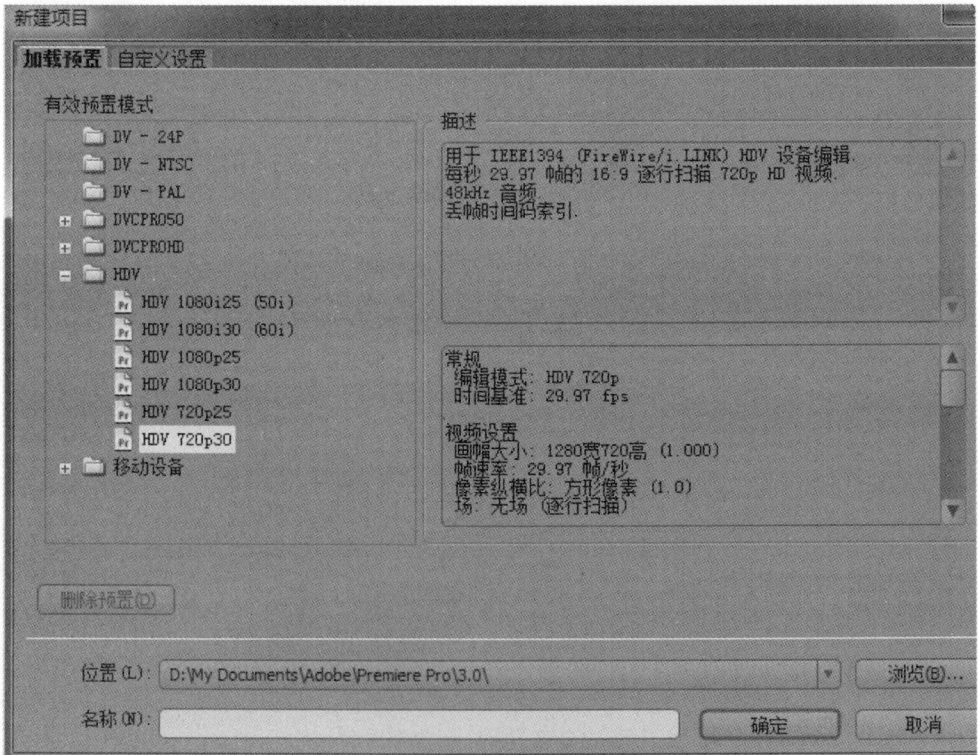

图 3 – 27　配置项目

配置项目的各项设置,使其符合我们的需要。在这个界面下,我们可以修改项目文件的保存位置,选择好自己的保存地点之后,在名称栏里输入工程的名字。为了方便理解和教学,我们新建一个"11"的项目,单击"确定",就完成了项目的创建。(图3-28)

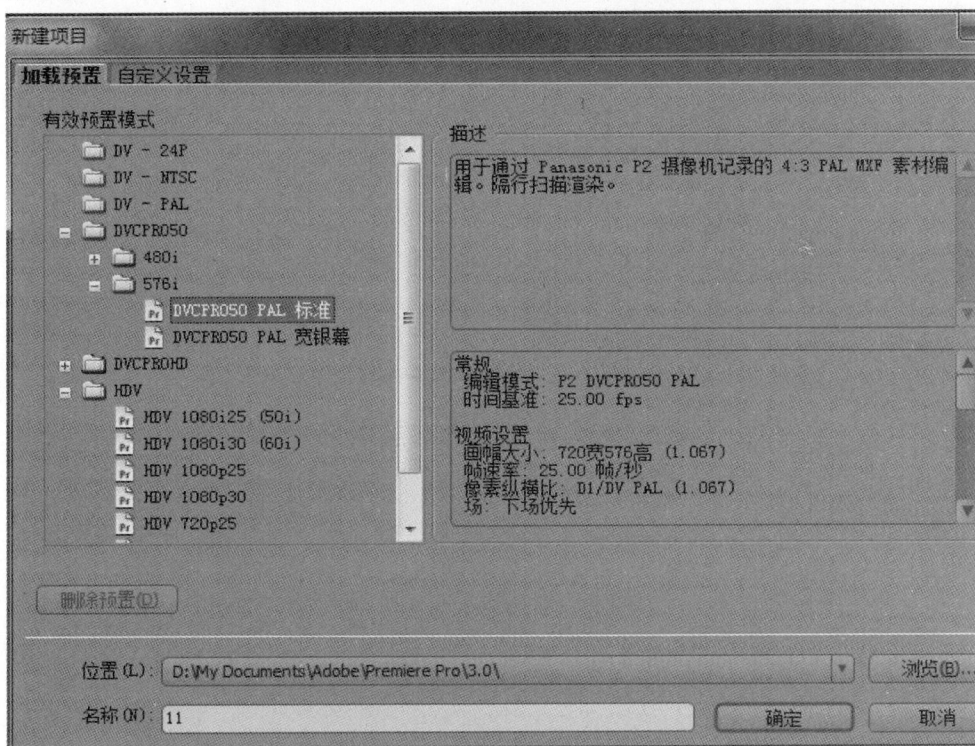

图3-28　项目工程

单击"确定"之后,程序会自动进入下面的编辑界面。(图3-29)

图3-29　编辑界面

127

2. 新建序列

在进入 Premiere 的编辑界面之后,我们发现,Premiere 自动生成了"序列 01"的时间线。我们可以直接向这个时间线里导入素材进行编辑,也可以通过选择"文件"/"新建"/"序列"来新建一个时间线。(图 3 - 30)

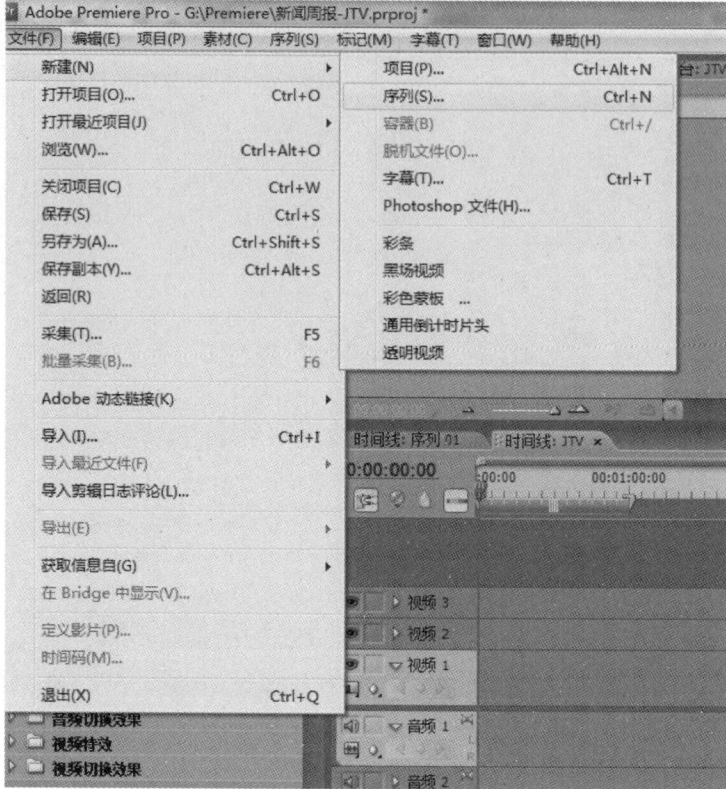

图 3 - 30

在新建序列的界面下,我们可以设置新建的时间线的视频轨道的数量、各种类型音频轨道的数量。(图 3 - 31)

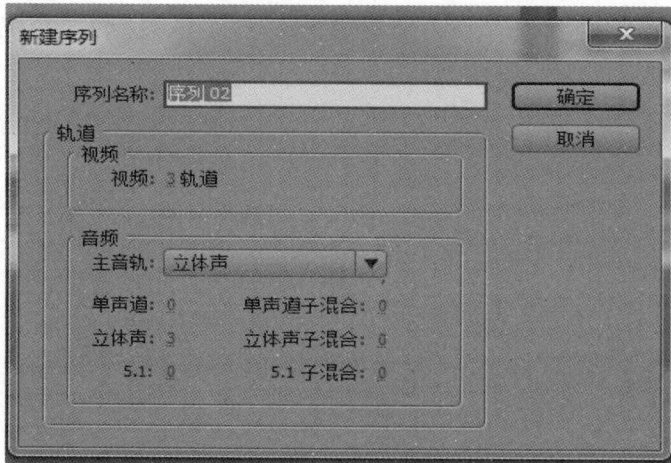

图 3 - 31 新建序列

修改序列的名称,把"序列2"改为"spzz"。单击"确定",我们可以看见,在素材框里面出现了一个"spzz"的序列文件。(图3-32)

图3-32　spzz序列信息

3.导入素材

在编辑界面下,选择"文件"/"导入"。(图3-33)

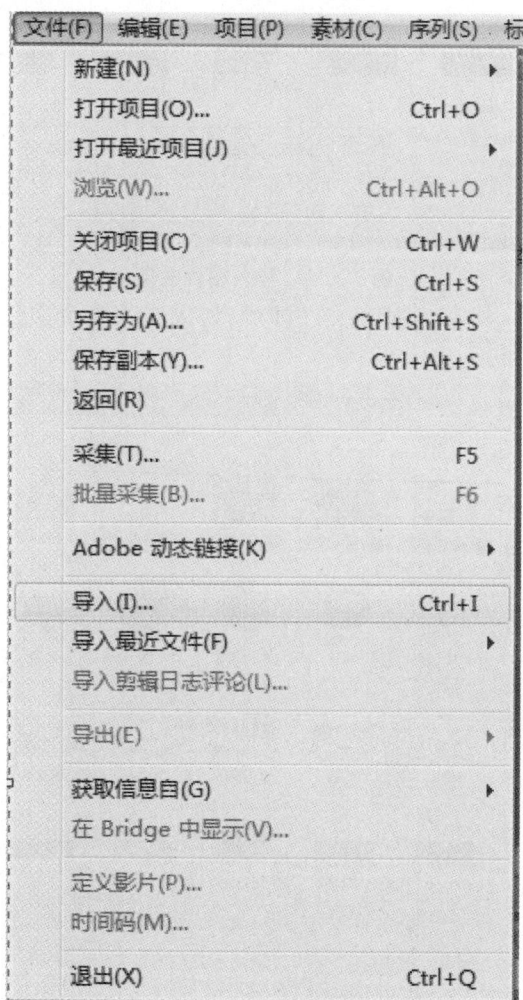

图3-33　导入素材

这时会自动弹出窗口(图3-34),在弹出的界面中,选择需要导入的文件(可以是支持的视频文件、图片、音频文件等等,可以点开文件类型一栏查看支持的文件类型)。

图3-34　导入图片文件

如果只导入一个文件,则点击某个文件即可;如果导入多个文件,则按住"Ctrl"再点击所要导入的文件。(图3-35)

图3-35　同时导入多个图片文件

单击"打开",等待一段时间之后,我们在素材框里看见,出现了导入的文件。(图3－36)

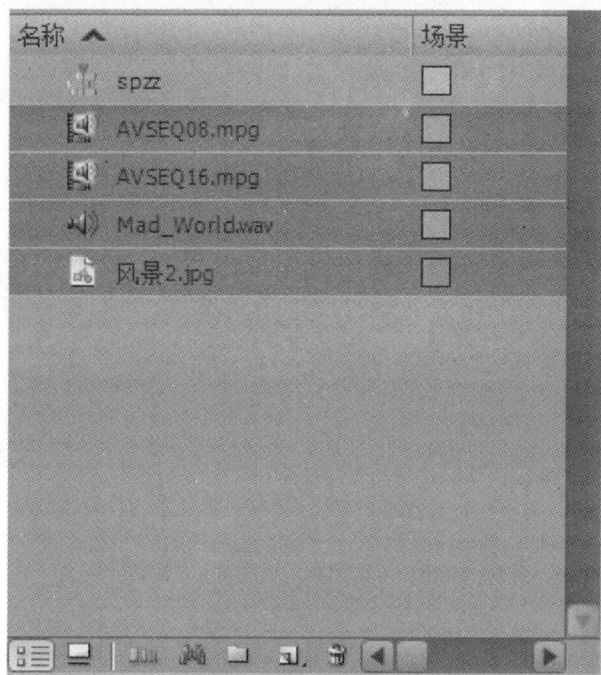

名称　　　　　　　　　　　　场景
spzz □
AVSEQ08.mpg □
AVSEQ16.mpg □
Mad_World.wav □
风景2.jpg □

图3－36　文件在素材窗口显示

3.5.3　基本的视频编辑操作

1. 视频的简单编辑

视频编辑的步骤为:

(1)用鼠标将素材框中需要编辑的素材拖动到时间线上。(图3－37)

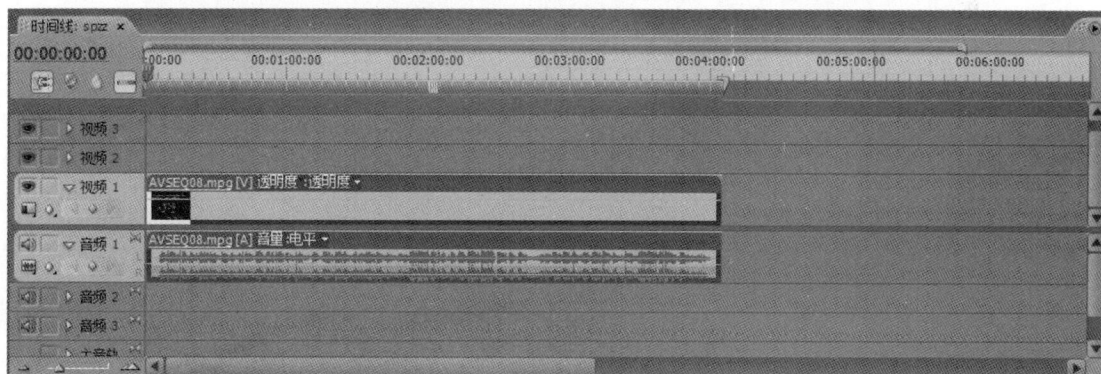

图3－37　拖动素材到时间轴

点击素材,我们在右侧监视器可以预览到视频导出后的效果,如果视频不符合窗口的大小,我们可以通过之后在图片特效中介绍的方法进行调整。

(2)选择剃刀工具 ✎ ,对准素材需要分开的部分,按下鼠标,素材会被剪开,成为两个独立的片段(图3－38)。这样就可以将素材中不需要的片段与需要的片段分开。

131

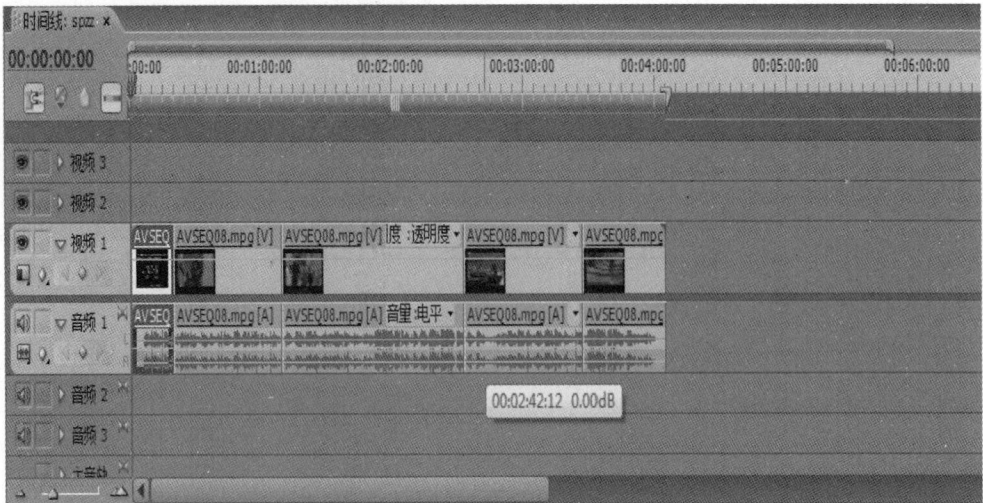

图 3-38　分割视频

（3）删除不需要的片段。单击选中不需要的片段，按下"Delete"键，或对选中的片段点击右键，选择"清除"，也能将不需要的片段删除。（图 3-39）

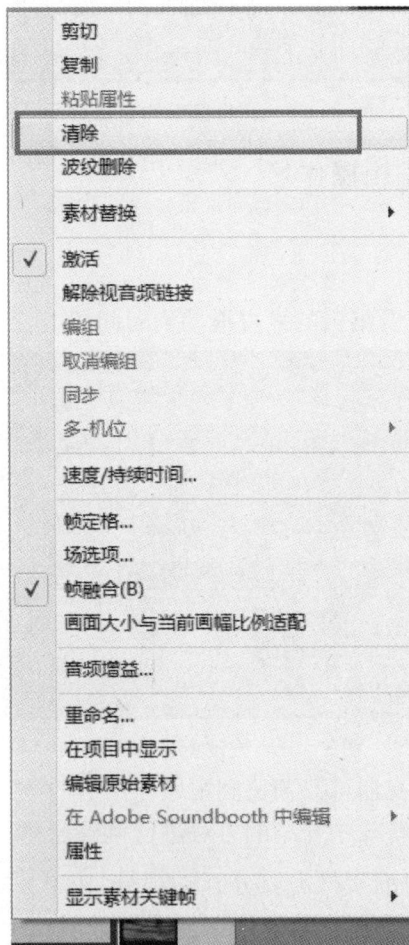

剪切
复制
粘贴属性
清除
波纹删除

素材替换　　　　　　　　　▶

✓ 激活
解除视音频链接
编组
取消编组
同步
多-机位　　　　　　　　　　▶

速度/持续时间...

帧定格...
场选项...
✓ 帧融合(B)
画面大小与当前画幅比例适配

音频增益...

重命名...
在项目中显示
编辑原始素材
在 Adobe Soundbooth 中编辑　▶
属性

显示素材关键帧　　　　　　▶

图 3-39　清除

(4)重新组合。删除不需要的片段之后,可以通过鼠标拖动,将剩下的片段按照需要重新组合。(图3-40、图3-41)

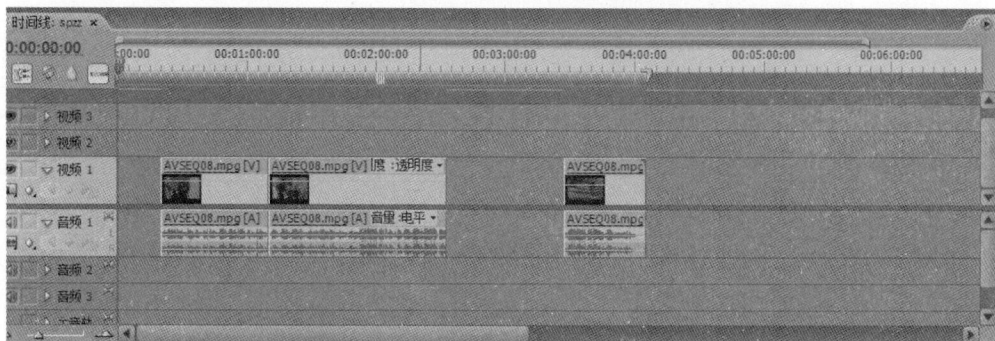

图3-40

图3-41　重新组合

2. 视频特效

Premiere 提供了非常多的视频特效和视频的切换特效。在编辑界面左下的"效果"调板中,点开"视频切换特效"。(图3-42)

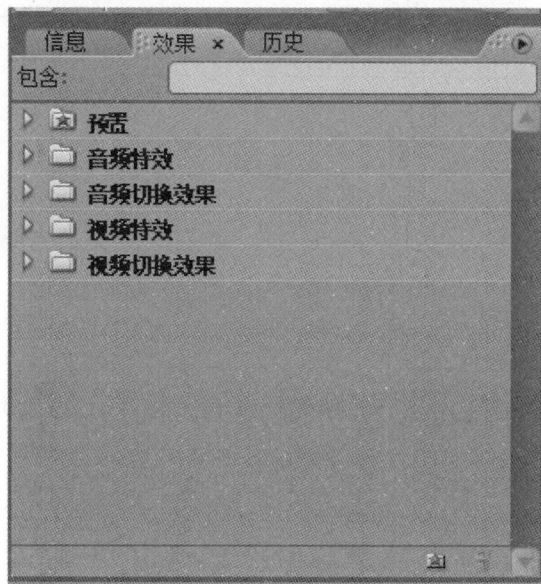

图3-42　"效果"调板

（1）选择效果。选择其中的一个文件夹，例如"卷页"，再选中文件夹下的"卷页"。（图3－43）

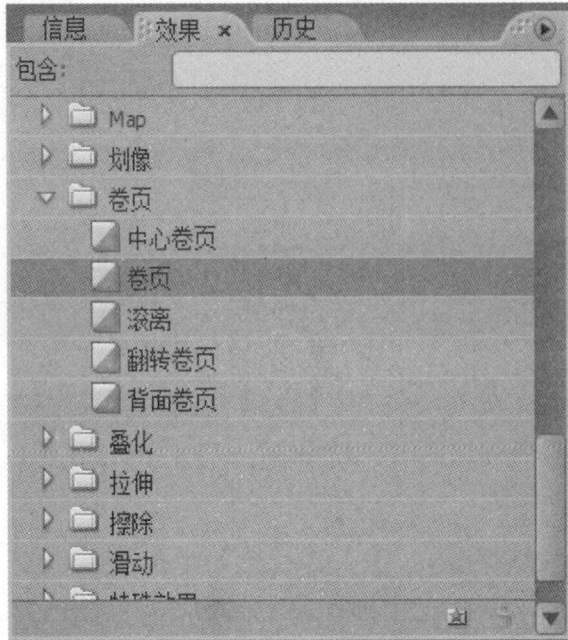

图3－43　效果选择

（2）添加特效。拖动到两段素材之间，就完成了特效的添加。（图3－44）

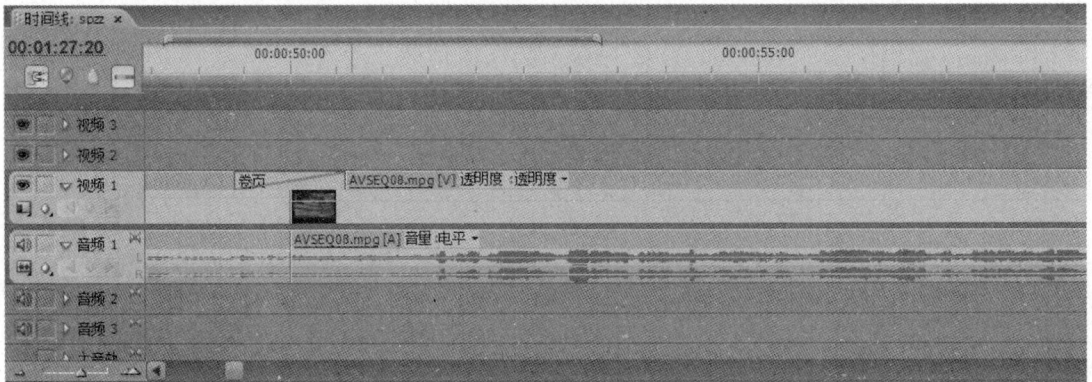

图3－44　添加特效

（3）浏览特效。将时间梭 移动到视频特效添加的位置，在右上的监视器调板中就可以观察到视频切换的特效了。（图3－45）

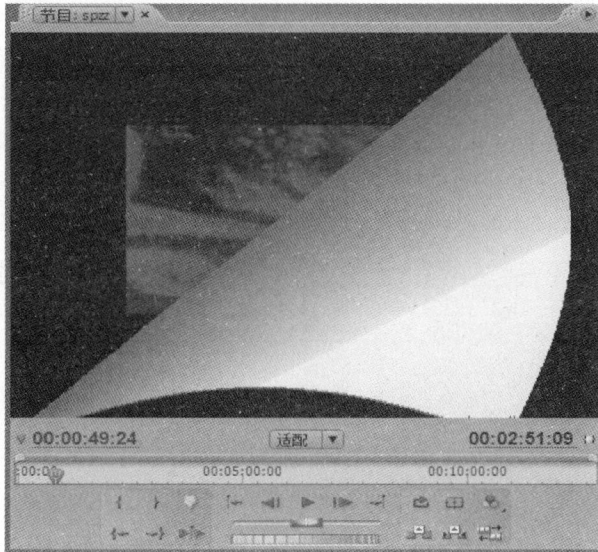

图 3 - 45　浏览特效

（4）调整特效。单击时间线上的"视频特效"，在中间的监视器里，选择"效果控制"，就可以在调板里对视频特效的细节进行调整了。（图 3 - 46）

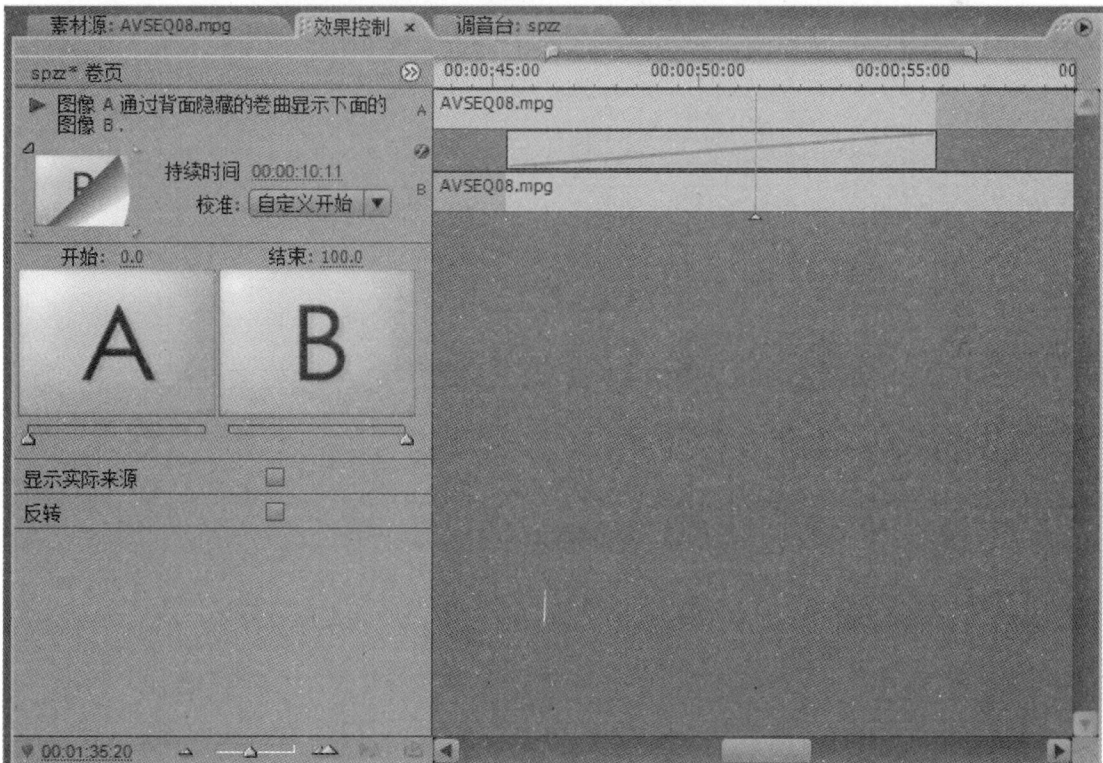

图 3 - 46　调整特效

3. 音频分离

音频分离是解除视频与音频之间的关联。

(1)把视频文件拉到视频轨道上。(图3－47)

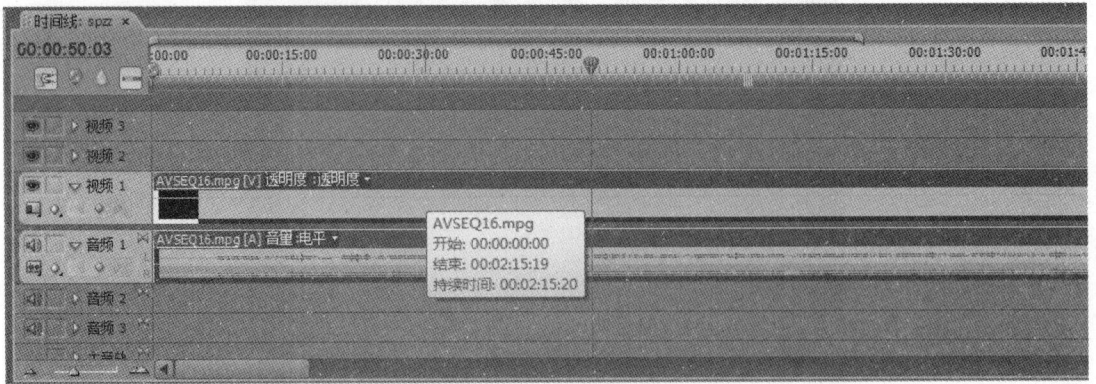

图3－47　分割音频

(2)音频与视频分离。点击右键,选择"解除视音频链接"。(图3－48)

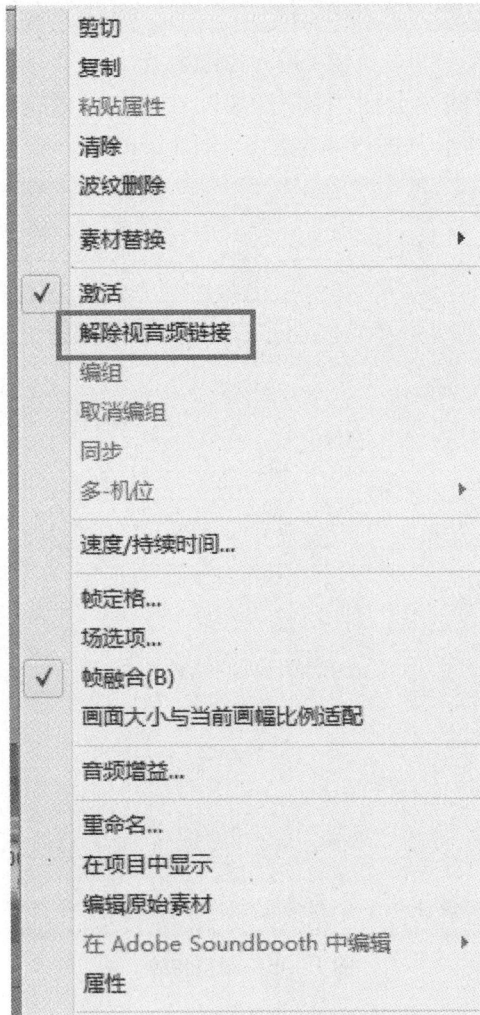

图3－48　选择解除视音频链接

这时音频和视频就进行了分离,我们可以删除音频,换上其他的音频文件。(图3-49)

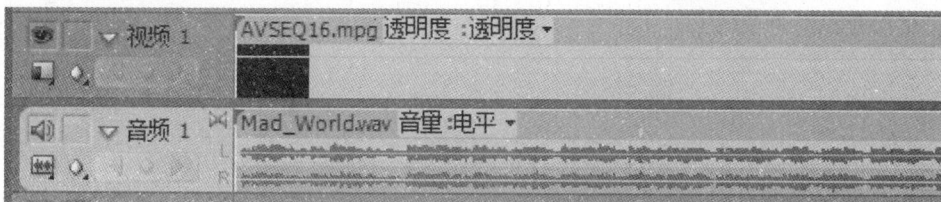

图3-49　替换音频

4.音频编辑

音频的编辑与视频的编辑方式是一致的,这里主要阐述如何调节音频的音量。

(1)选中某个音频块,单击右键,选择"音频增益"。(图3-50)

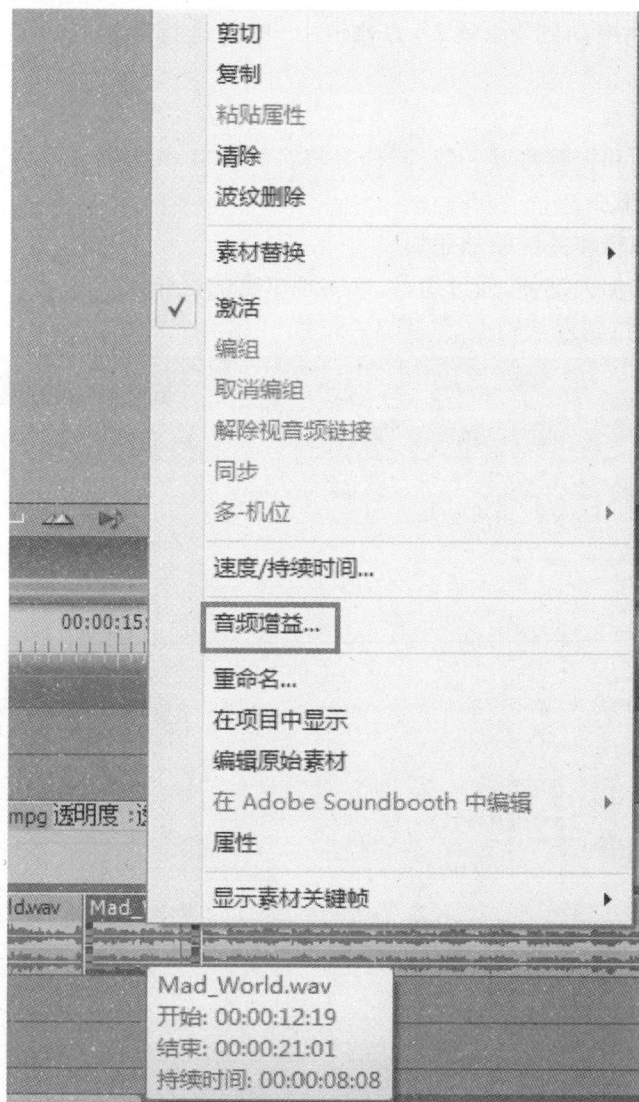

图3-50　音频增益

（2）音量调整。在弹出的窗口（图3－51）中，就可以对音频片段的音量进行调整。当然，对于没有分离音频的视频文件，也可以进行音量的调整。

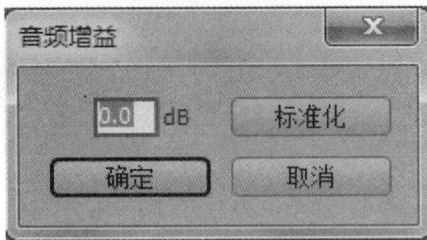

图3－51　音量调整

在 Premiere 中，还可以导入外部的音频文件，作为视频的解说或者是背景音乐。可以将需要编辑的音频文件拖动到"音频2"的轨道上，单独进行剪辑，操作方法和之前介绍的一致。

5. 音频特效

音频特效的使用和视频特效一致，同样是将音频特效和音频切换特效拖动到音频文件上，就完成了特效的添加。

6. 图片的特效编辑和关键帧的添加

使用 Premiere 添加关键帧，通过组合，来实现丰富的视频效果。

（1）导入图片并拉到视频轴上。（图3－52）

图3－52　导入图片

（2）调整图片显示的位置与大小。在右侧监视器中,拉动图片可以进行位置的移动,拉动四周的小正方形可以进行大小的调整。（图3-53）

图3-53　调整位置与大小

（3）调整图片播放时间。将鼠标置于图片后面,当出现一条红色的竖线和双向箭头时,按住鼠标左键向后拉,就可以延长播放的时间。如图3-54,时间变成了10秒。

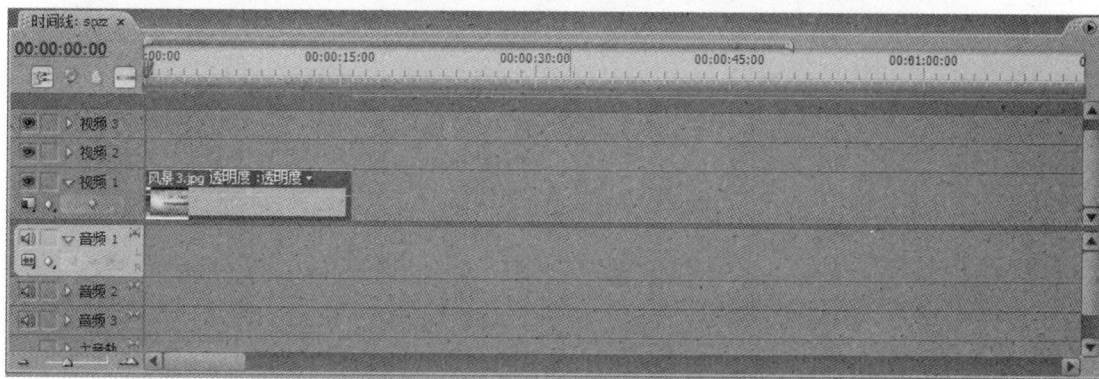

图3-54　调整图片时间

（4）添加关键帧。在效果控制面板下,我们可以建立关键帧,来实现一些特殊的效果变化。首先将时间梭放置在需要进行特效变化的起始位置,点击 之前的白色原点,建立关键帧,此时我们可以设置好图片的起始参数(图3-55)。

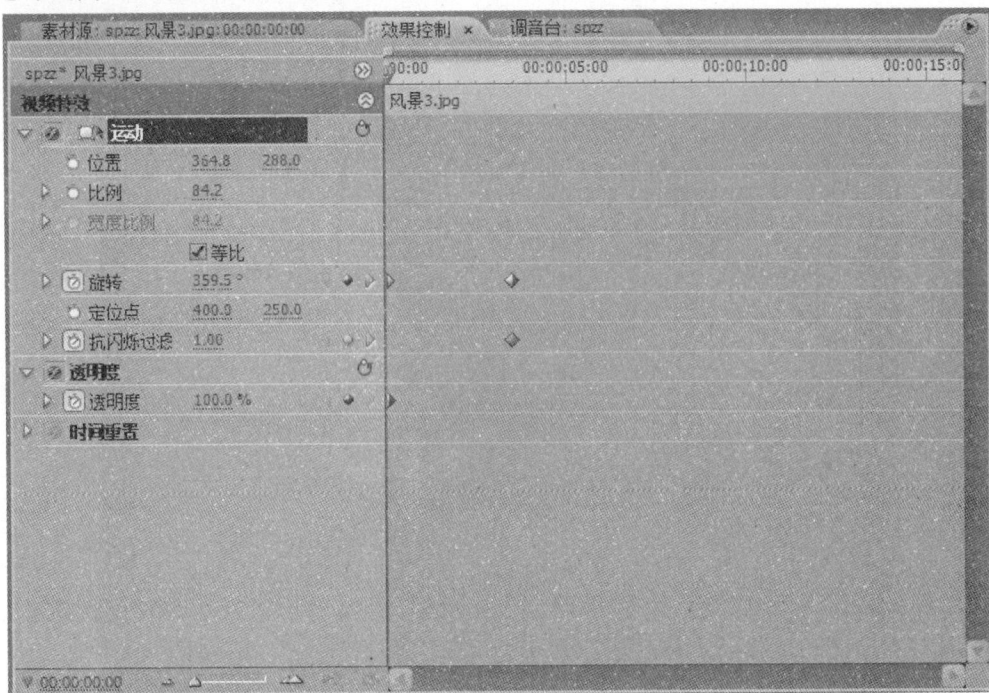

图3-55 插入关键帧并设置参数

(5)设置结束点关键帧。将时间梭移动到我们希望特效结束的位置,直接对图片的参数进行修改,系统会自动生成一个关键帧,此时就完成了关键帧的建立,如图3-56进行了旋转和透明度的设置。

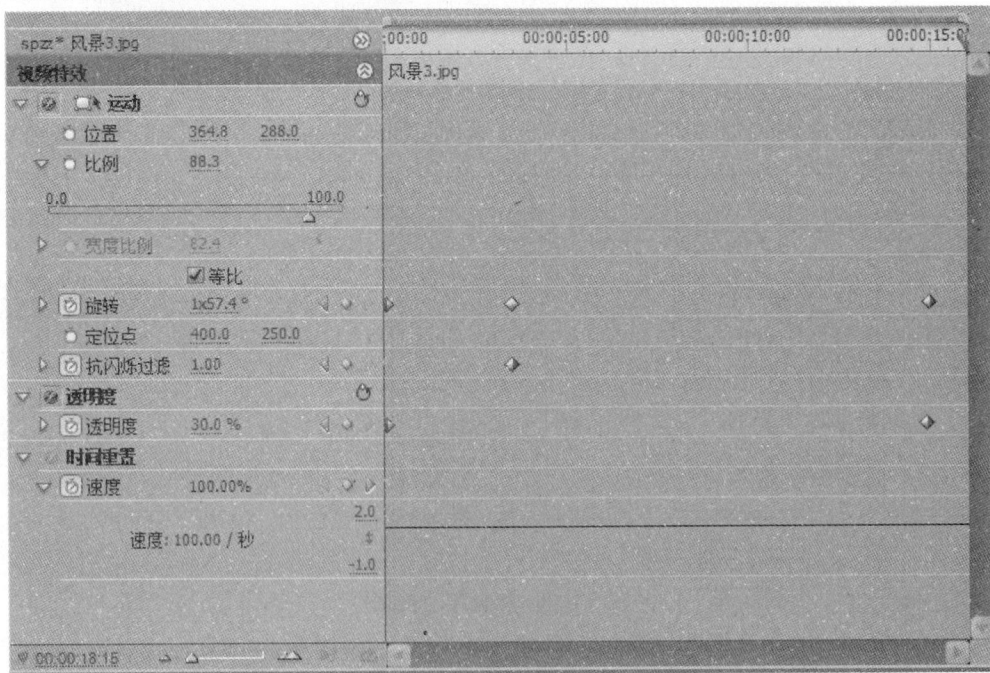

图3-56 设置结束点关键帧

（6）预览效果。将时间梭放到起始位置,在右侧监视器中点击"播放"键,就可以观察到图片的运动特效了。（图3-57）

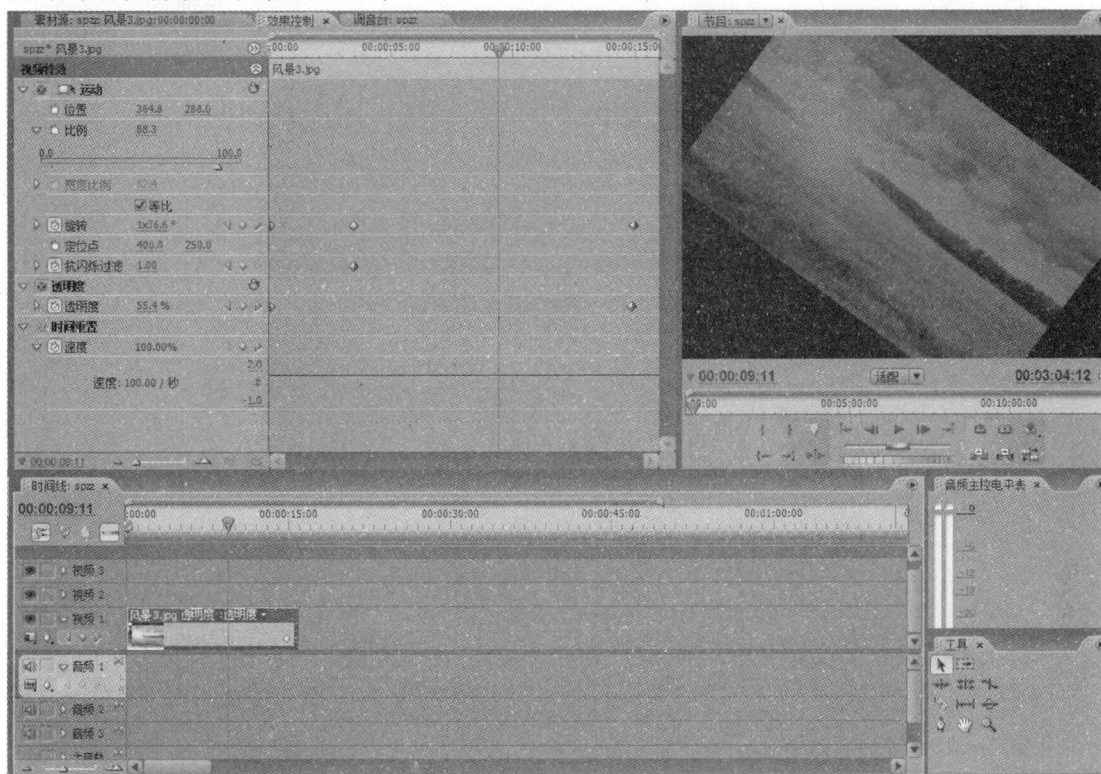

图3-57 浏览效果

（7）修改视频、音频、图片以及特效,而且可以同时建立起不同类型的关键帧,做出不同的特效。

7.字幕的添加

（1）新建字幕。在视频编辑的时候,我们往往会遇到要添加字幕,选择"字幕"/"新建字幕"/"默认静态字幕"。（图3-58）

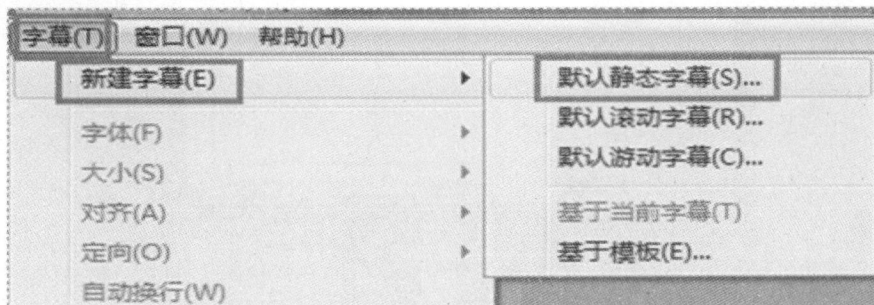

图3-58 新建字幕

（2）修改字幕名称。选择之后会出现更改字幕名称的界面（图3-59），对字幕名称进行修改，改成"bt"（图3-60）。

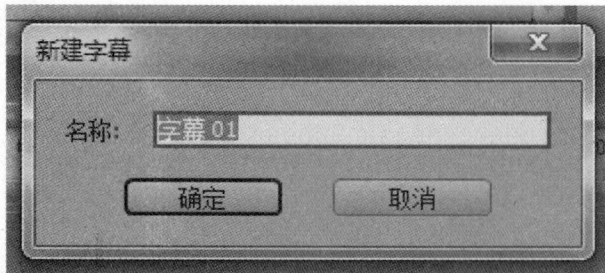

图3-59　修改字幕名称界面

图3-60　字幕编辑

（3）字幕编辑。修改好名称后进入字幕编辑窗口。（图3-61）

图3-61　编辑字幕

（4）添加字幕。在需要添加字幕的地方，单击，会出现图3-61所示的编辑窗口。左侧的工具栏中的工具都可以应用。

首先，点击"圆角矩形工具"，画一个矩形作为字幕的背景（图3-62）。在"字幕属性"

窗口可以修改矩形的颜色等。

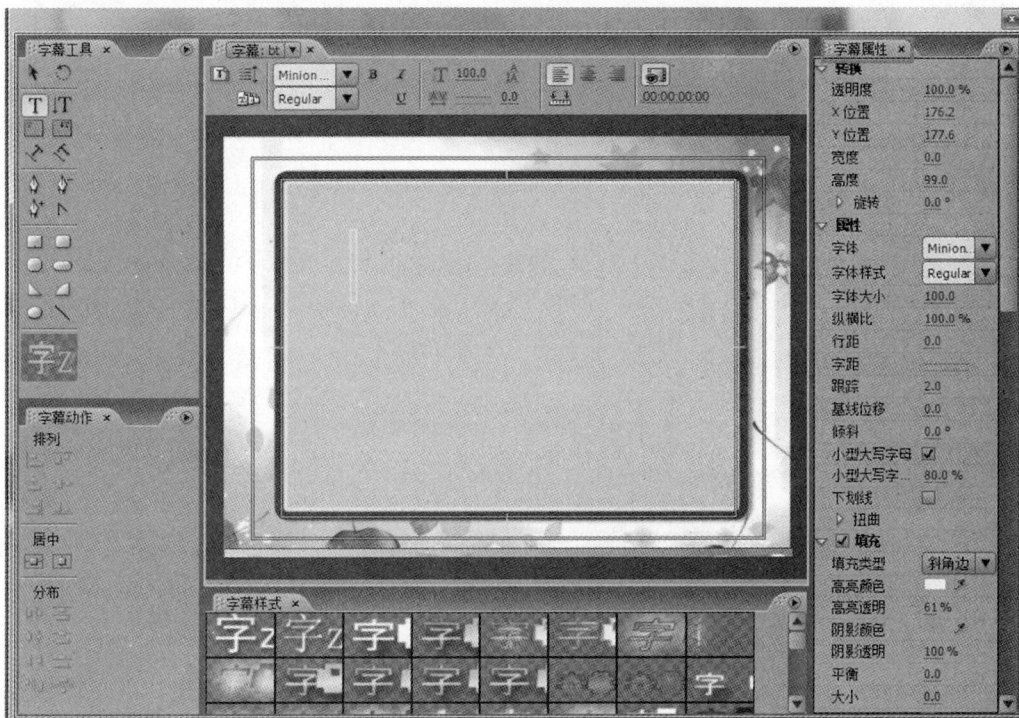

图 3 – 62 画矩形

然后,添加文字。在字幕属性窗口可以修改字体、字样式、字体颜色(图 3 – 63),如果要区分大小写则把"小型大写字母"后的"√"去掉,得到如图 3 – 64 所示效果。

图 3 – 63 添加文字

143

图 3 - 64   效果

（5）将字幕拉入时间轴。把做好的字幕拖到视频 2 上。（图 3 - 65）

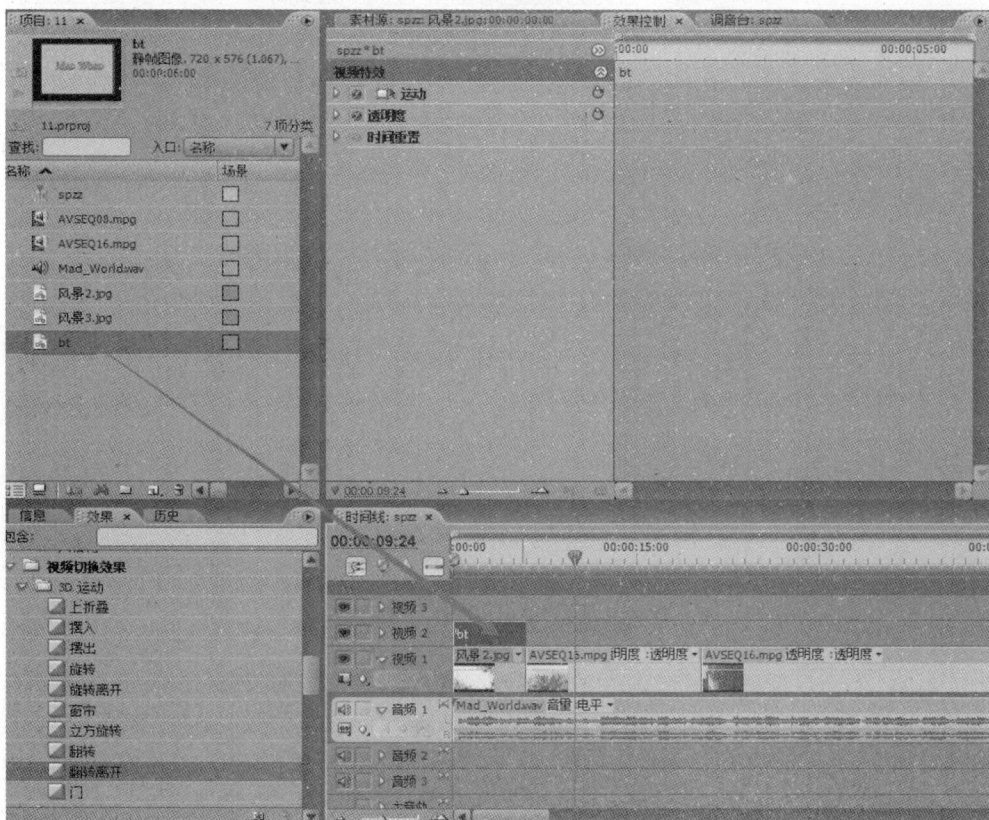

图 3 - 65   字幕接到视频 2

（6）字幕添加效果。这种方法与视频和图片添加效果的方式一样,例如下图在字幕的开始添加了"门"和"翻转离开"的效果。（图3－66）

图3－66　字幕添加效果

（7）应用模板添加文字。选择"字幕"/"新建字幕"/"基于模板",软件会弹出如图3－67的界面。

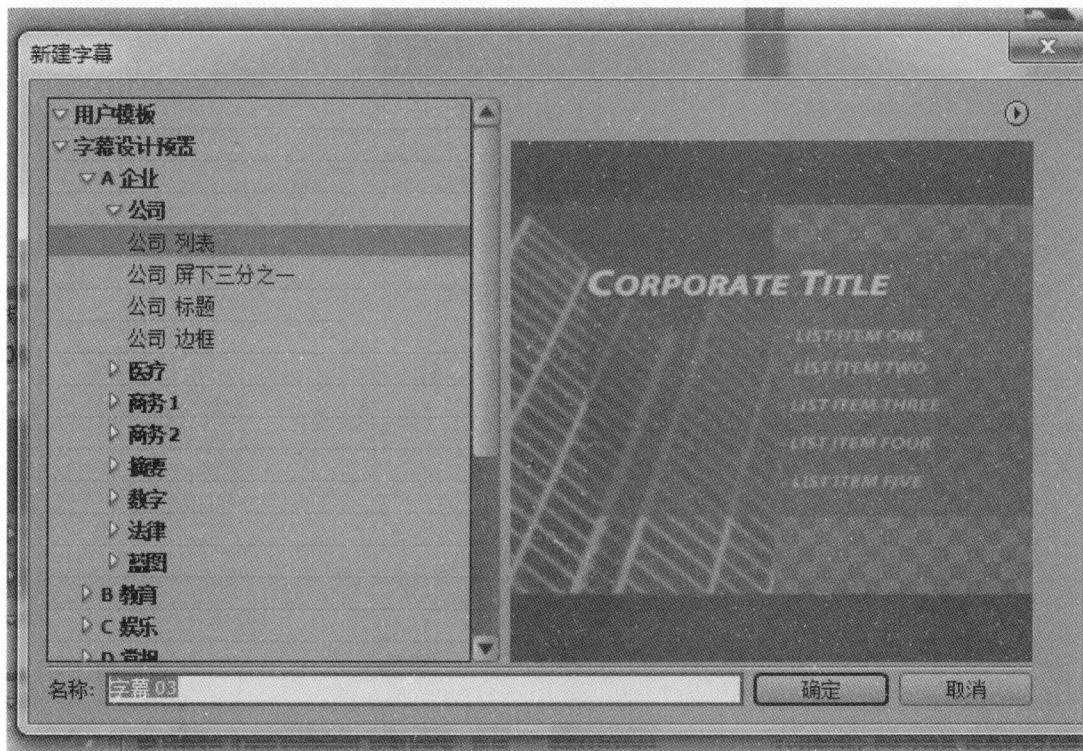

图3－67　模板界面

选择好想要使用的模板,修改好名称之后,点击"确定",此时可以对模板中的字幕进行修改,步骤和之前的静态字幕一致。(图 3 -68)

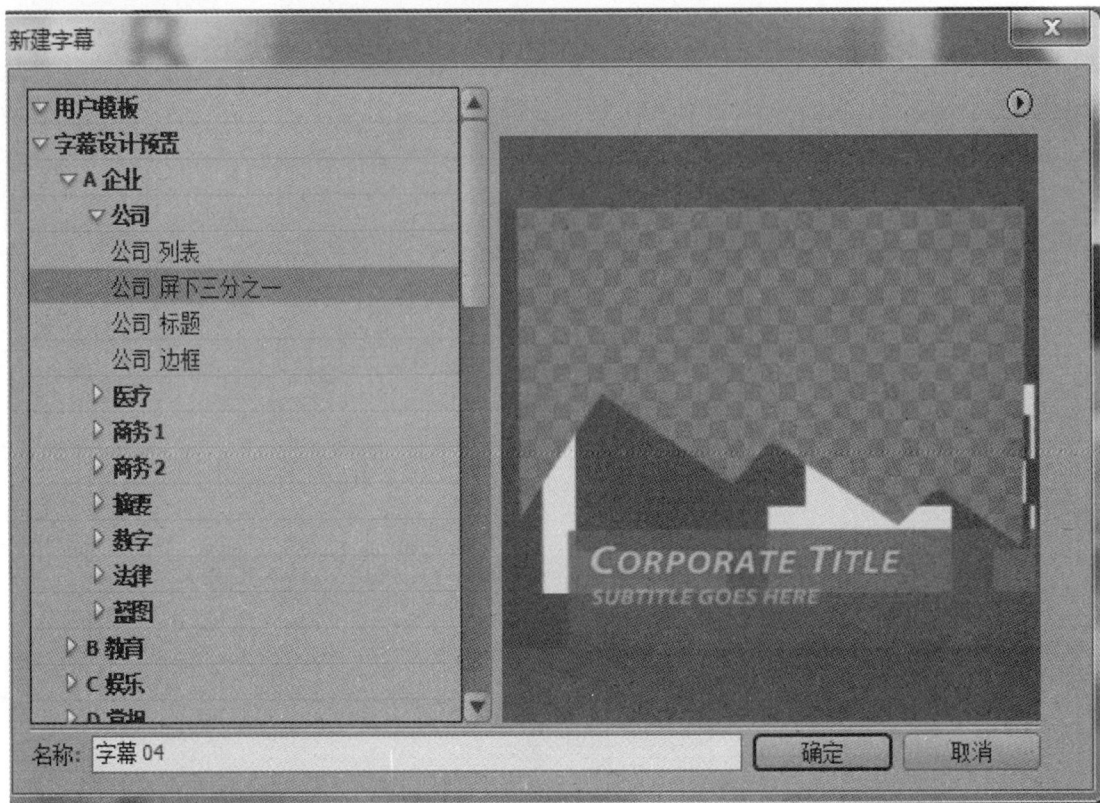

图 3 -68　选择模板

8. 马赛克的使用

在视频素材的编辑中,需要对画面的某个部分打上马赛克,进行一定的遮盖。下面我们介绍一下马赛克的使用方法。

(1)将需要遮盖的视频,再从素材框中拖动一份到"视频 2"上,使两段素材完全对齐。(图 3 -69)

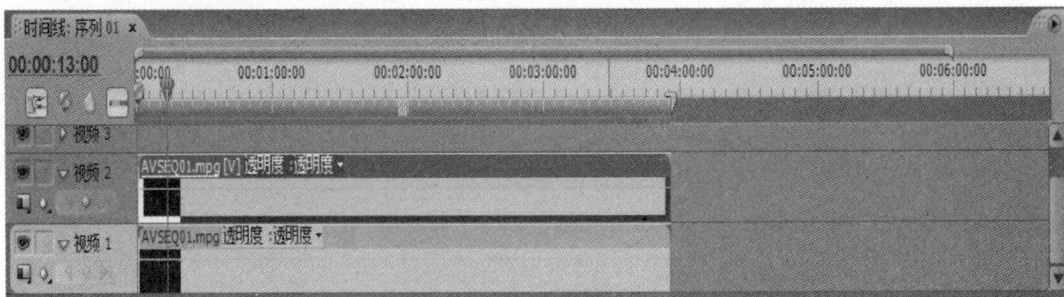

图 3 -69　添加视频

（2）在人脸上添加马赛克。（图3-70、图3-71）

图3-70　未打马赛克

图3-71　添加马赛克

在"效果"调板中,点开"视频特效",选择"风格化",将"马赛克"拖动到"视频2"上的素材上,这样马赛克的效果就加上了,我们在监视器调板中也可以看见,"视频2"上的素材效果控制中多了一个"马赛克",右侧监视器的画面也变成了马赛克,然后继续点开视频特效中的"变换",选择"裁剪"(图3-72)。

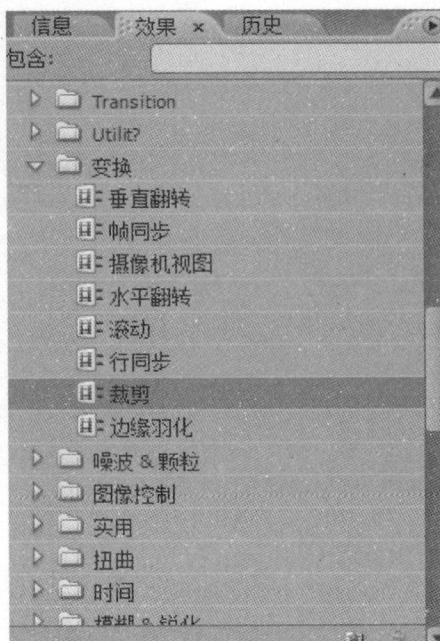

图3-72　在视频特效中选择裁剪

将其拖动到"视频2"上,我们发现"视频2"的控制中也出现了"裁剪"这一项,可以调整裁剪的参数。(图3-73)

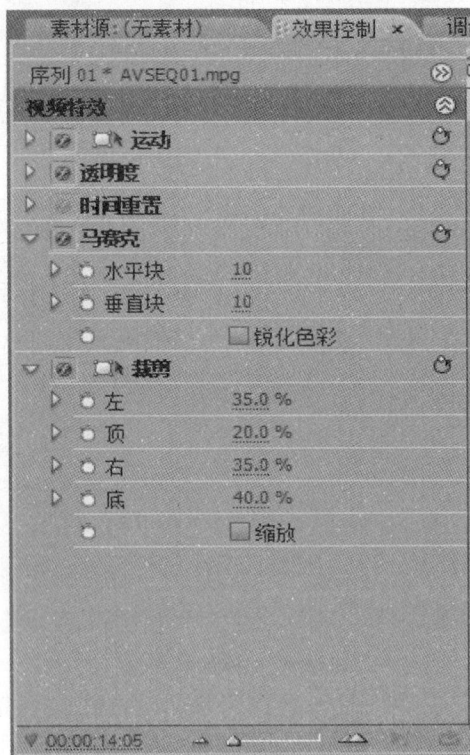

图3-73　调整裁剪的参数

（3）用工具栏的剃刀工具把需要添加马赛克的部分与不要的部分分离,然后删除不需要添加马赛克的视频。（图3－74）

图3－74　删除不需要添加马赛克的视频

9. 视频叠加

有时我们在看电视时,会看到视频上还有一个小视频在播放。（图3－75）

图3－75　两个视频同时播放

编辑方法为:首先拉入两个视频分别放在视频 1 和视频 2 的位置上,小窗口视频放到视频 2 上,然后调整两个视频的长度,使其同样长。(图 3 - 76)

图 3 - 76　拉入并调整视频

在监视窗口可看到效果图。(图 3 - 77)

图 3 - 77　效果图

移动和调整视频 2 上的视频位置和大小即得到了如图 3 - 75 的效果。

10. 调音台的使用

在完成视频的编辑之后,我们可以对视频的声音进行调整,这时我们需要使用调音台。

在效果控制调板的边上,点开调音台的调板,我们可以看见如图 3 –78 的界面。

图 3 –78　调音台

播放视频时,可以看见调音台相应的音频轨道上有绿色的水柱跳动,这是视频的声音强度,如果声音的强度超过了正常的范围,上方的框会变成红色,如果整个视频预览完之后,发现红色时间占据得太长,那就说明视频的声音强度过大需要调节。这时,可以对准时间线上的音频进行调整,或者是通过调音台的按钮上下拖动进行调节,尽量使红色出现的时间缩短,这样就能保证视频的声音不至于过大。(图 3 –79)

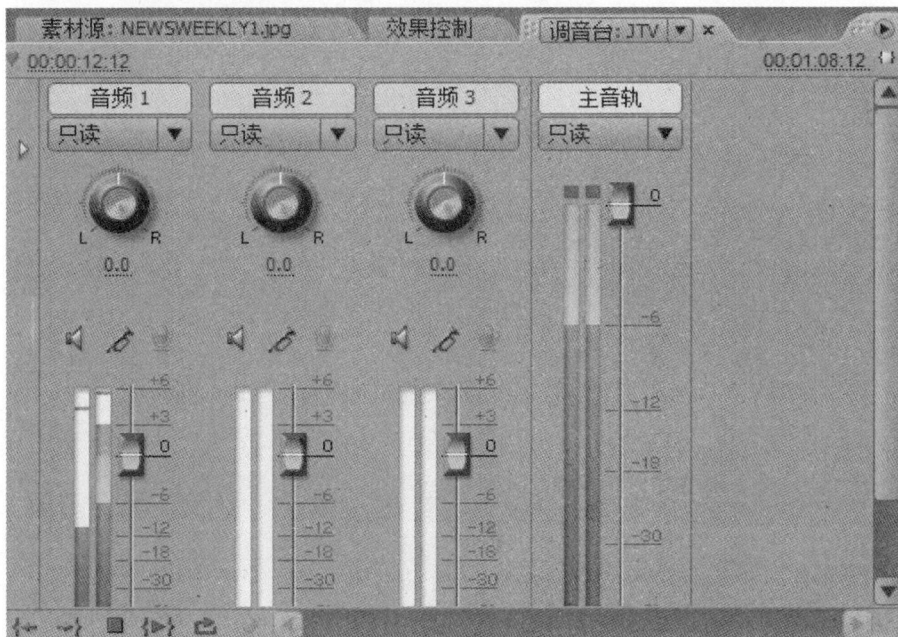

图 3 –79　调节音量

11. 视频的渲染和导出

在视频编辑完成之后,要进行视频的渲染。

(1)选择"序列"/"渲染工作区"。(图 3 – 80)

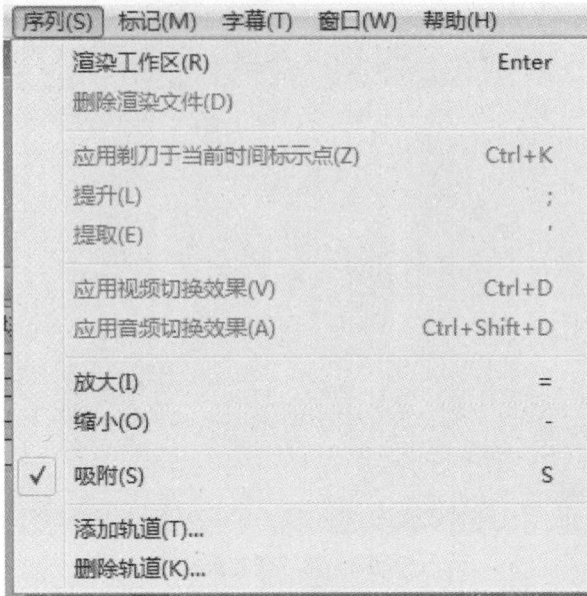

图 3 – 80　渲染选择

(2)点击后,软件会弹出渲染界面,自动开始渲染。(图 3 – 81)

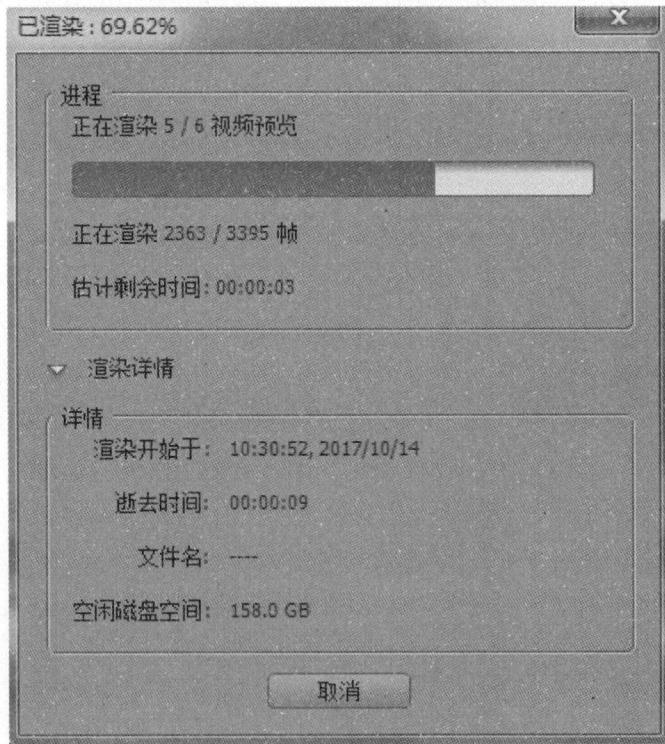

图 3 – 81　渲染界面

（3）当文件渲染完成之后,在时间线上出现了一条绿线(图3-82),当时间线上都是绿线时,视频就可以顺畅地预览了。

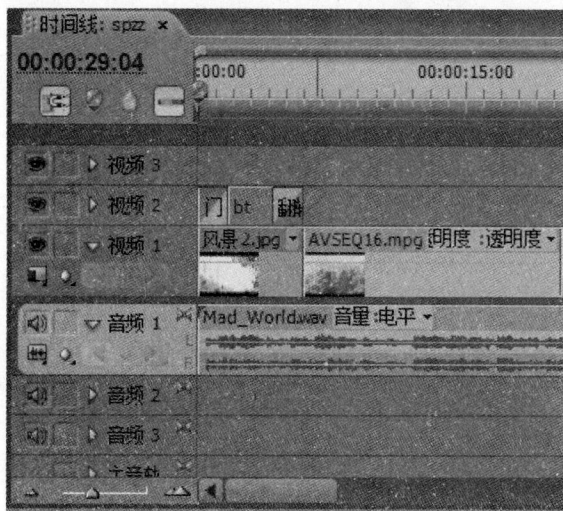

图3-82

（4）导出文件。视频预览完成之后,选择"文件"/"导出"。(图3-83)

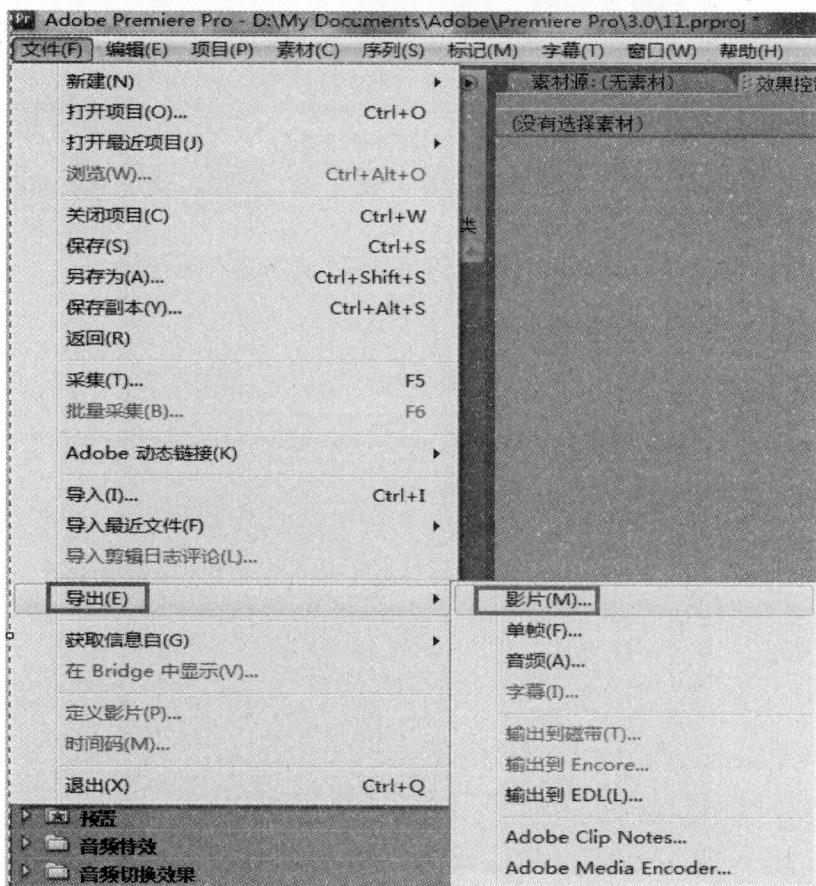

图3-83　导出文件步骤一

此时,我们发现有许多选项,单击"影片",会弹出如图 3 – 84 的窗口。

图 3 – 84 导出文件步骤二

修改名称后,点击"保存",软件开始自动导出视频,完成后,就可以关闭软件了。(图 3 – 85)

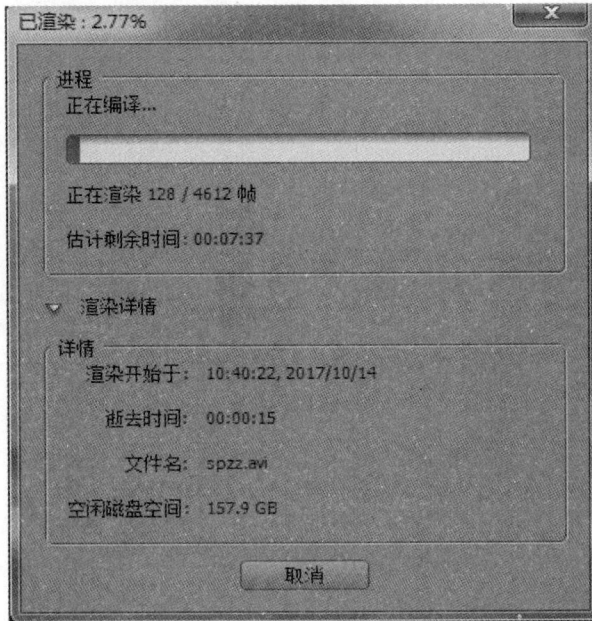

图 3 – 85 自动导出视频

渲染完成后，视频就被导出了。（图 3－86）

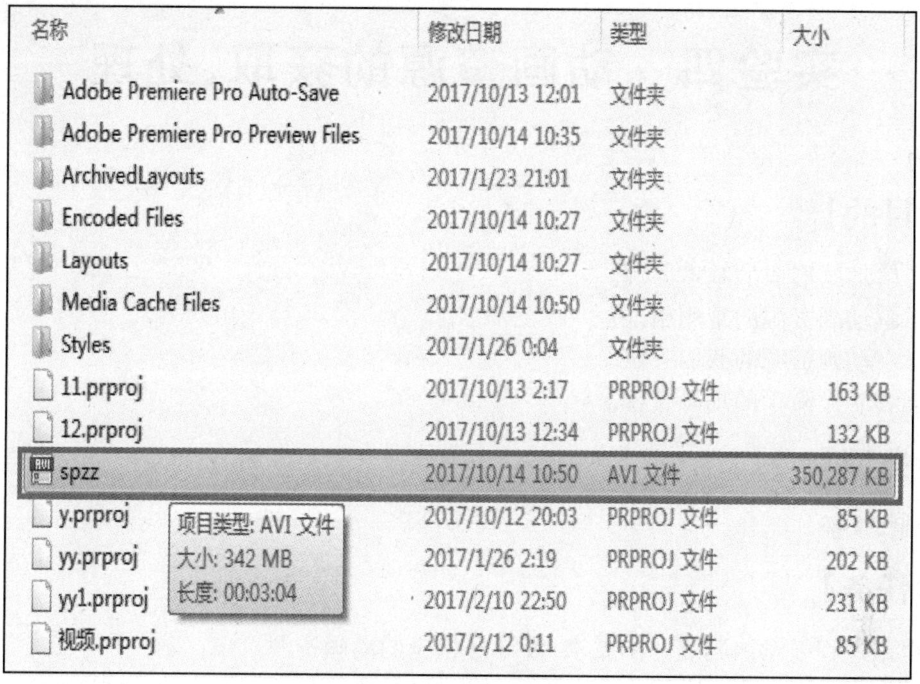

图 3－86　完成的视频

实验四　动画资源的获取、处理

【实验目的】

1. 了解动画形成的基本原理。
2. 了解动画资源的常用格式。
3. 学会动画资源的获取方法。
4. 能够制作简单的动画资源。

【实验类型】

基础型实验

【实验任务】

1. 根据课程教学内容表达的要求,设计好相应的动画资源。
2. 采取多种动画素材获取方法获取音频素材(网络下载、采用 Flash 制作)。
3. 选择所学专业内容制作动画。

【实验环境】

1. 能够连接 Internet 的多媒体计算机。
2. Macromedia Flash 软件。

【实验指导】

4.1　常用的动画格式

动画文件的格式有很多,常见的动画格式包括 GIF、SWF、FLIC 等。

4.1.1　GIF 动画文件格式

GIF(Graphics Interchange Format)文件格式,扩展名为. gif,是 CompuServe 公司创建的目前使用最广泛的图形图像文件格式之一,是 Internet 上使用的最重要的图像格式之一。

优点:文件的压缩比比较高,文件长度较小,支持图像内的小型动画。

缺陷:仅能表达 256 色的图像。

4.1.2　SWF 动画文件格式

SWF(Shock Wave Flash)文件格式,扩展名为. swf,是准流形式的文件。

特点:文件容量小,可边下载边播放,可导出为矢量图,可无级放大等,由 Flash 软件制作。

4.1.3 FLIC、FLI/FLC 动画文件格式

FLIC 是 Autodesk 公司在其出品的 Autodesk Animator/Animator Pro/3D Studio 等 2D/3D 动画制作软件中采用的彩色动画文件格式,FLIC 是 FLC 和 FLI 的统称,其中,FLI 是最初的基于 320×200 像素的动画文件格式,而 FLC 则是 FLI 的扩展格式,采用了更高效的数据压缩技术,其分辨率也不再局限于 320×200 像素。

4.2 动画资源的获取方法

教学要使用动画资源时,获取方法有很多。除了可以购买使用,或使用动画制作软件如 Ulead GIF Animator、Macromedia Flash 制作动画资源外,通过网络下载是一种非常主要的获取方法。

4.2.1 下载 GIF 动画资源

GIF 动画既是动画文件格式也是图像文件格式,所以可以从网上直接下载图像。操作步骤是:打开网页,在 GIF 动画文件上单击鼠标右键,选择"图片另存为",将 GIF 动画保存到计算机中。(图 4-1)

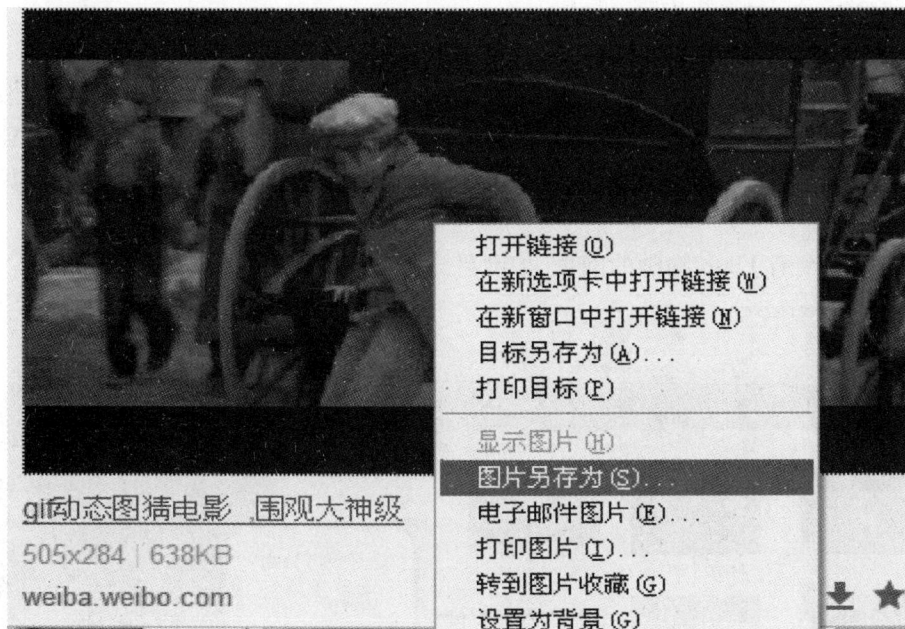

图 4-1 下载 GIF 图像

4.2.2 下载 SWF 动画资源

有的 Flash 动画直接提供了下载链接,可以方便地下载到本地机。有的 Flash 动画不提供下载链接,则需要使用一定的方法才能下载。

1. 下载有链接的 Flash 动画资源

打开网页,找到网页中的 Flash 动画,并找到该动画的下载链接,单击该链接,即可下载

该 Flash 动画。（图 4 - 2）

图 4 - 2　直接下载 SWF 动画

在网页上单击该动画的下载地址,在弹出的"文件下载"对话框中单击"保存"选择保存位置,将动画保存到计算机中。

2. 下载未提供下载链接的 Flash 动画资源

在网上有大量的 Flash 动画没有提供下载链接,如何下载这类动画呢？其实一般只要访问过一张带有 Flash 动画的网页,则该网页上的 Flash 动画就已经自动地暂时保存到本地机上,我们只要找到这个临时存储网页动画文件的文件夹,就能找到该 Flash 动画。具体操作步骤如下:

(1)打开一个有 Flash 动画的网页,如网易。（图 4 - 3）

图 4 - 3　有 Flash 动画的网页

(2)单击 IE 菜单项"工具"/"Internet 选项",打开"Internet 选项"窗口,选择"常规"选项卡,在"浏览记录"栏单击"设置"按钮,弹出"Internet 临时文件和历史记录设置"对话

框。（图4-4）

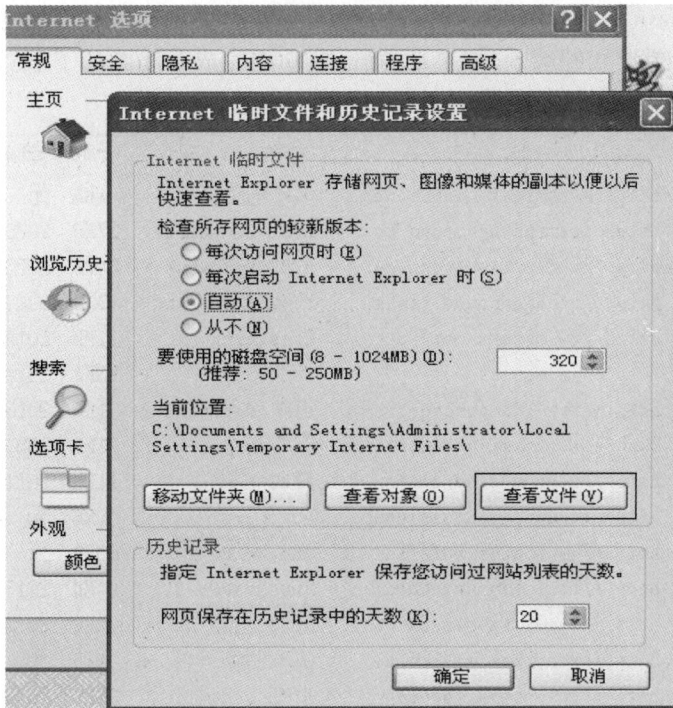

图4-4 设置浏览记录属性

（3）单击"查看文件"按钮（图4-4），则打开了"Internet 临时文件夹"（Temporary Internet Files）。在"Internet 临时文件夹"窗口上单击菜单项"查看"/"详细信息"，再单击菜单项"查看"/"排列图标"/"上次访问时间"。（图4-5）

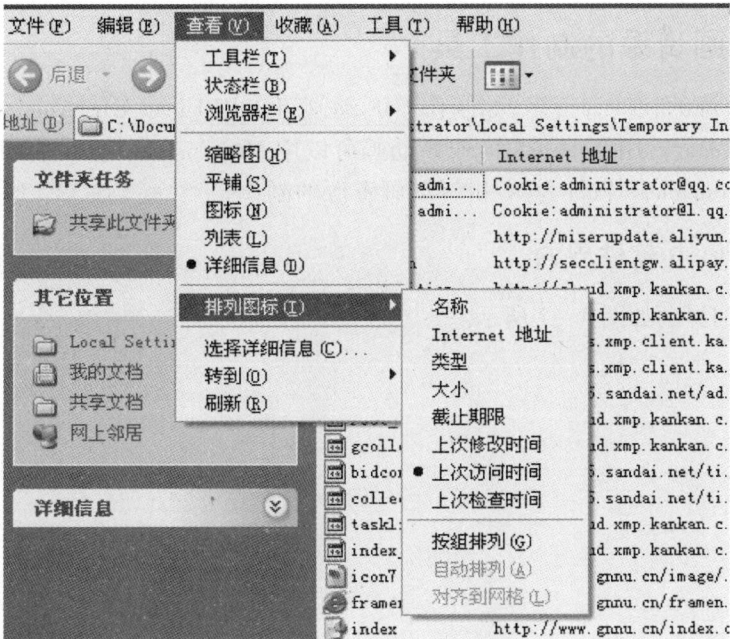

图4-5 查看浏览记录

（4）拖动"Internet 临时文件夹"窗口的垂直滚动条到最下方,从下往上找类型为"Flash 影片"（或 Shock Wave Flash Object）的文件,把该文件拷贝到计算机某位置（如桌面）,查看该文件是否是我们要下载的动画,如果是,则已成功地完成了动画的下载。如果不是我们要的动画,则继续从下往上找,直到找到为止。（图 4-6）

名称	Internet 地址	类型	大小	截止期限	上次
?project=in...	http://web.stat.ws.126.ne...	GIF 图像	1KB	无	1970
T1ONkPXidgX...	http://strip.taobaocdn.co...	HTML Document	27KB	2023-7-5 5:36	2013
T1fLkOXaVcX...	http://strip.taobaocdn.co...	HTML Document	24KB	2023-7-6 1:40	2013
?name=athen...	http://athena.simba.taoba...	HTML Document	3KB	2013-7-8 1:43	无
?p=css/190_...	http://cm.mbscss.com/?p=c...	Cascading ...	1KB	2014-7-1 7:15	2013
?p=js/jquer...	http://jm.mbscss.com/?p=j...	MBSCSS[2] ...	93KB	2014-7-1 8:31	2013
hp13_zy2-2	http://www.163.com/specia...	HTML Document	1KB	2013-7-8 1:45	无
cookie:admi...	Cookie:administrator@trac...	文本文档	1KB	2081-7-26 4:57	2013
9_855739_16...	http://item.mediav.com/fp...	JPEG 图像	11KB	2014-7-8 1:43	2013
adstrace.do...	http://trace.moonbasa.com...	DO 文件	0KB	无	2013
21837_20130703	http://jm.mbscss.com/flas...	Shockwave .	53KB	无	2013
013384_3004.	http://img1.126.net/chann...	Shockwave .	24KB	2013-10-6 1:43	2013
T2QQe3XfFXX...	http://img04.taobaocdn.co...	JPEG 图像	4KB	2013-6-30 13:29	2012
?project=in...	http://web.stat.ws.126.ne...	GIF 图像	1KB	无	1970
?name=itemd...	http://tns.simba.taobao.c...	HTML Document	21KB	2013-7-8 1:43	无

图 4-6　查找目标

（5）复制文件。找到文件后,点鼠标右键,复制文件到你的文件夹中。这样,文件就下载好了。

4.3　动画资源的制作工具

制作动画资源的软件有很多,如制作 GIF 动画可以用 Ulead GIF Animator、EximiousSoft GIF Creator、GIF Movie Gear 等;制作 SWF 动画可以用 Macromedia Flash、Adobe Flash 等。本实验以 Macromedia Flash 软件为例,讲解动画资源的制作。

4.3.1　Flash 软件界面

Flash 软件的界面如图 4-7 所示。

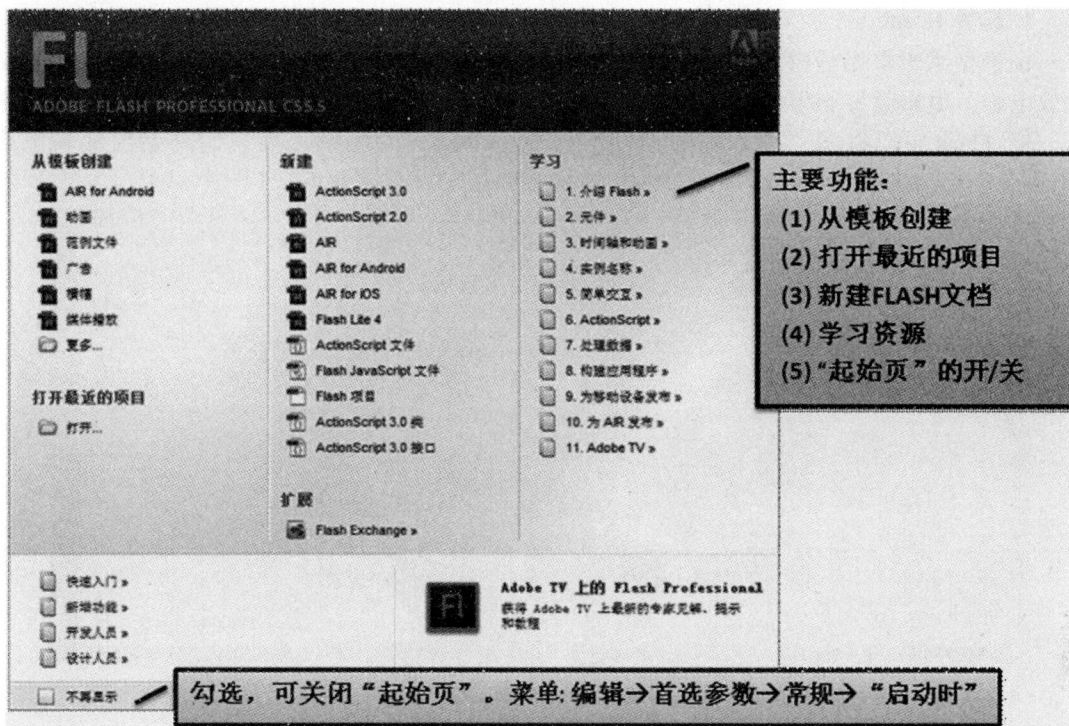

图4-7 Flash "开始"页面

Macromedia 公司的 Flash 软件是制作 SWF 动画最主要的软件。打开 Macromedia Flash 软件,在"开始"页面中单击"创建新项目"/"Flash 文档",或者单击菜单项"文件"/"新建"/"Flash 文档",就会创建一个空白的 Flash 文档,同时进入 Macromedia Flash 的操作界面(图4-8)。单击菜单项"窗口",可打开或关闭工具箱面板及其他浮动面板。

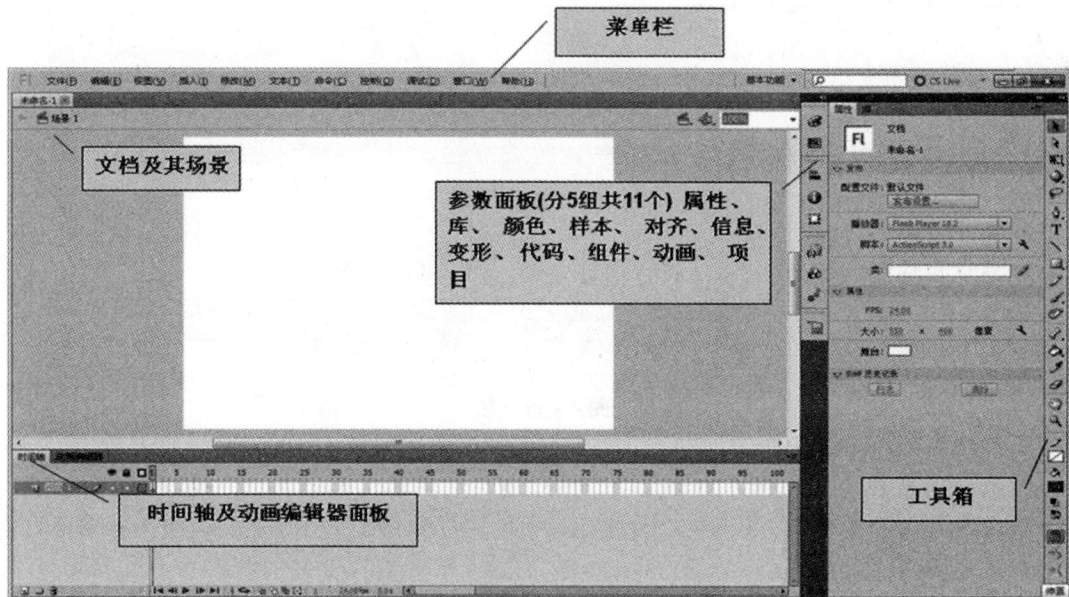

图4-8 Flash CS5.5 操作界面

1. 场景 Scene

场景是编辑电影的窗口,也就是文件窗口,你可以在里面作图或编辑图像,也可以测试播放电影。电影需要很多场景,并且每个场景的人物、时间和布景可能都是不同的。与拍电影一样,Flash 可以将多个场景中的动作组合成一个连贯的电影。当我们开始要编辑电影时,都是在第一个场景"Scene 1"中开始,场景的数量是没有限制的。(图4-9)

图4-9　场景界面

2. 时间轴 Timeline

Flash 将时间分割成许多同样的小块,每一块表示一帧。时间轴上的每一小格就表示一帧,帧由左向右按顺序播放就形成了动画电影。时间轴是安排并控制帧的排列及将复杂动作组合起来的窗口。时间轴上最主要的部分是帧、层和播放指针。(图4-10)

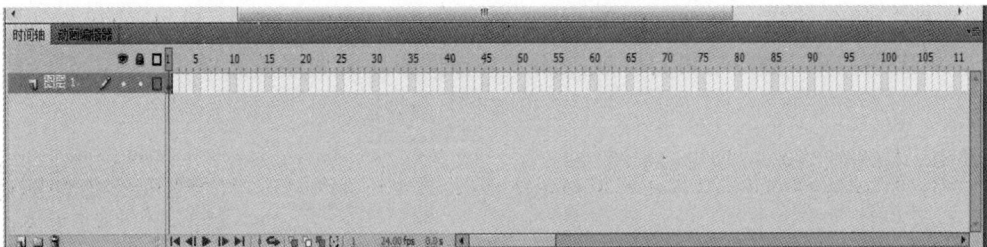

图4-10　时间轴

3. 帧 Frame

帧是时间轴上的一个小格,是舞台内容中的一个片断。(图4-11)

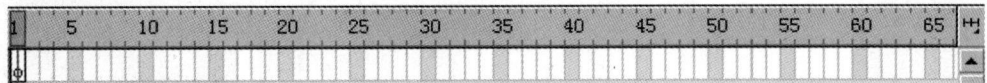

图4-11　帧

4. 关键帧 Key Frame

在电影制作中,通常是要制作许多不同的片断,然后将片断连接到一起才能制成电影。对于摄影或制作的人来说,每一个片断的开头和结尾都要做上一个标记,这样在看到标记时就知道这一段内容是什么。

在 Flash 里,把有标记的帧称为关键帧,它的作用与上面是一样的。除此之外,关键帧还可以让 Flash 识别动作开始和结尾的状态。比如在制作一个动作时,我们将一个开始动作状态和一个结束动作状态分别用关键帧表示,再告诉 Flash 动作的方式,Flash 就可以做成一个连续动作的动画。对每一个关键帧可以设定特殊的动作,包括物体移动、变形或做透明变化。如果接下来播放新的动作,我们就再使用新的关键帧做标记,就像做动作的切换一样。当然新的动作也可以用场景的方式做切换。(图 4 - 12)

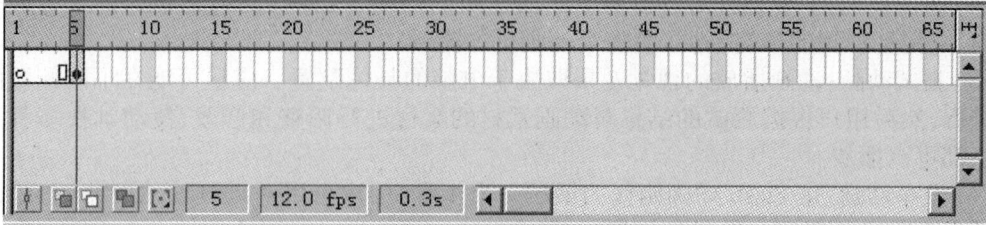

图 4 - 12　关键帧

5. 层 Layer

层可以理解为一张张透明的胶片。我们可以在不同的层上作图,再叠放到一起组成一个复杂的图片。每个层本身都是透明的,所以图像叠到一起时仍感觉像在同一个层上。当图像要重叠时,排在时间轴的窗口上面层中的图像要覆盖排在下面层中的图像(图 4 - 13)。例如,鸟在云朵中飞翔,bird 层中的图像要覆盖 cloud 层中的图像,看起来就是鸟飞在云彩的前面,而不会隐藏到云彩的后面。

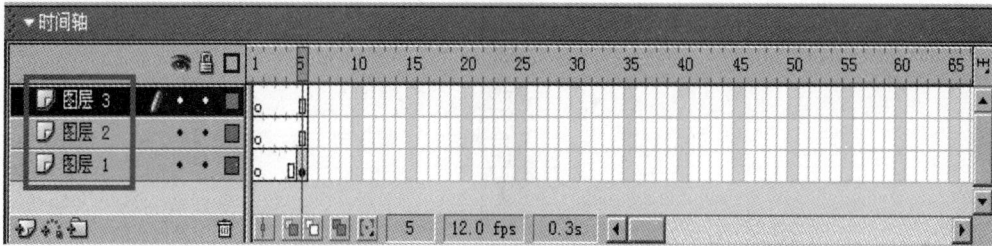

图 4 - 13　层界面

4.3.2　Flash 动画的制作步骤

Flash 动画的制作需要经过很多环节的处理,每个环节都相当重要。(图 4 - 14)

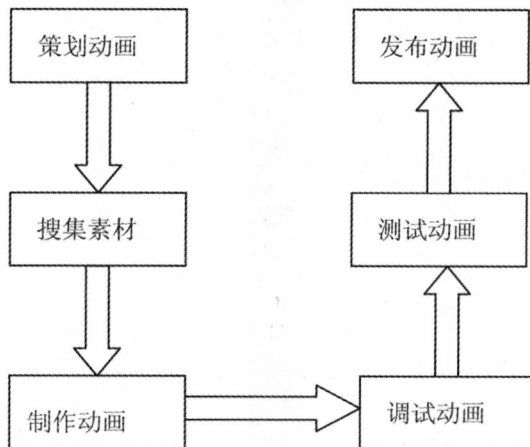

图 4 - 14　Flash 动画的制作步骤

（1）策划动画：主要包括动画的剧情、各个画面的切换方式和素材对象等。

（2）搜集素材：素材风格需要一致性，如果动画风格是写实的，素材以位图图像为主；如果是卡通风格的，素材以矢量图形为主。

（3）制作动画：利用所搜集的动画素材表现动画策划中各个镜头画面的具体实现手段。

（4）调试动画：主要是针对动画各个画面之间的衔接、声音与动画之间的协调等进行局部调整，以保证动画的最终品质，使整个动画更加流畅。

（5）测试动画：动画播放的视觉效果取决于电脑的具体配置。应尽可能在不同配置的电脑上进行，然后用户根据测试的结果对动画素材的运行进行调整和修改，使动画在多种系统平台上都可以播放。

（6）发布动画：是 Flash 动画制作的最后一个步骤，用户可以对动画输出的格式、画面的视觉效果和声音效果等参数进行设置。

4.3.3　Flash CS5.5 工具箱的工具

Flash CS 5.5 版中的工具箱中包含以下选取工具：部分选取、任意变形、3D 旋转工具、套索工具、钢笔工具、文本工具、直线工具、矩形工具、铅笔工具、喷涂工具、Deco 工具、骨骼工具、颜料桶工具、滴管工具、橡皮擦工具、手形工具、缩放工具、笔触颜色、填充颜色、黑白、颜色替换、贴紧至对象工具。（图 4 - 15）

图 4 - 15　工具箱中的工具

4.4　Flash 动画的制作

4.4.1　新建文件

打开 Flash 软件,出现进入界面,在新建栏选中 ActionScript 2.0,如果要使用软件中的 3D 功能,则在新建文件时选择 ActionScript 3.0。(图 4 - 16)

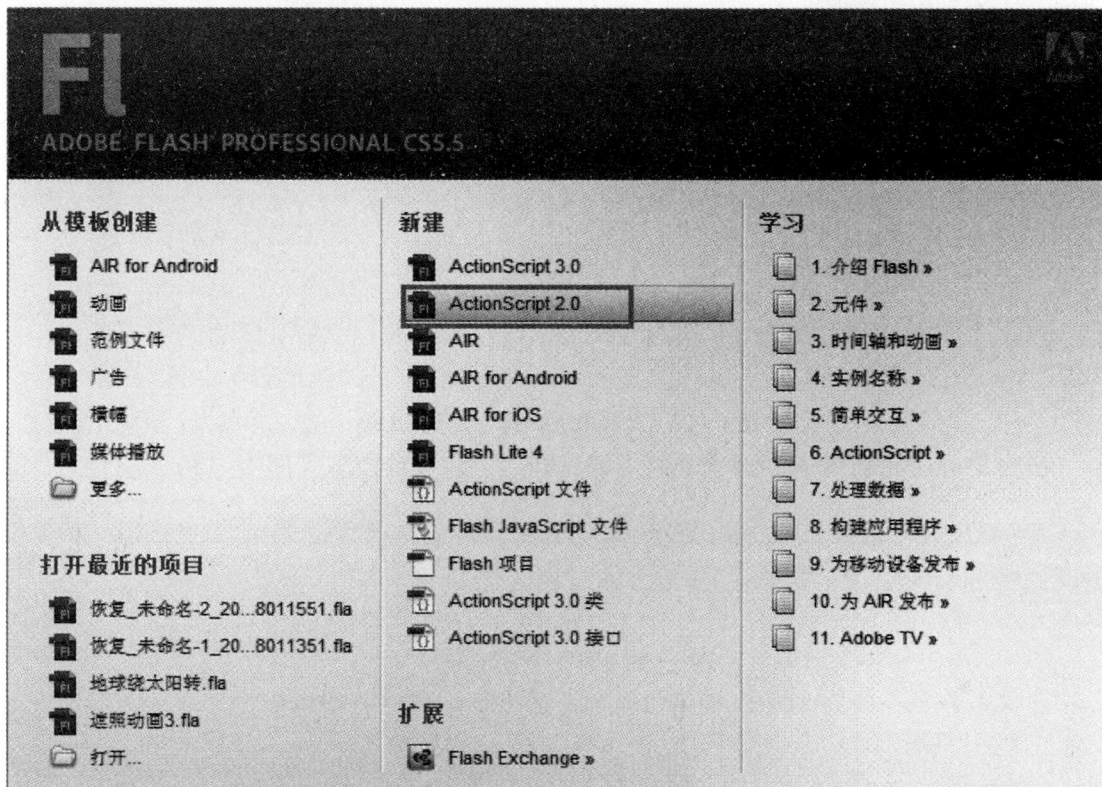

图 4 - 16　新建文件

4.4.2　动画制作实例

1. 变形动画制作

相关知识:帧、关键帧、空白关键帧。

(1)绘图工具的认识(画笔、椭圆、矩形)。

(2)旋转工具的使用(面板、转换)。

(3)一般变形动画制作步骤。

步骤 1:新建一个文件。

步骤2：在屏幕上绘制一个任意图形。（图4－17）

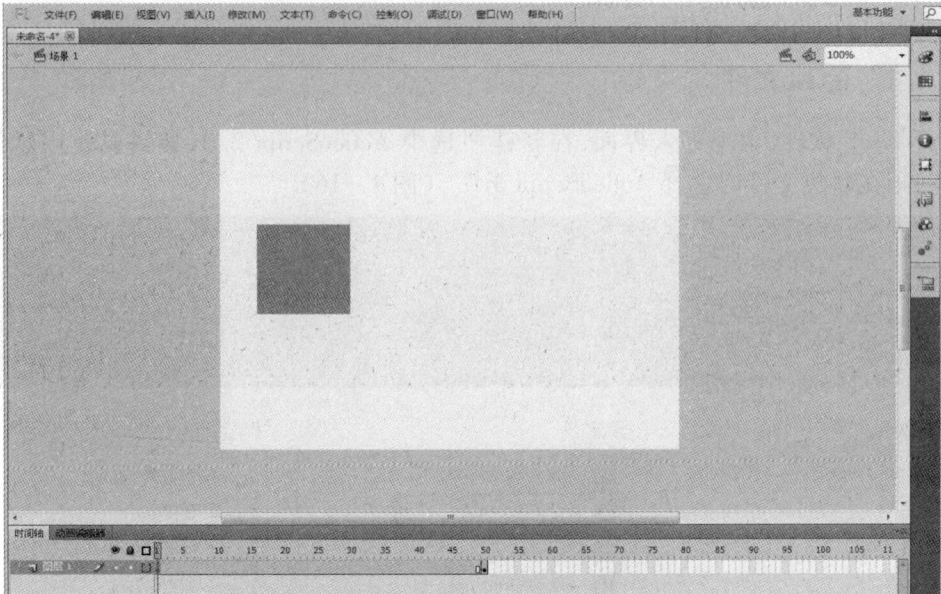

图4－17　在屏幕上绘制一个任意图形

步骤3：在时间轴50帧处单击鼠标右键，插入"空白关键帧"。（图4－18）

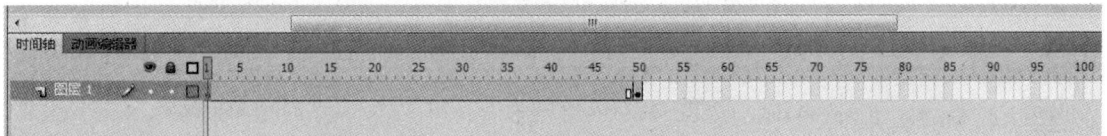

图4－18　插入"空白关键帧"

步骤4：在该空白关键帧中，绘制另一个任意图形。（图4－19）

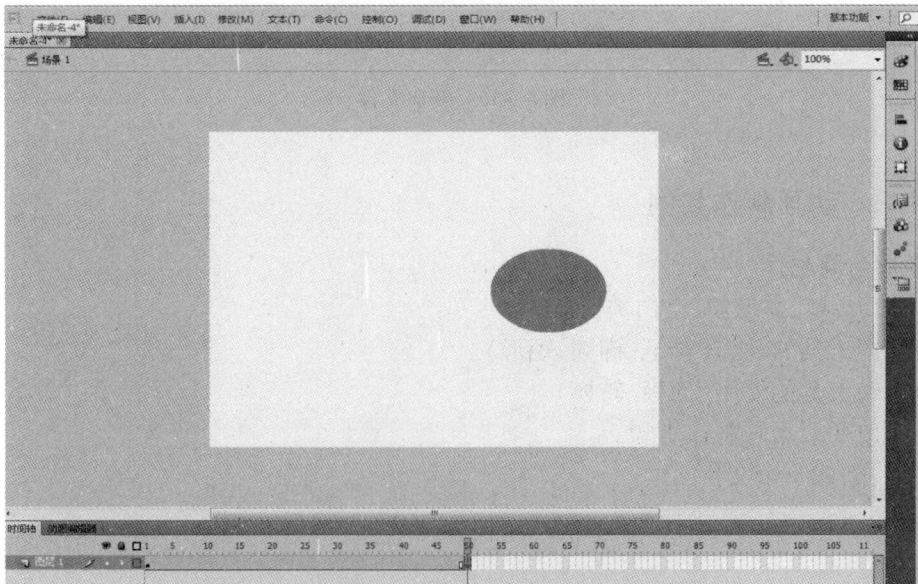

图4－19　在空白关键帧中绘制另一个任意图形

步骤5:在时间轴1帧处单击鼠标右键,进入"属性"面板,选择"创建补间形状"。(图4-20)

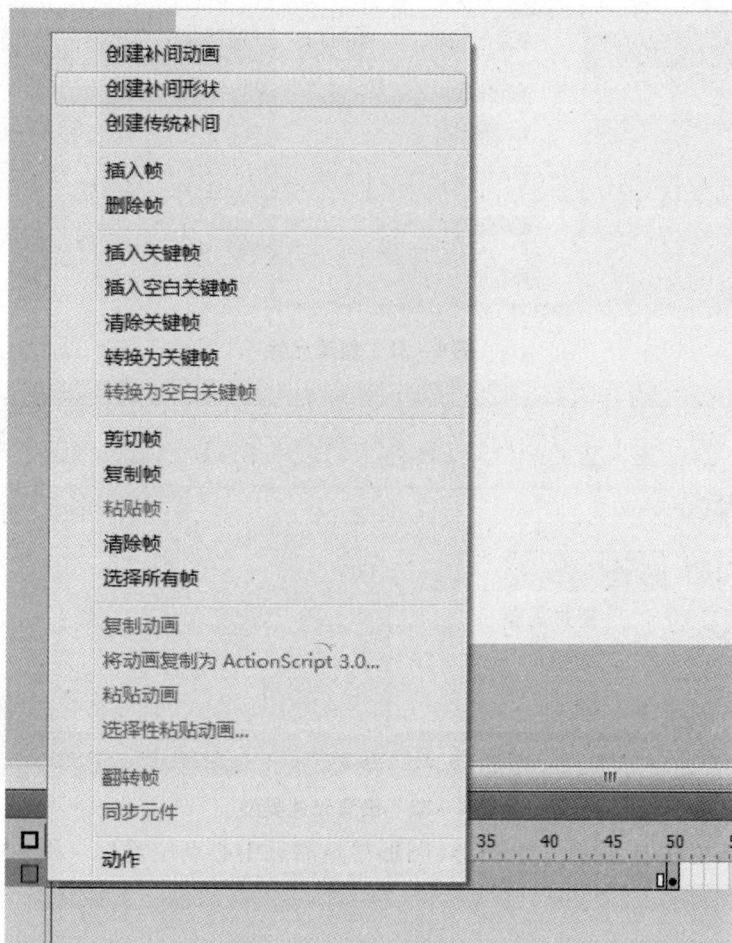

图4-20　创建补间形状

步骤6:按键盘"Ctrl + Enter",运行动画。

2.移动动画制作

相关知识:移动动画与变形动画有所不同,不能直接在舞台上绘制图形。要移动的物品,必须是一个组件。

新建组件的方法为:菜单"插入"/"新建元件",组件(元件)相当于一个零件。在制作动画过程中,可以把整个画面上的物品分别做成一个个小的组件。往往动画的画面是通过调用不同的组件,拼装而成的。其优点是,当动画制作完成后,可以对这些零件进行加工(如颜色、线条等),而不需要做其他修改。同时,利用组件可以使一张图形重复被使用。

组件有三种类型:图形、影片剪辑、按钮。

(1)单层动画制作步骤

步骤1:新建一个文件。

167

步骤2:插入一个组件,命名为"yuan"。(图4－21、图4－22)

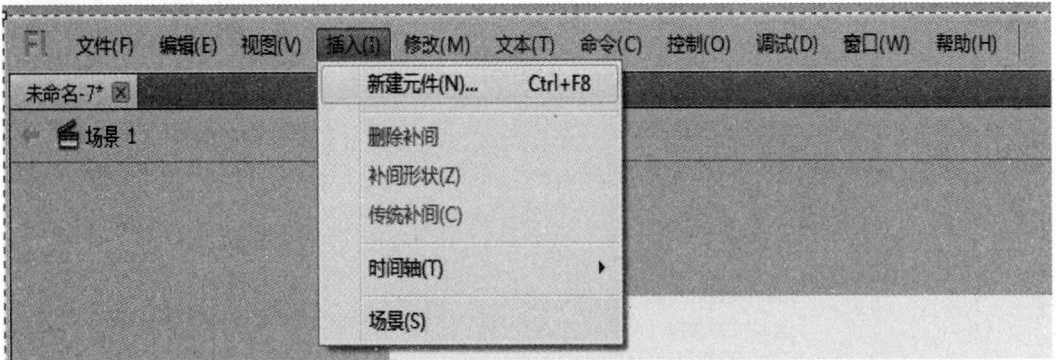

图4－21　新建元件

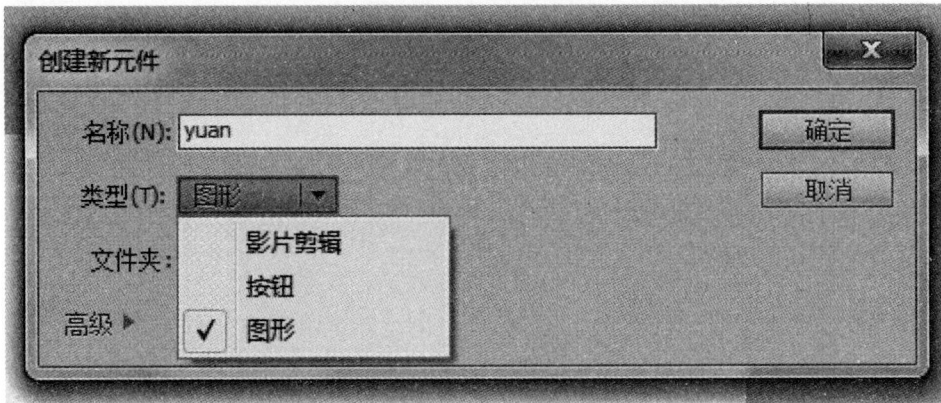

图4－22　设置元件类型

步骤3:在该组件中,绘制一个图形(图形尽量靠近中心点位置)。(图4－23)

图4－23　在元件面板画圆

步骤4：单击"场景1"，回到场景。

步骤5：单击菜单"窗口"/"库"。（图4-24）

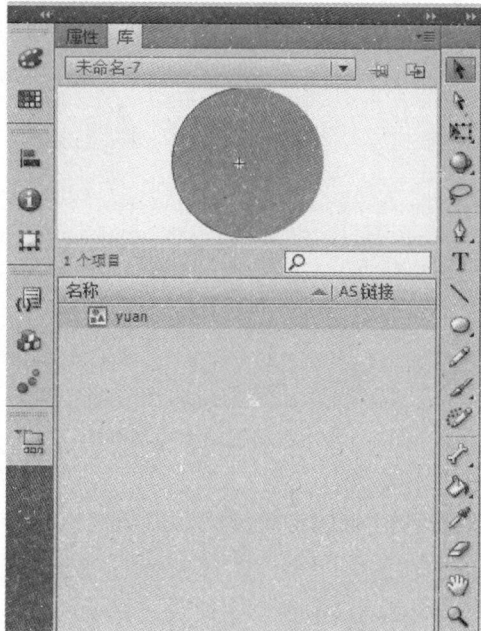

图4-24　库

步骤6：选择图库中的"yuan"，将其拖曳到舞台左边。（图4-25）

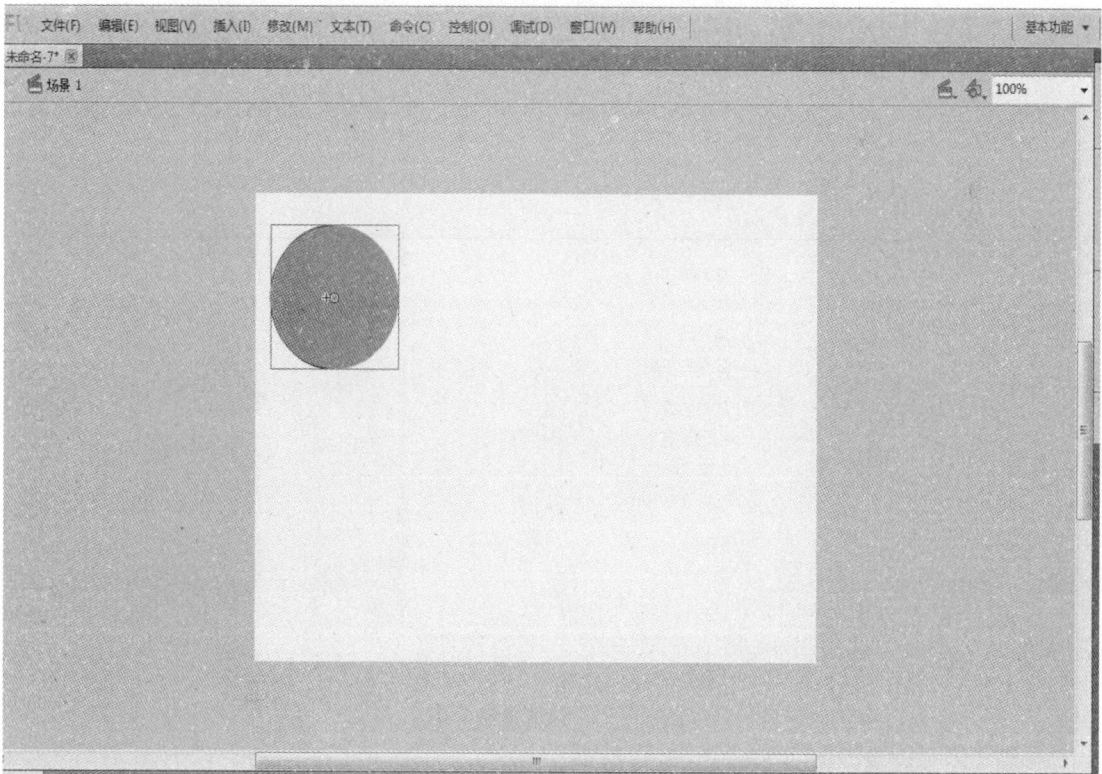

图4-25　把库中的圆形拖至场景

步骤7：在时间轴50帧处单击鼠标右键,选择"插入关键帧"。

步骤8：移动屏幕上图形的位置至舞台的右边。(图4-26)

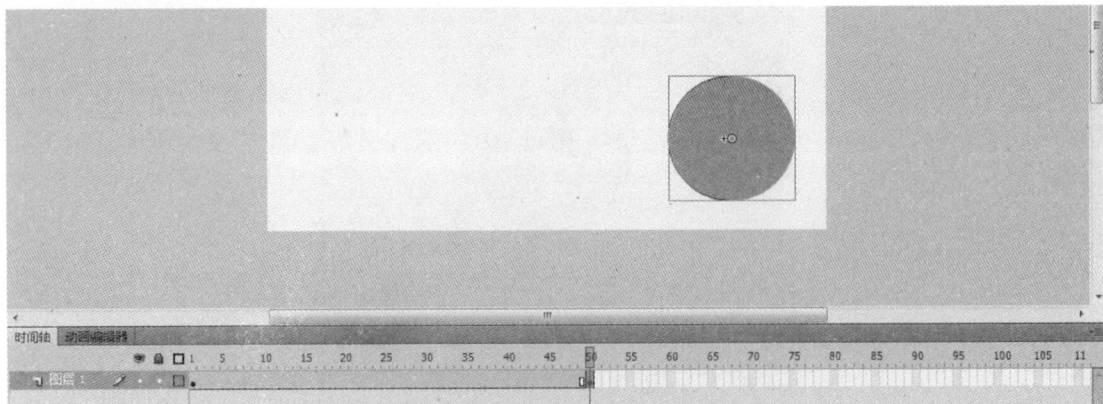

图4-26　在关键帧上拖动圆形

步骤9：在时间轴上单击鼠标右键。

步骤10：在下拉的窗口中选择"创建传统补间"。(图4-27)

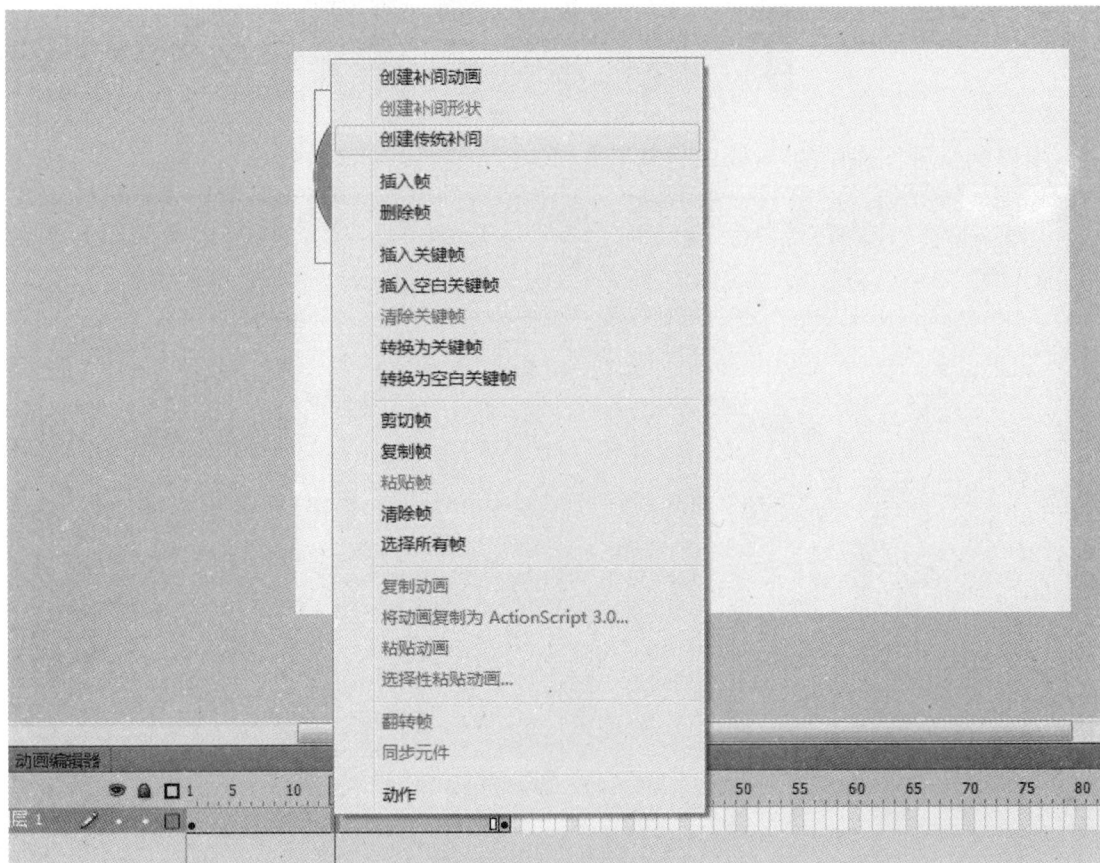

图4-27　创建传统补间

步骤11：按键盘"Ctrl+Enter",运行动画。

3. 引导层动画

相关知识:帧、关键帧、引导层。

(1)绘图工具的认识(画笔、椭圆)

(2)图片导入

(3)一般变形动画制作步骤

步骤1:把 Flash 软件打开,然后,建立两个图层。(图4-28)

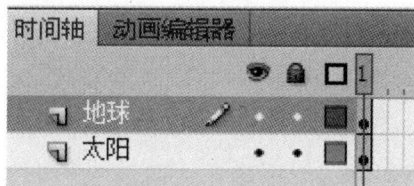

图4-28　建立图层

从下至上,两个图层的名称分别命名为:"太阳""地球"。

步骤2:选择"太阳"层的第一个帧,画出一个红色的太阳。(图4-29)

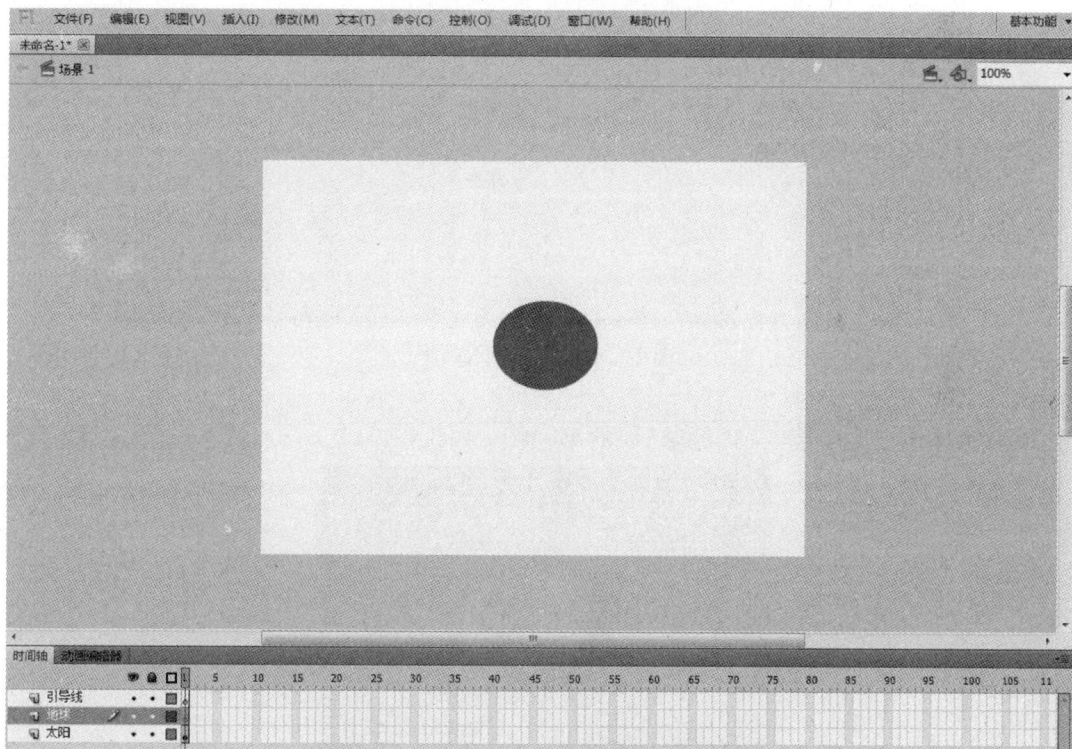

图4-29　画出太阳

步骤3：在"地球"层的第一帧,导入一个地球的图片。（图4－30）

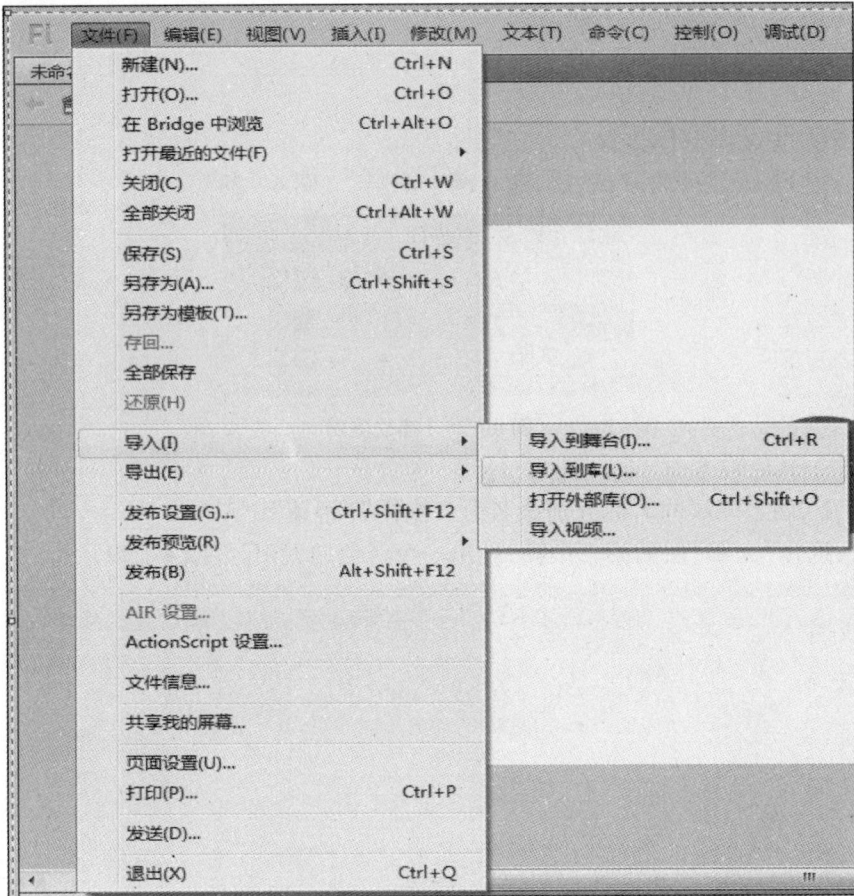

图4－30　图片导入到库

然后从库中把图形拖入到"地球"层的第一帧。（图4－31）

图4－31　把库中的图形拖入到场景

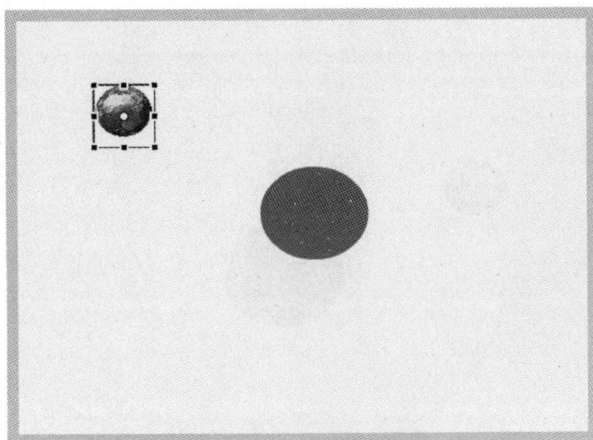

图 4 - 32　场景效果图

步骤 4:选择"地球"层,点右键,选择"添加传统运动引导层"。(图 4 - 33)

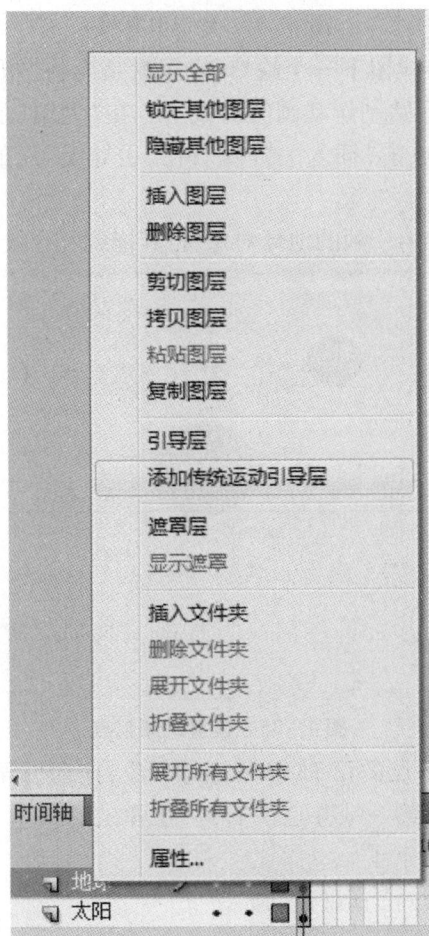

图 4 - 33　添加引导层

步骤 5:选择"引导线"的图层的第一帧,首先画出一个白色的椭圆,然后将椭圆内部的填充颜色删除,留下边框线,选中椭圆边框线的一小部分,删除,这样,就得到一个有缺口的

引导线了。（图4－34）

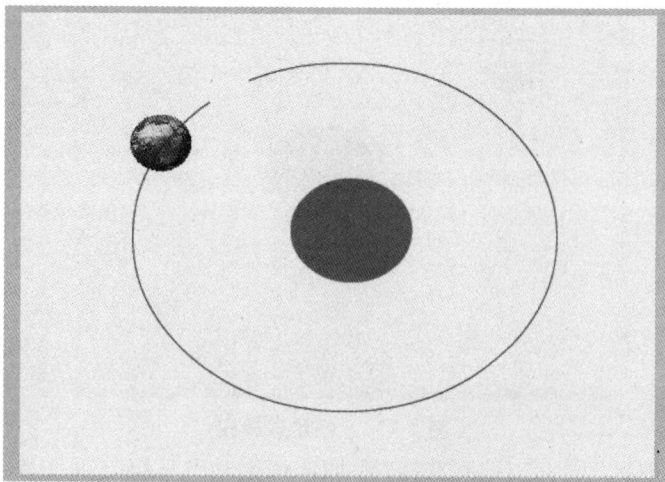

图4－34　绘出引导线

步骤6：之所以要让引导线留下一个缺口，原因就是为制作沿路径动画做铺垫。现在，所有的对象都准备好了，该是开始制作动画的时候了。在"太阳"层的第50帧点击"插入普通帧"；在"地球"层的第50帧点击"插入关键帧"；在"引导线"层的第50帧按下"F5"，插入普通帧。

步骤7：选择"地球"层的第一帧的地球对象，将其拖到引导线对象的下端口。（图4－35）

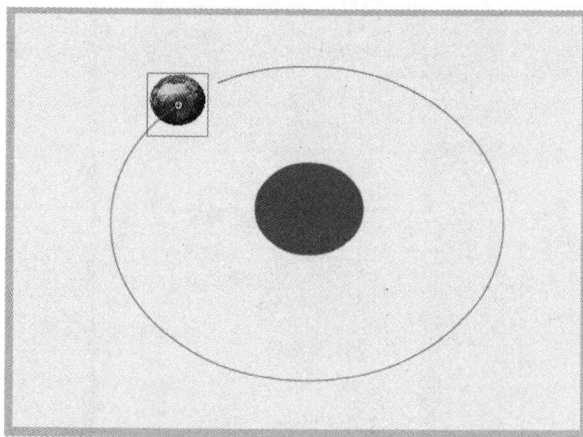

图4－35　设置地球起点

使用相同方法，将"地球"层的第35帧的地球对象，拖到引导线对象的上端口。

步骤8：选择"地球"层的第一帧并点击右键，在弹出的菜单中选择"创建传统补间"，如此，整个动画的制作过程就结束了。

步骤9：按键盘"Ctrl＋Enter"，运行动画。

4. 遮罩动画

"遮罩"其实就是遮盖、罩住，就是说我们要用一个东西去把另外一个东西遮盖住。很明显这里就有顺序的问题。放在上面的这个叫"遮盖"，而放在下面的叫"被遮盖"。在Flash中是用两个图层来表示的，即上面的"遮盖层"和下面的"被遮层"。制作步骤如下：

步骤1:新建电影文件,将舞台背景改成黑色。(图4-36)

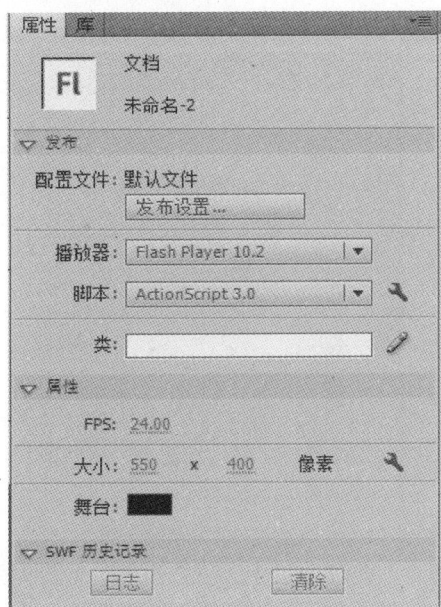

图4-36　改变舞台颜色

步骤2:新建图形类型元件,按住"Ctrl+F8"进入元件编辑区后,以原点为起始点,从左向右画一条4像素的黄色直线。(图4-37)

图4-37　画直线

步骤3:选中这条直线,在菜单栏依次选择"修改"/"形状"/"将线条转换为填充"。(图4-38)

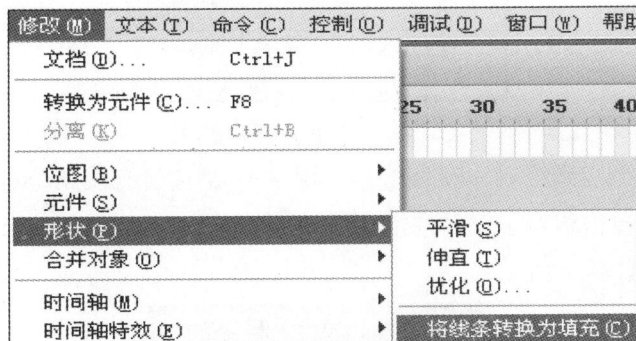

图4-38　修改直线

步骤4:接下来选择"任意变形工具",再选中这条线,把旋转的中心点移动到这个位置。(图4-39)

图4-39　设置旋转中心

175

步骤5:保持线条被选中的状态,选择"窗口"/"变形(Ctrl+T)"面板,在"旋转"下的窗口中输入20。(图4-40)

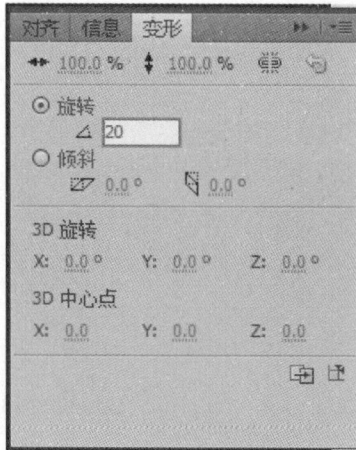

图4-40 设置旋转角度

然后,点击红圈框中的那个"重制选区与变形"按钮。(图4-41)

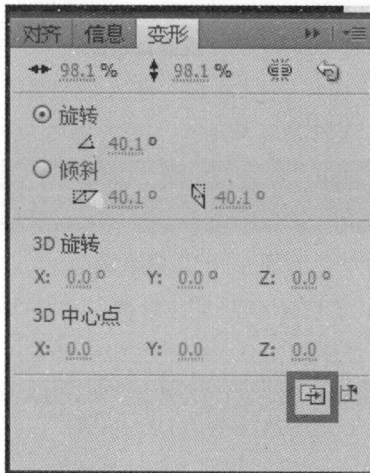

图4-41 重制选区与变形

不断地点击,直到点到绕成一圈为止。"Ctrl+A"全选所有线条,点击"窗口"/"对齐面板(Ctrl+K)",之后单击相对于舞台按钮 ,再单击"水平中齐"和"垂直中齐"。元件制作完毕,返回舞台。(图4-42)

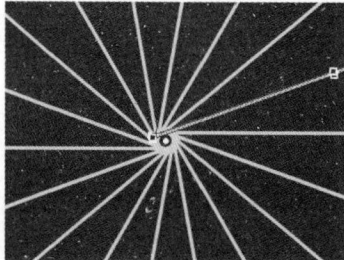

图4-42 元件效果

步骤6：到场景上，把刚做好的元件拖一个出来。选中这个实例，再打开对齐面板，单击相对于舞台按钮，再单击"水平中齐"和"垂直中齐"，把实例放在舞台正中。右击该实例，复制。在本图层上创建一个新图层命名为2，选中2层的第一帧，选择"编辑"粘贴到当前位置（Ctrl + Shift + V）。再选中图层2上的实例，选择"修改"/"变形"/"水平翻转"，形成如图4－43的效果图。

图4－43　舞台效果图

步骤7：在图层2的90帧处创建一个关键帧，图层1的90帧处创建一个普通帧。右击图层2的第一帧，选择"创建补间动画"，在属性面板的"旋转"选择"顺时针"。（图4－44）

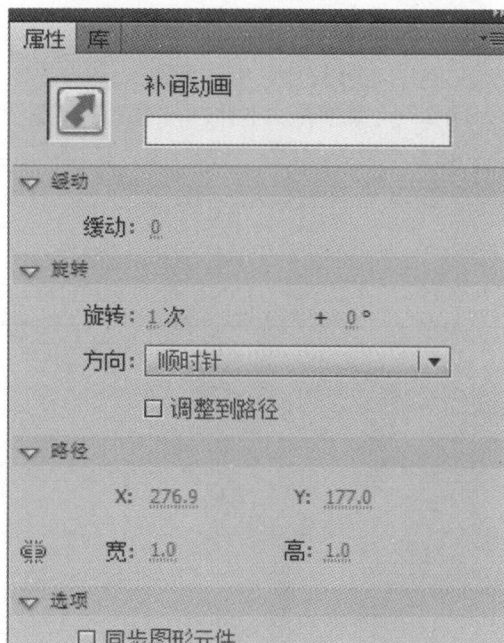

图4－44　设置补间动画属性

步骤8：右击图层2，选择"遮罩层"，测试动画。

如果需要加入音乐，则先把音乐导入到库中，然后新建一个图层，把音乐从库中拖到舞台上就行了。

5. 3D 旋转工具制件动画

3D 旋转工具的应用必须在 ActionScript 3.0 环境下才能使用。

（1）新建文档，选择 ActionScript 3.0。

（2）新建一个影片剪辑，导入图片。（图4－45）

图4－45　影片剪辑

（3）回到主场景，按"Ctrl＋L"从库中拖入刚做好的影片剪辑到场景中，调整大小，并放置在合适的位置上。（图4－46）

图4－46　场景图

（4）在第 40 帧处按"F5"或点右键"插入帧"，然后选择第一帧点右键，选择"创建补间动画"。（图 4 - 47）

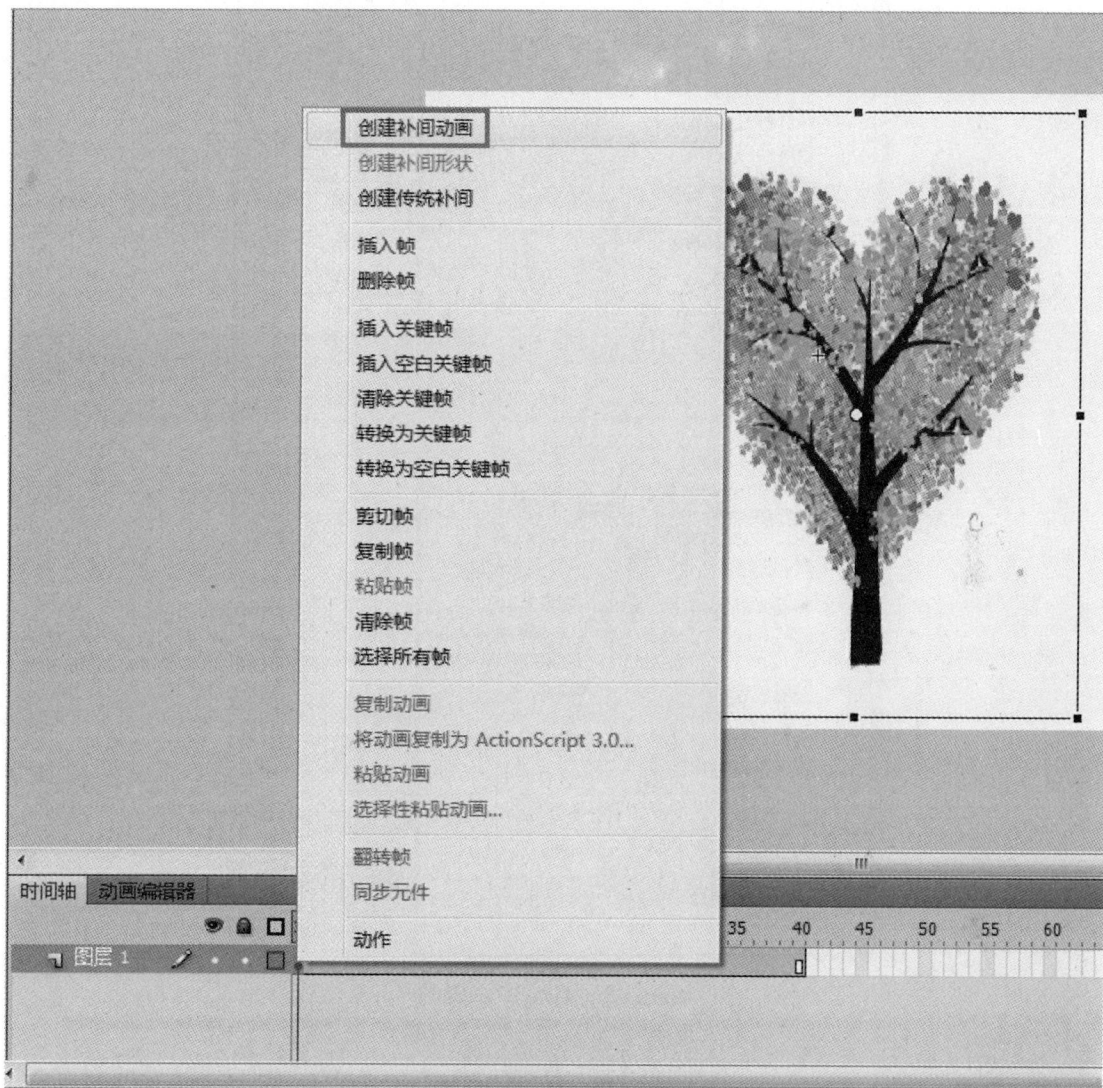

图 4 - 47　创建补间动画

（5）选择第 40 帧，点右键，选择"插入关键帧"/"旋转"，然后选择 3D 旋转工具，对第一帧或第 40 帧的影片剪辑进行旋转操作，使之旋转到需要的位置。（图 4 - 48、图 4 - 49）

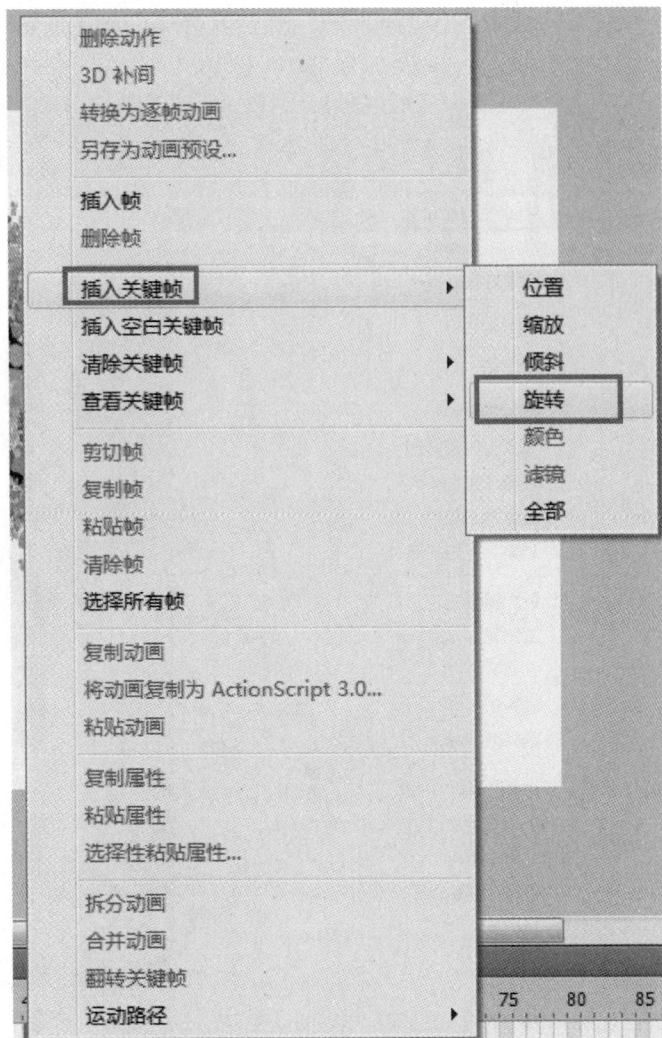

图 4 – 48　插入 3D 关键帧

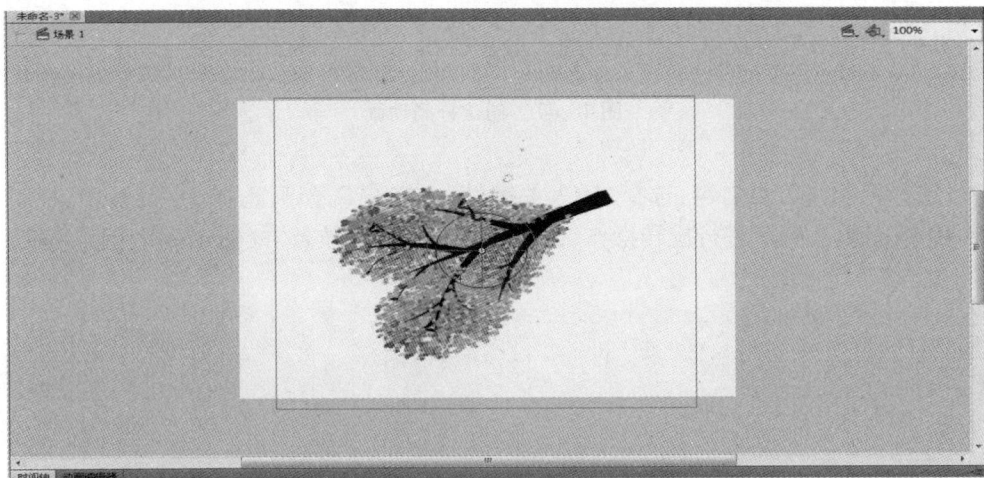

图 4 – 49　效果图

（6）选择第 1 帧或第 40 帧,在右键菜单下选择"转换为逐帧动画",此时时间轴上的动画便被自动转为逐帧动画。(图 4 – 50)

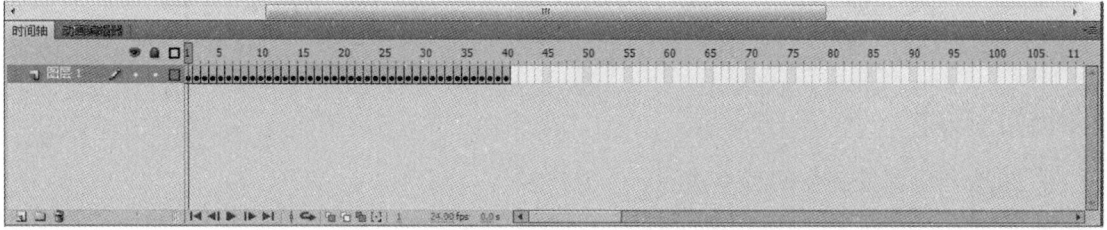

图 4 – 50　转换为逐帧动画

实验五　演示型多媒体课件制作

【实验目的】

　　1. 熟悉 PPT 课件制作的基本功能。
　　2. 掌握导入音频文件、视频文件。
　　3. 掌握动作设置与超链接等功能。

【实验类型】

　　综合型实验

【实验任务】

　　制作中学语文教材中朱自清的散文《荷塘月色》。（不同专业的学生可以自选内容）

【实验环境】

　　1. 操作系统：Windows XP 以上版本。
　　2. 工具软件：PPT 制作软件。

【实验指导】

5.1　演示型多媒体课件制作软件

　　演示型多媒体课件制作软件目前最通用的也是最方便使用的是 Microsoft Office 和 WPS Office 软件中的 PowerPoint。Microsoft Office PowerPoint，是微软公司设计的演示文稿软件。用户不仅可以在投影仪或者计算机上进行演示，也可以将演示文稿打印出来，制作成胶片，以便应用到更广泛的领域中。利用 PowerPoint 不仅可以创建演示文稿，还可以在互联网上召开面对面会议、远程会议或在网上给观众展示演示文稿。PowerPoint 做出来的东西叫演示文稿，它是一个文件，其格式后缀名为.ppt，或者也可以保存为.pdf、图片格式等，2010 和 2013 版本中可保存为视频格式。演示文稿中的每一页就叫幻灯片，每张幻灯片都是演示文稿中既相互独立又相互联系的内容。

　　WPS Office 是由金山软件股份有限公司自主研发的一款办公软件套装，可以实现办公软件最常用的文字、表格、演示等多种功能，具有内存占用低、运行速度快、体积小巧、强大插件平台支持、免费提供海量在线存储空间及文档模板的优点。这里主要介绍 Microsoft Office PowerPoint 的制作方法。

5.1.1　PowerPoint 2013 软件介绍

　　Microsoft PowerPoint 2013 具有全新的外观：更加简洁，适合在平板电脑和手机上使用。演示者视图可自动适应您的投影设置，您甚至可以在一台监视器上使用它。主题现在提供了诸多变体,可更加简单地打造所需外观。当与其他人协作时,您可以添加一些批注以提出问题和获得反馈。

5.1.2　PowerPoint 2013 新功能介绍

与其他版本的 PowerPoint 相比,PowerPoint 2013 新增了一些功能。

1. 更多 PowerPoint 2013 入门选项

PowerPoint 2013 提供了许多种方式来使用模板、主题、最近的演示文稿、较旧的演示文稿或空白演示文稿来启动下一个演示文稿,而不是直接打开空白演示文稿。(图 5 – 1)

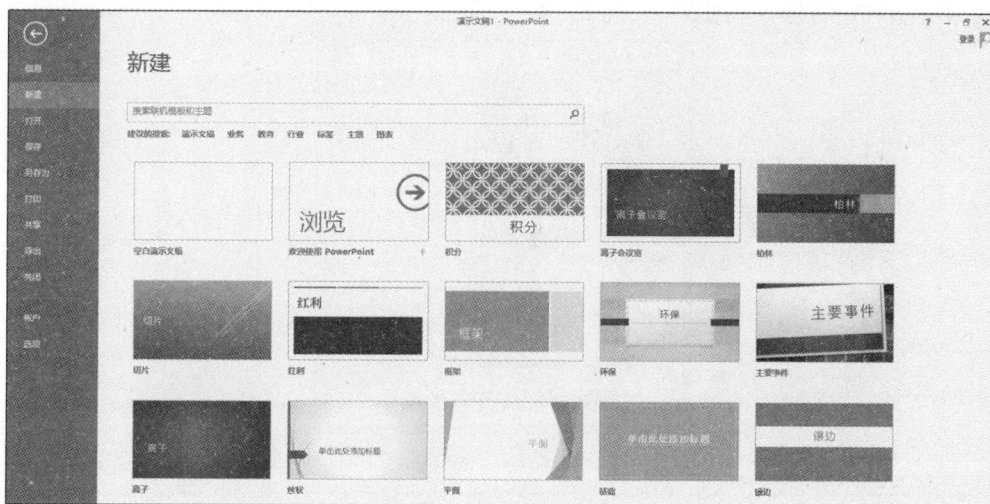

图 5 – 1　新建界面

2. 新增和改进的演示者工具

PowerPoint 2013 简易的演示者视图允许您在您的监视器上查看自己的笔记,而观众只能查看幻灯片。在以前的版本中,很难弄清谁在哪个监视器上查看哪些内容。改进的演示者视图解决了这一难题,使用起来更加简单。(图 5 – 2)

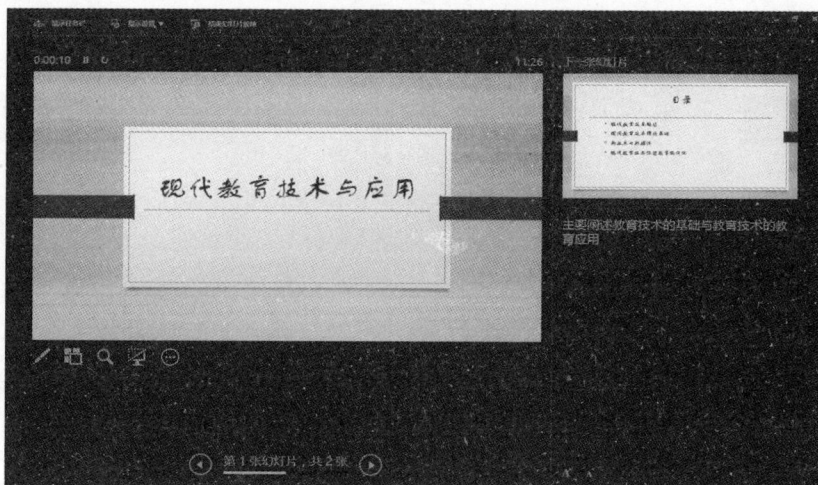

图 5 – 2　演示者视图

（1）在一台监视器上使用演示者视图：演示者视图不再需要多个监视器。现在,您可以在演示者视图中进行排练,不必挂接任何其他内容。

（2）放大幻灯片：单击放大镜可放大图表、图示或者您想要对观众强调的任何内容。

（3）跳转到某张幻灯片：使用"幻灯片浏览"来浏览到演示文稿中的其他幻灯片。

（4）自动设置：PowerPoint 可以自动感知您的计算机设置,并为演示者视图选择合适的监视器。

3. PowerPoint 2013 友好的宽屏

当前,许多电视和视频都采用了宽屏和高清格式,PowerPoint 2013 具有 16∶9 版式,新主题旨在尽可能利用宽屏。(图 5－3、图 5－4)

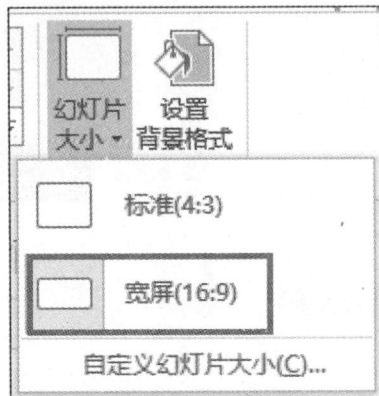

图 5－3　宽屏

图 5－4　宽屏效果

4. 更好的设计工具

PowerPoint 2013 有更好的设计工具：

（1）PowerPoint 2013 主题变体

主题现在提供了一组变体，例如不同的调色板和字体系列。此外，PowerPoint 2013 提供了新的宽屏主题以及标准大小。例如从"设计"的选项卡中选择一个主题和变体。（图5-5）

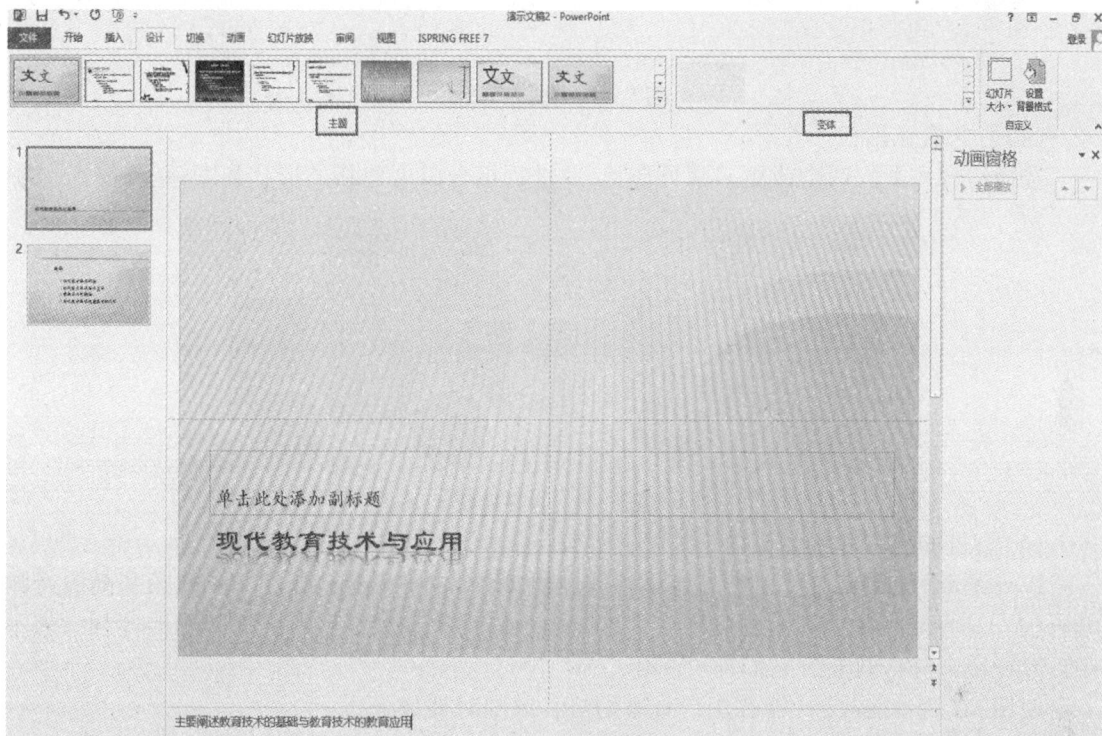

图 5-5　主题与变体

（2）均匀地排列和隔开对象

无须查看您的幻灯片上的对象是否已对齐，当您的对象（例如图片、形状等）距离较近且均匀时，智能参考线会自动显示，并告诉您对象的间隔均匀。（图5-6）

图 5-6　智能参考线

（3）动作路径改进

当创建动作路径时，PowerPoint 会向您显示您的对象的结束位置。您的原始对象始终存

在,而"虚影"图像会随着路径一起移动到终点。(图5-7)

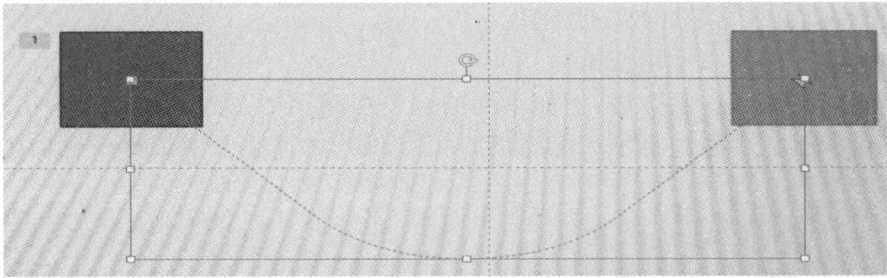

图5-7 "虚影"图像

(4)合并常见形状

选择幻灯片上的两个或更多常见形状,并进行组合以创建新的形状和图标。(图5-8)

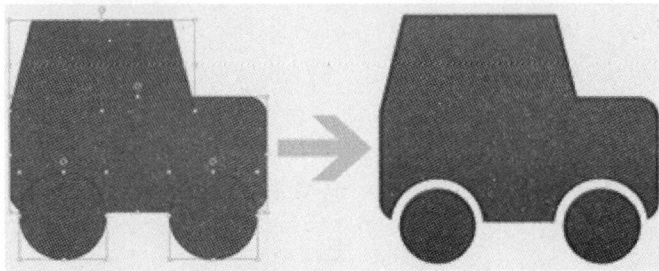

图5-8 合并形状

(5)改进的视频和音频支持

PowerPoint现在支持更多的多媒体格式。例如,.mp4和.mov与H.264视频和高级音频编码(AAC)音频和更多高清晰度内容。PowerPoint 2013包括更多内置编解码器,因此,您不必针对特定文件格式安装它们即可工作。

使用"在后台播放"功能在用户查看幻灯片放映时播放音乐。

(6)新的取色器,可实现颜色匹配

可以从屏幕上的对象中捕获精确的颜色,然后将其应用于任何形状。取色器为您执行匹配工作。(图5-9)

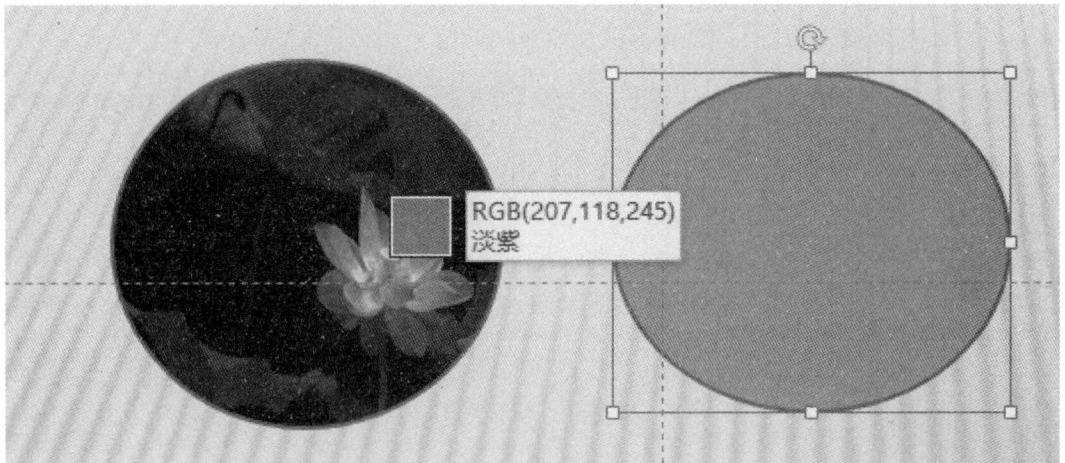

图5-9 导入图片取色

图 5 – 10　取色填充

（7）触控设备上的 PowerPoint 2013

现在几乎可在任何设备上与 PowerPoint 进行交互。使用典型的触控手势，您可以在幻灯片上轻扫、点击、滚动、缩放和平移，真正地感受演示文稿。（图 5 – 11）

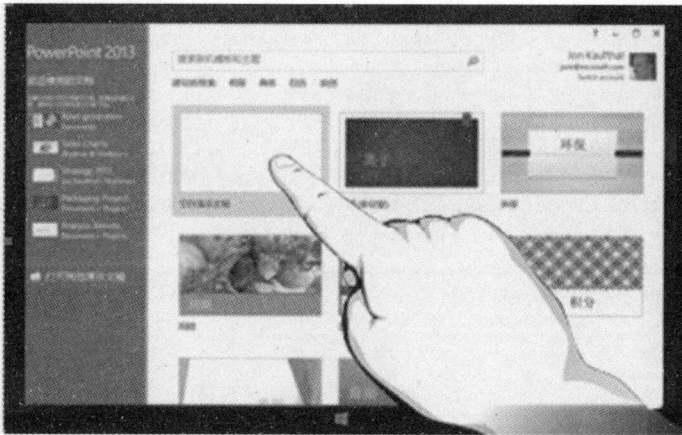

图 5 – 11　触控设备使用

（8）批注

新的"批注"窗格在 PowerPoint 中提供反馈。您可以显示或隐藏批注和修订。（图 5 – 12）

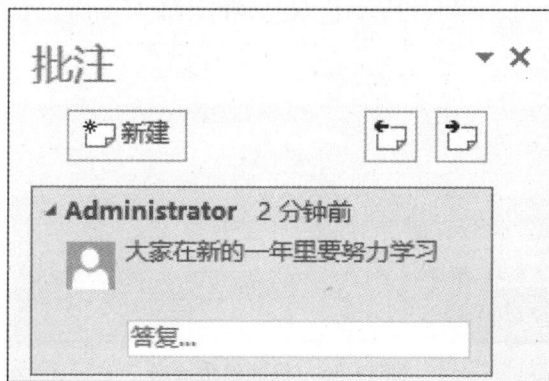

图 5 – 12　批注

5.2　PPT 制作

PPT 制作可以根据自己的需要进行设计与制作。

5.2.1　素材的采集

根据课件制作要的要求采集相关课件制作所需相关素材。（图 5 – 13）

图 5 – 13　新建文件夹

5.2.2　PPT 模板的制作

1. 进入母版编辑界面。

打开 PPT 课件制作软件并新建一个空白的 PPT 文档。点击"视图"/"母版"/"幻灯片母版",进入母版编辑状态。（图 5 – 14、图 5 – 15）

图 5 – 14　打开模板

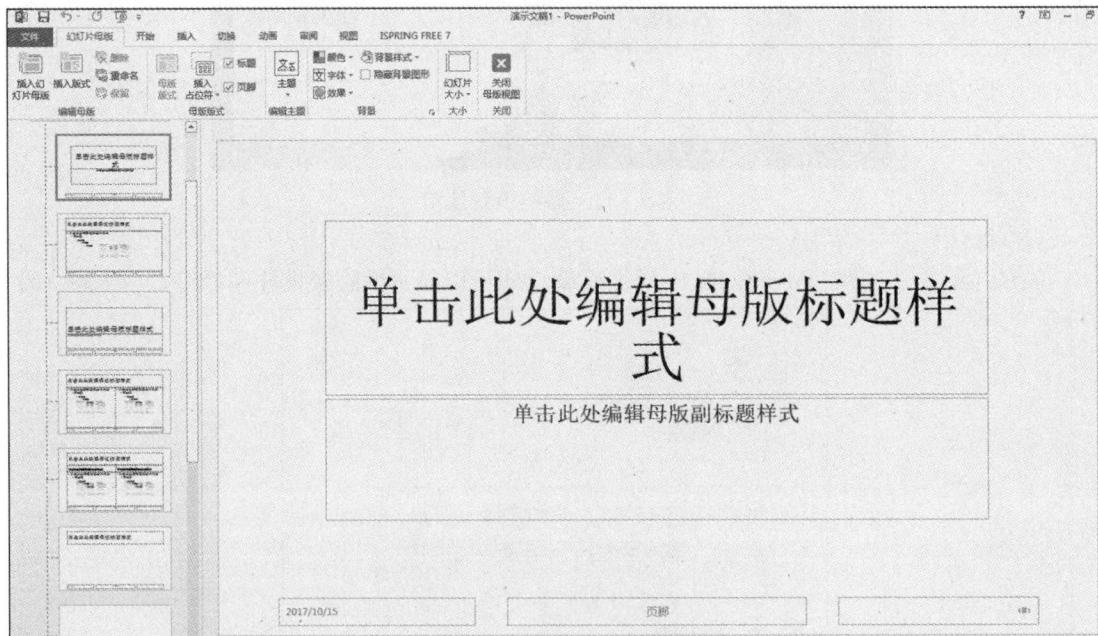

图 5 – 15　母版编辑状态

2. 设计标题母版的颜色和装饰

Office 2013 版增加了颜色吸取功能，可以选取图片上的颜色，使 PPT 制作颜色更为协调。

（1）点击"插入"/"形状"/"矩形"在页面上画一个矩形。（图 5 - 16）

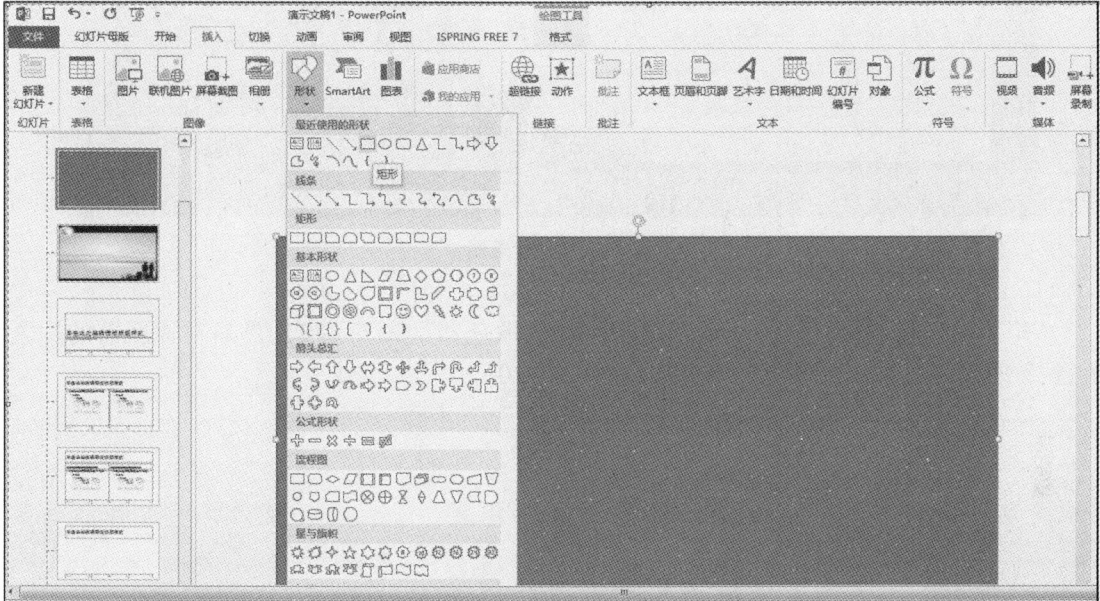

图 5 - 16　画矩形

（2）点击"插入"/"图片"/"来自文件"，选中要背景颜色的图片（图 5 - 17），插入后效果如图 5 - 18 所示。

图 5 - 17　插入图片

图 5 - 18　效果图

（3）点击蓝色矩形,再选择"形状填充"中的"取色器"（图 5 - 19）,然后在你所需的颜色上进行取色,单击就会使图片的颜色改变（图 5 - 20）。

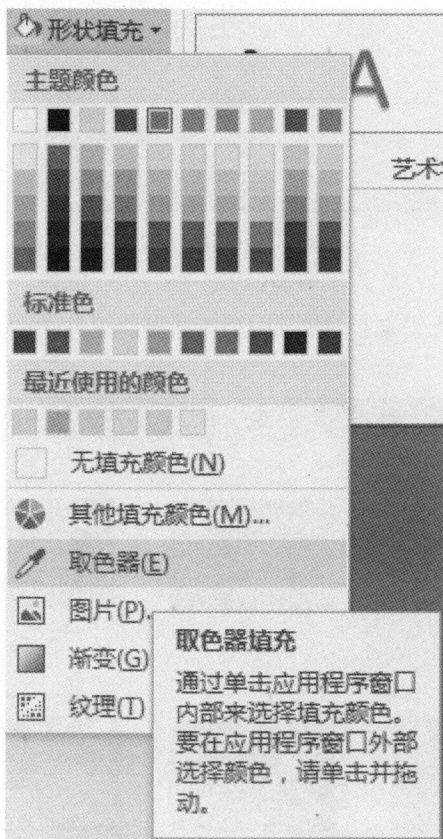

图 5 - 19　选择取色器

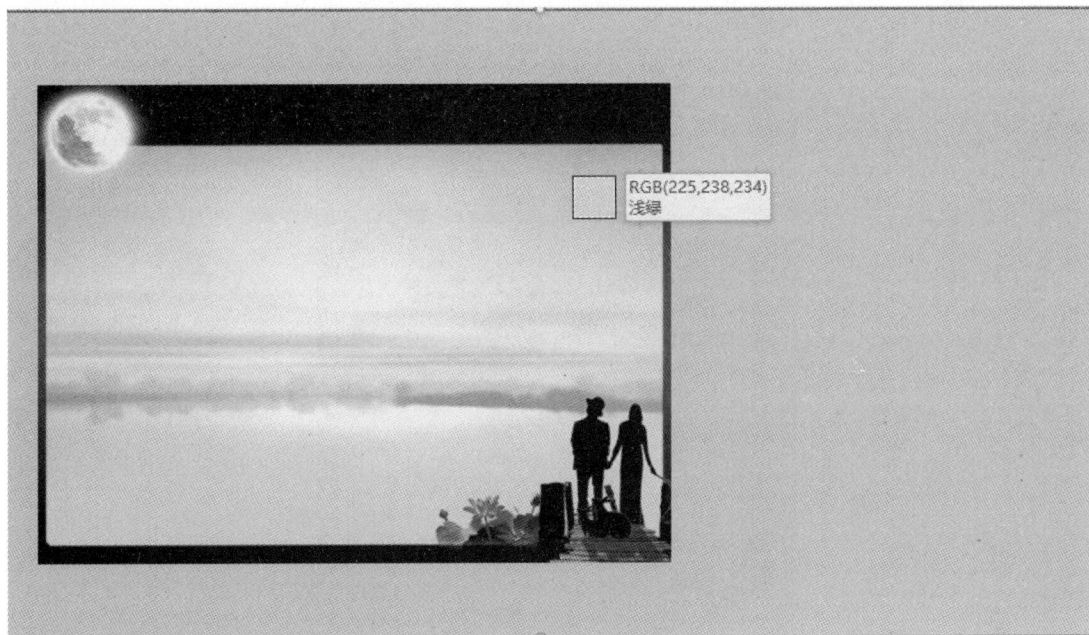

图 5 – 20　取色填充

（4）创意设计。删除图片,导入另一张图片,并且设置图片的边框和图片效果。（图5 – 21）

图 5 – 21　导入图片

（5）设置动画。可以根据自己的爱好设置动画，这里选择的是圆形扩展。（图 5 - 22）

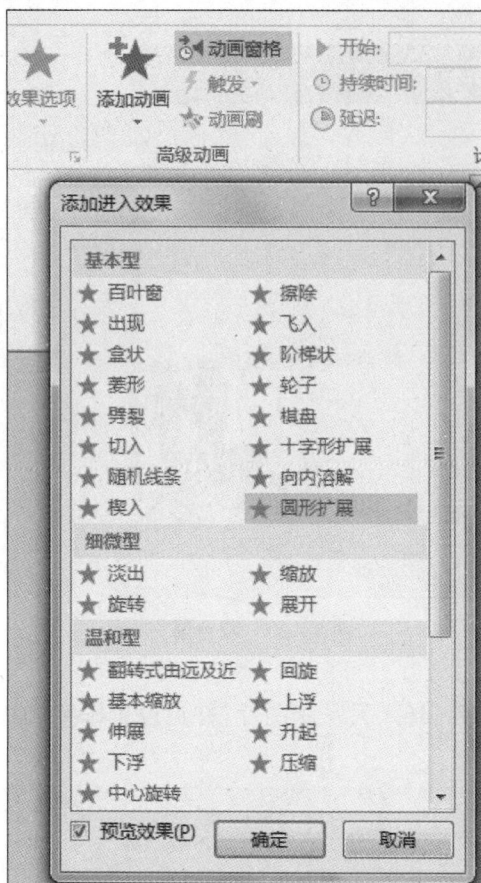

图 5 - 22　设置动画效果

（6）添加修饰。如果觉得画面太单调了，可以适当地添加一些修改。如图 5 - 23 所示，添加了两朵荷花。

图 5 - 23　添加修饰

荷花的制作可以直接从图片上抠取。步骤为：

首先,插入有荷花的图片到文件中。(图5－24)

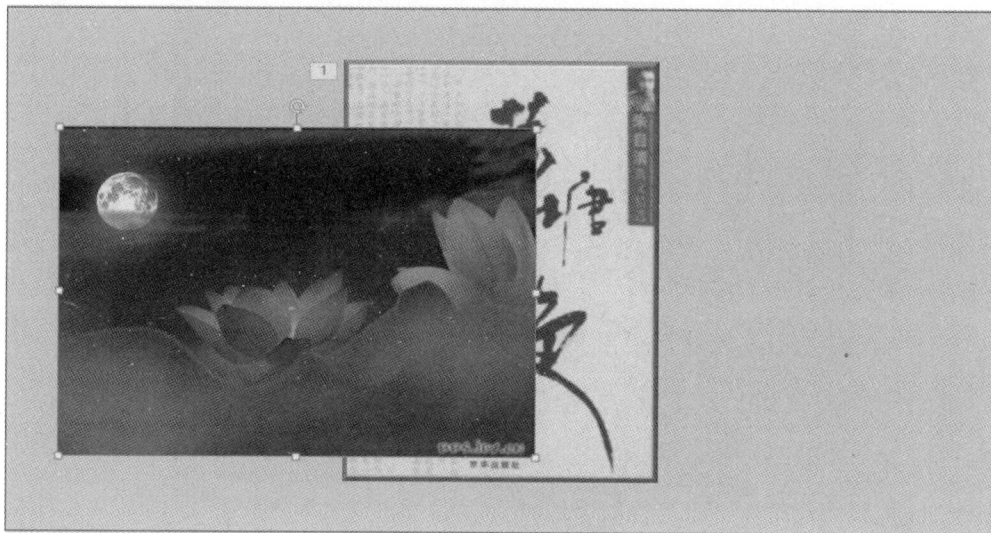

图5－24　插入荷花图片

然后,在菜单栏找到"删除背景"(图5－25),点击"删除背景"后会出现如图5－26的效果。

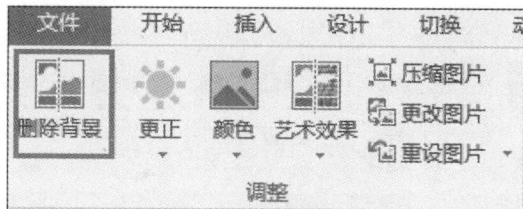

图5－25　选择删除背景

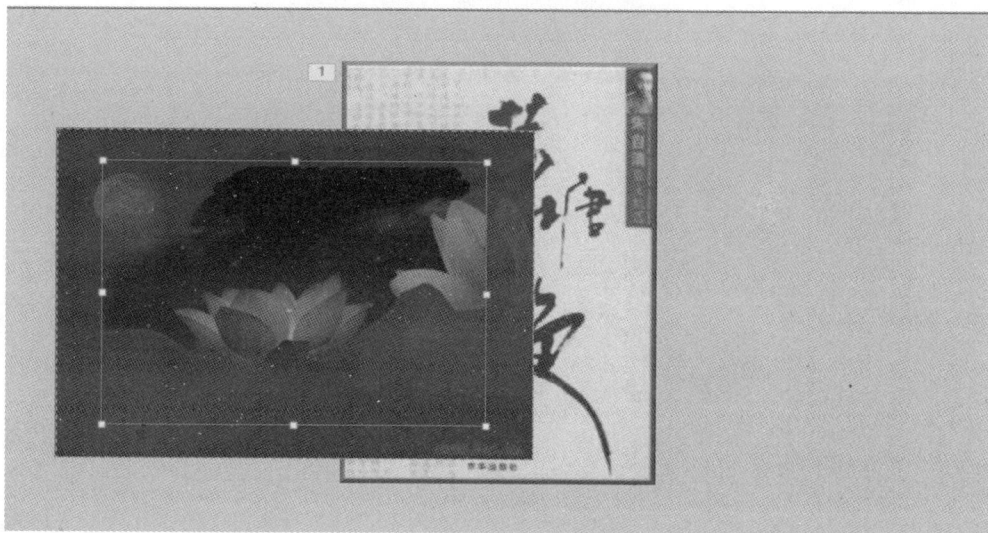

图5－26　效果图

然后,调整白色方框的大小,框定荷花。(图5-27)

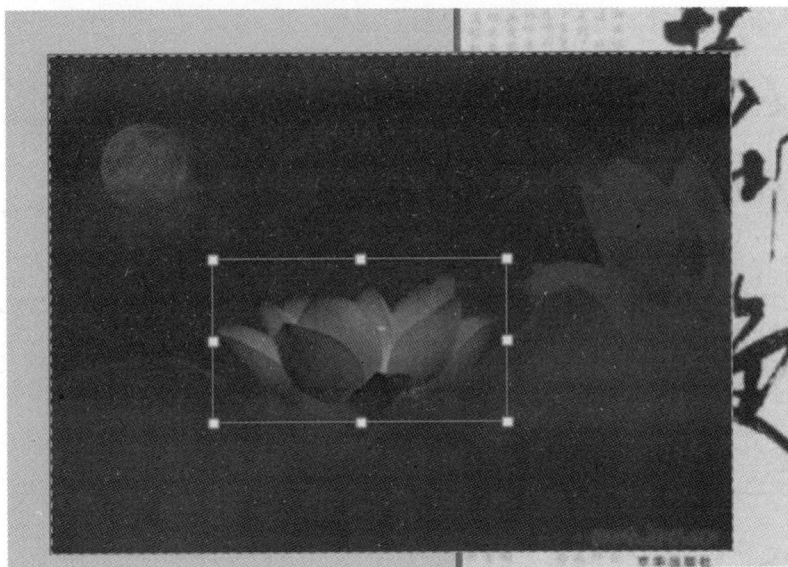

图5-27 框定荷花

最后,单击图5-28中所示的"保留更改",就把荷花抠出了(图5-29),移动荷花的位置和大小即可得到如图5-23的效果。

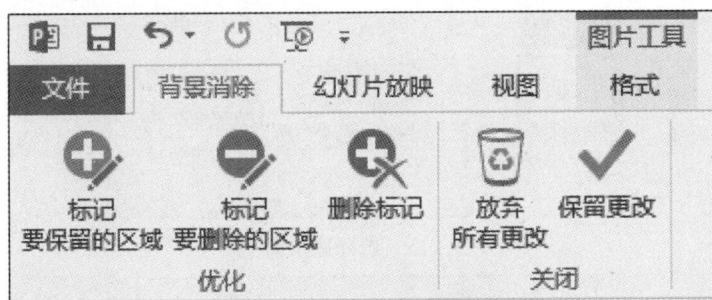

图5-28 选择保留更改

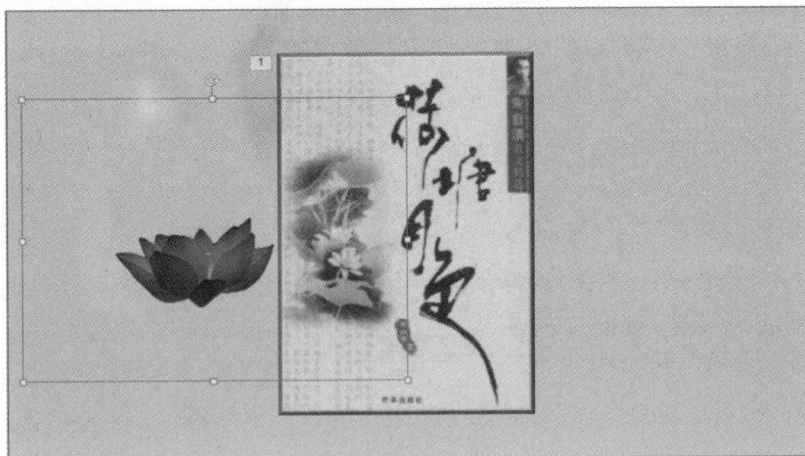

图5-29 荷花

3. 设置"标题和内容"的模板

（1）在"标题和内容"幻灯片中插入前面取色的图片。（图5-30）

图5-30 插入图片

（2）为了提升背景与文字的对比强度，文本主要显示区的背景更为干净，这时我们可以制作一个白色的文本显示背景。即画一个模型框，填充颜色为纯色，设置透明度（图5-31），得到效果如图5-32所示。

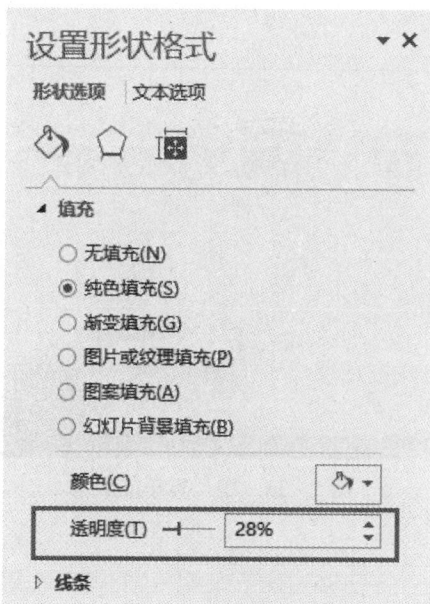

图5-31 设置参数

图5-32　效果图

（3）分别选择背景图和矩形，点击右键，选择"置于底层"，这样页面中的文本框就出现了。（图5-33）

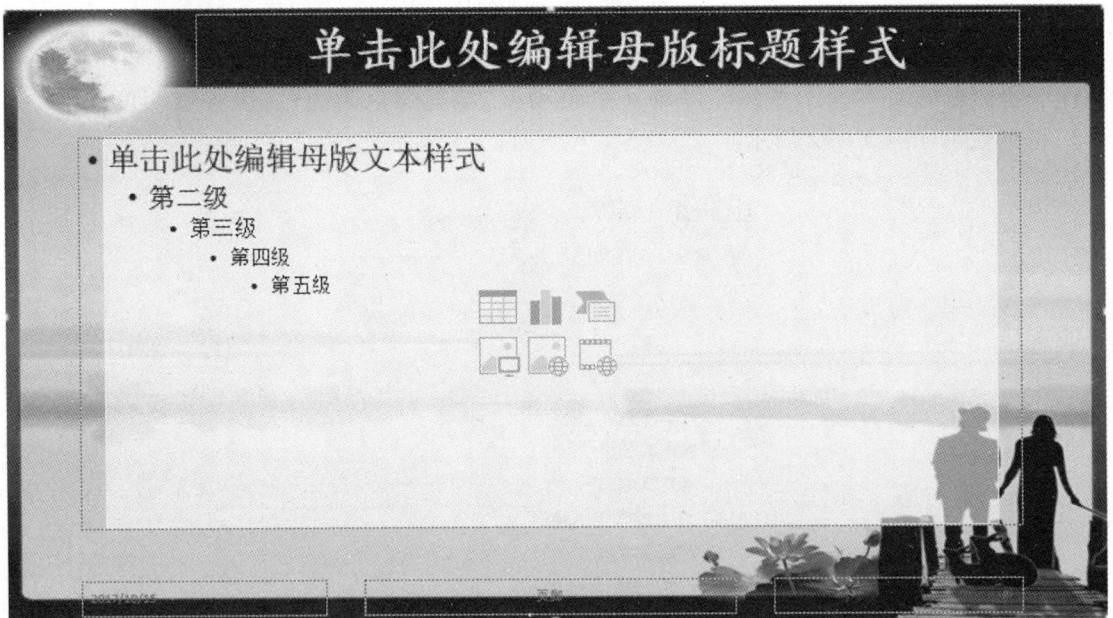

图5-33　图片置于底层

（4）调整文本框的位置，并进行字体、字号、颜色的设置，设置好后效果如图 5 – 34 所示。

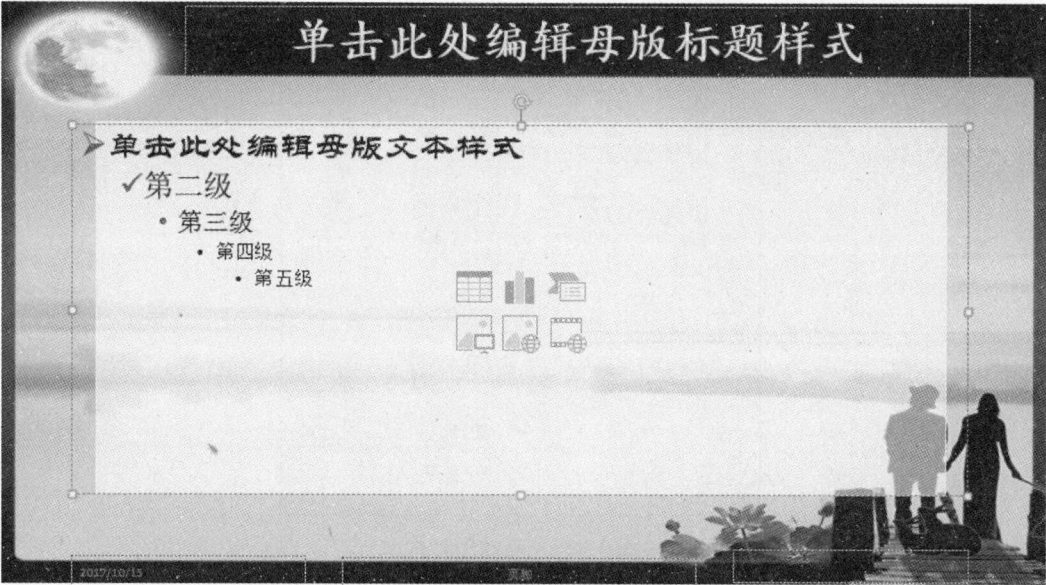

图 5 – 34　设置文本样式

（5）这样就做好了较为简单的模板，如果要做后面的按以上方法继续。

（6）关闭母版编辑界面（图 5 – 35），得到的效果如图 5 – 36。

图 5 – 35　关闭母版视图

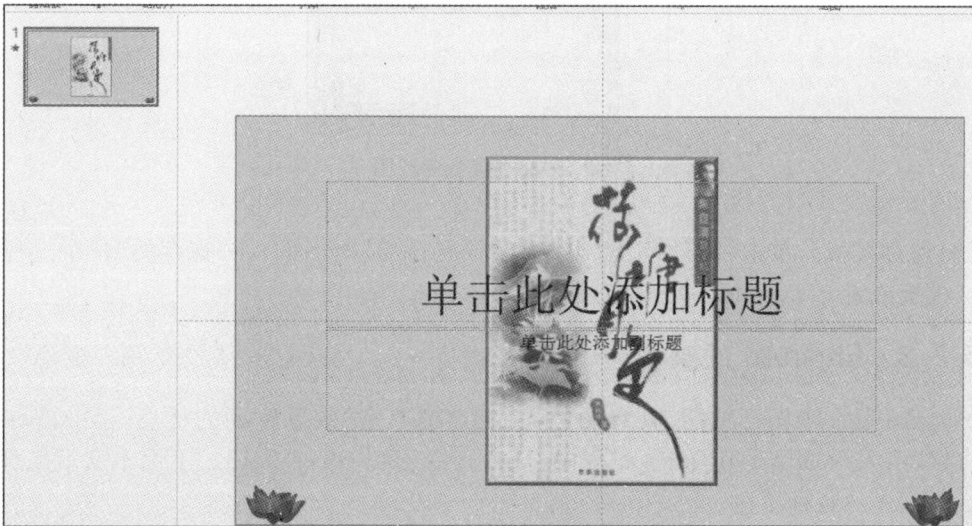

图 5 – 36　效果图

（7）上图中没有看到我们做的内容页面,这时只要点右键选择"新建幻灯片"(图 5 - 37),就会出现如图 5 - 38 所示。

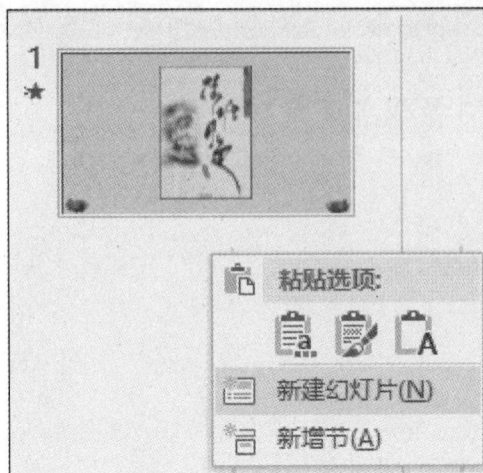

图 5 - 37   新建幻灯片

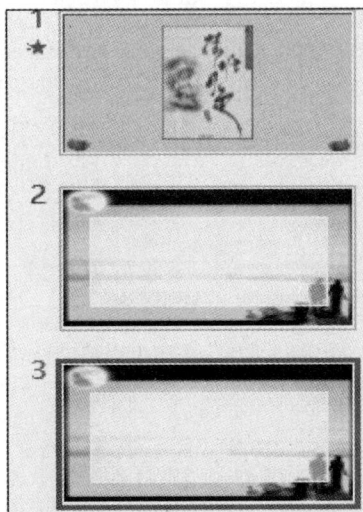

图 5 - 38   模板完成图

（8）保存模板。单击"文件"/"保存",打开"另存为"对话框,在"保存类型"中选择 PowerPoint 模板或者 PowerPoint 97—2003 模板。

5.2.3   SmartArt 的制作

SmartArt 是一项图形功能,具有功能强大、类型丰富、效果生动的优点。自 Office 2007 开始,微软引入 SmartArt 至 Office 组件中,且一直沿用到 Office 2013。下面本文就来详细讲解下 SmartArt 的各种用途。

1. SmartArt 类型

在 Word 2013 中,SmartArt 包括 9 种类型,分别是:

(1)列表型:显示非有序信息或分组信息,主要用于强调信息的重要性。

(2)流程型:表示任务流程的顺序或步骤。

(3)循环型:表示阶段、任务或事件的连续序列,主要用于强调重复过程。

(4)层次结构型:用于显示组织中的分层信息或上下级关系,最广泛地应用于组织结构图。

(5)关系型:用于表示两个或多个项目之间的关系,或者多个信息集合之间的关系。

(6)矩阵型:用于以象限的方式显示部分与整体的关系。

(7)棱锥图型:用于显示比例关系、互连关系或层次关系,最大的部分置于底部,向上渐窄。

(8)图片型:主要应用于包含图片的信息列表。

(9)Office. com:Microsoft Office 网站在线提供的一些 SmartArt 图形。

2. SmartArt 的制作方式

SmartArt 的制作过程如下:

(1)选择"插入"/"SmartArt",则会出现如图 5 - 39 的界面。

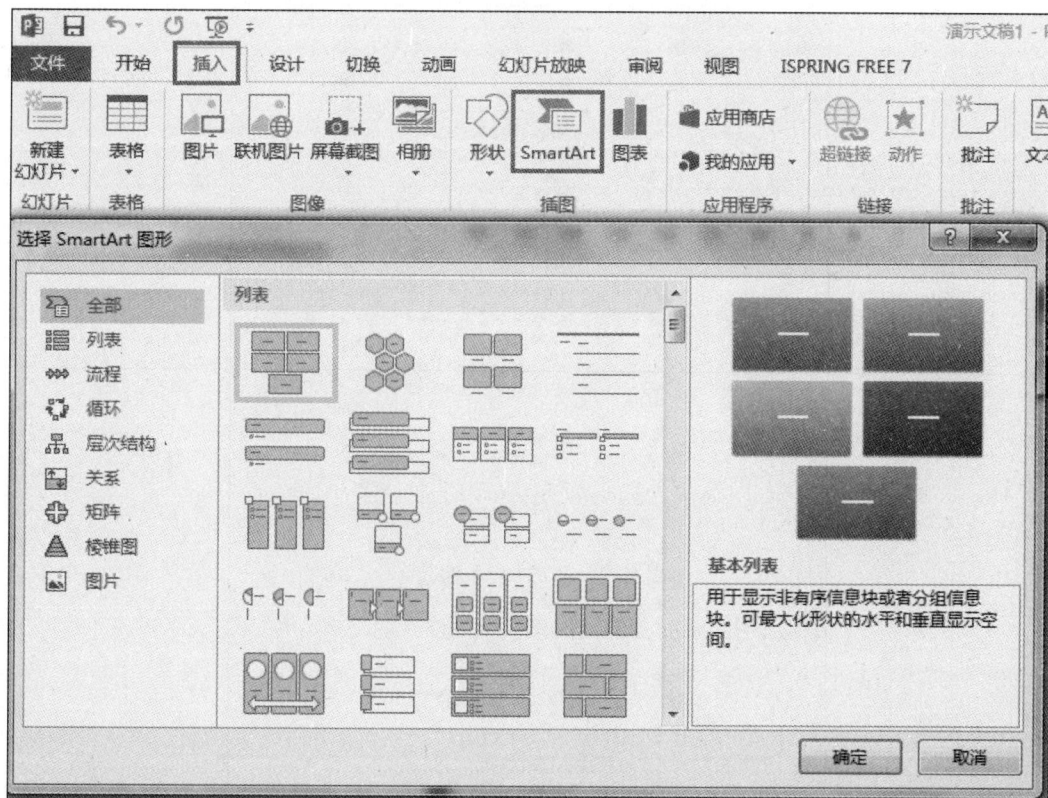

图 5 - 39 SmartArt **类型**

（2）选择需要的类型。（图5-40）

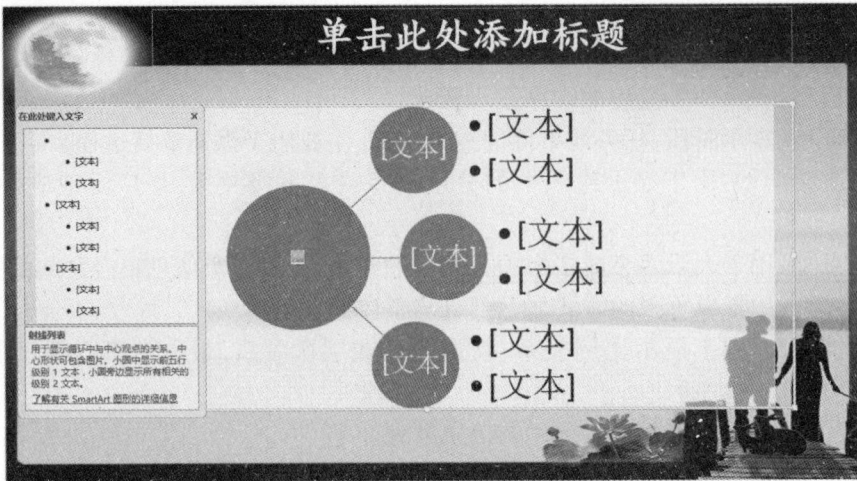

图5-40 插入SmartArt

（3）更改颜色和格式。选择菜单栏的"更改颜色"（图5-41）与"格式"（图5-42），更改成所需颜色，得到如图5-43的效果。

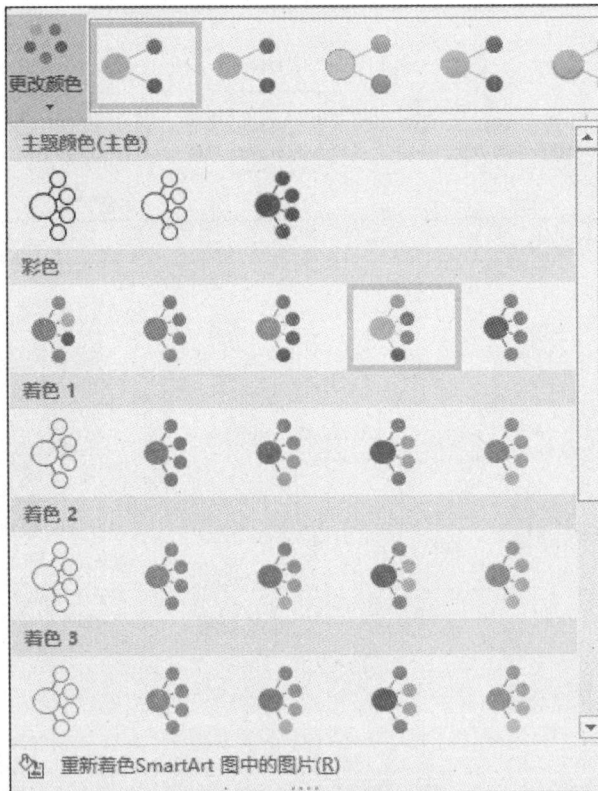

图5-41 更改颜色

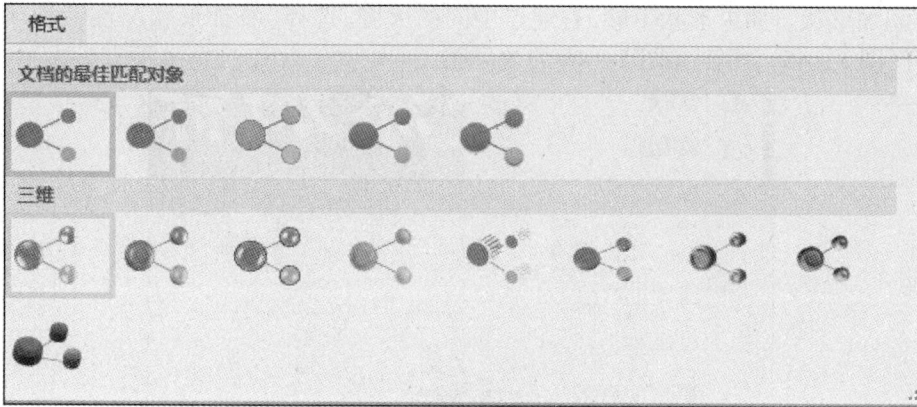

图 5 - 42　更改格式

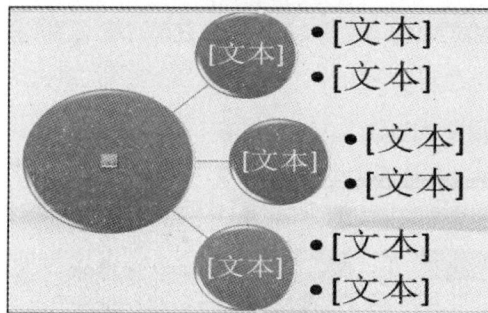

图 5 - 43　效果图

（4）添加文字。在文本框中添加文字，或者在"在此键入文字"对话框中输入文字。（图 5 - 44）

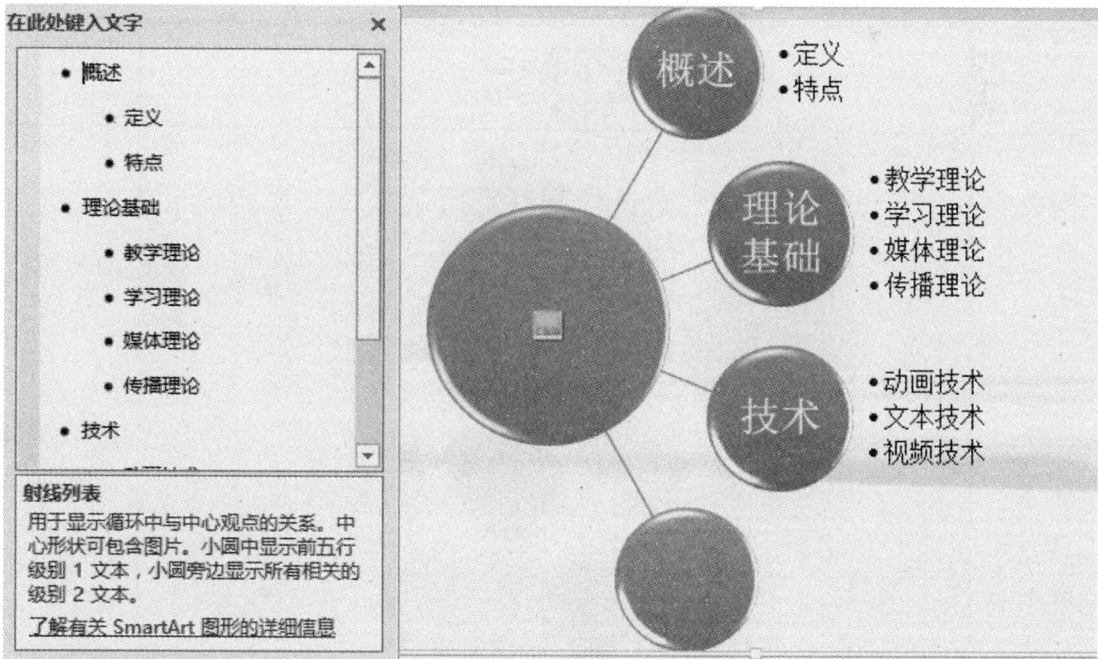

图 5 - 44　添加文字

（5）添加形状。如果形状不够，右键点中间的大圆，选择"添加形状"，在后面或在前面添加都可（图5-45），得到如图5-46的效果图。

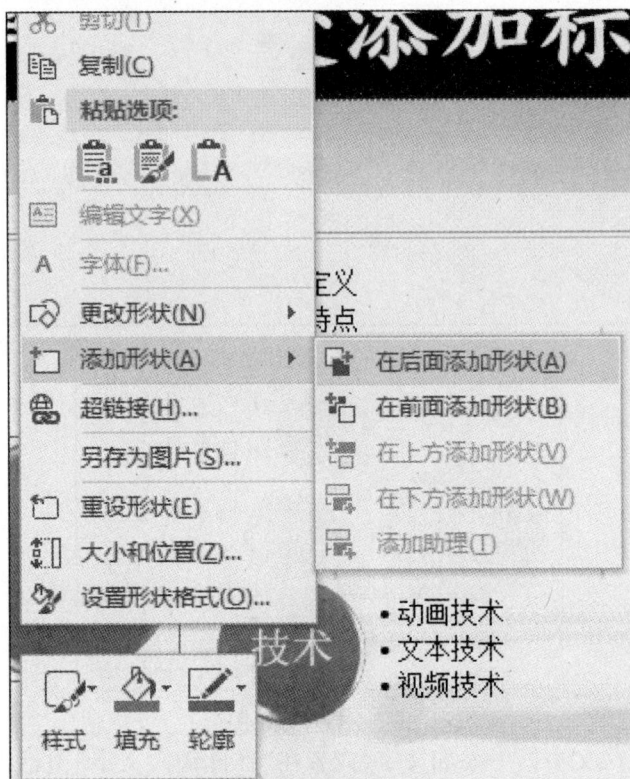

图5-45　添加形状

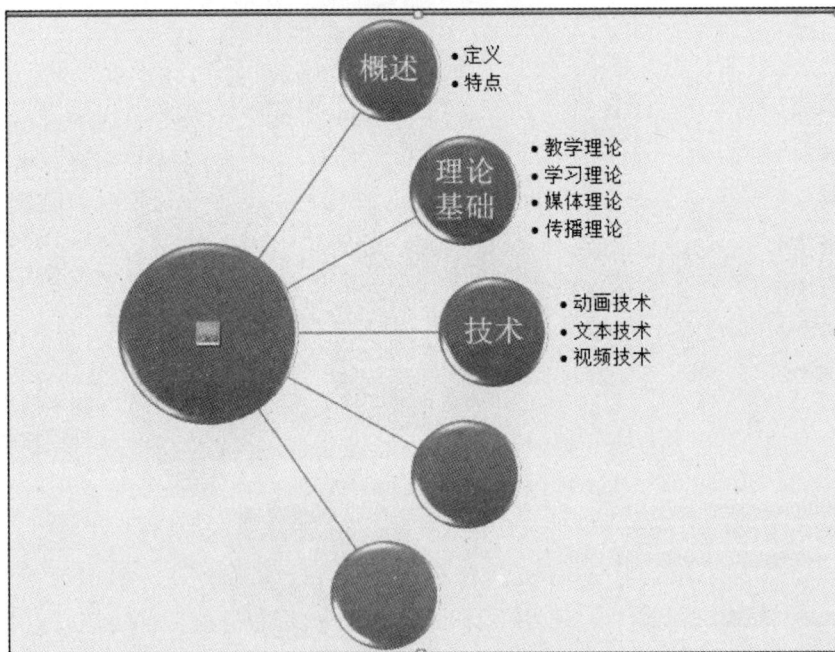

图5-46　效果图

202

(6)插入图片。为中间的大圆插入图片,点击中间的大圆,会跳出导入的对话框(图5 – 47),插入图片后得到如图5 – 48 的效果图。

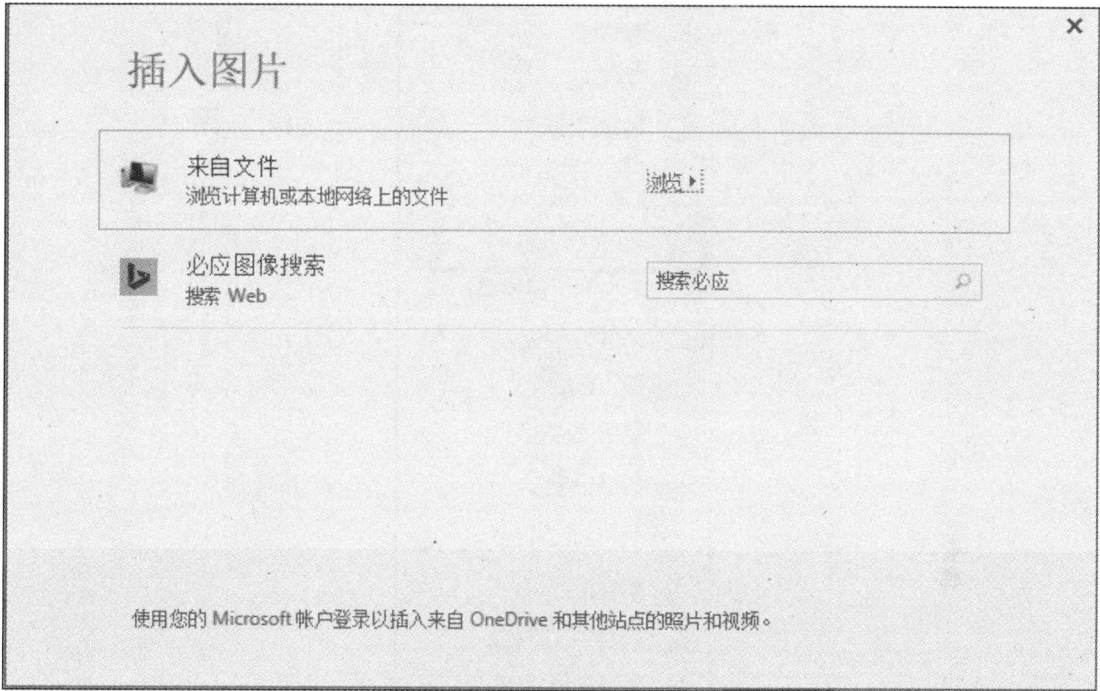

图 5 –47　导入图片

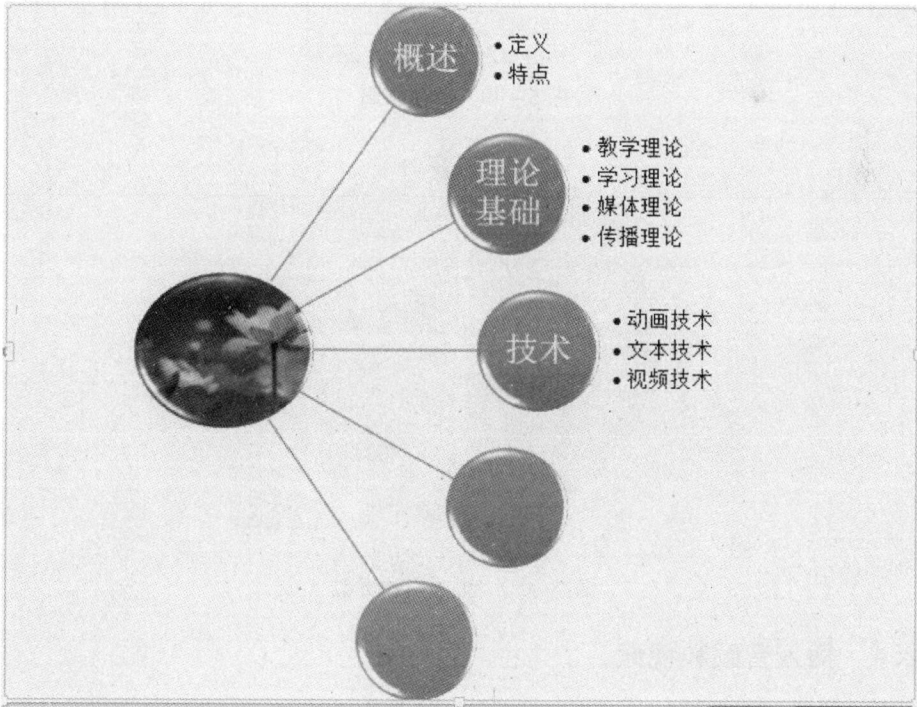

图 5 –48　效果图

（7）更改类型。如果对当前的类型不满意，则可以更改类型。在页面上点右键，选择"更改布局"（图5-49），选中所需的类型后，得到如图5-50的效果图。

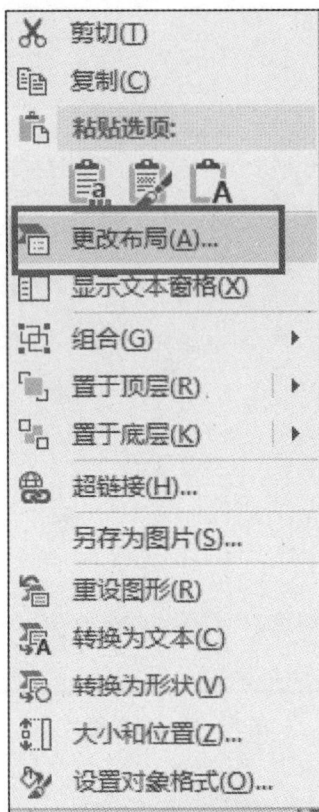

图5-49　更改布局

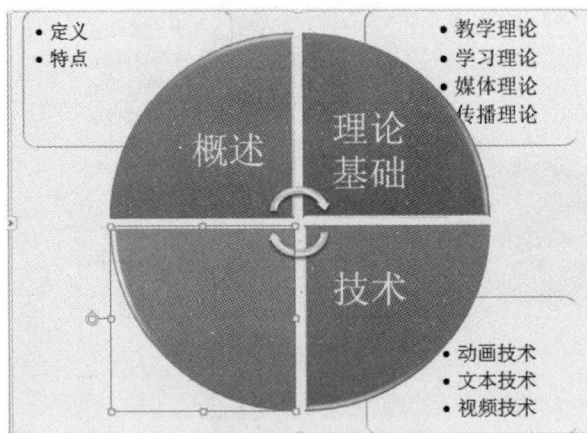

图5-50　更改好的类型

5.2.4　插入音频和视频

1.音频插入、剪裁、播放的方法

（1）插入音频的方法比较简单，点击"插入"/"音频"，打开文件的路径，找到音频，再点击插入即可。这时,页面将出现音频播放窗口(图 5 –51),可以播放音乐及调节音量。

图 5 –51　插入音频

(2)剪裁音频。2013 版的 PPT 制作可以直接对音频进行剪辑,选择"剪裁音频",会出现剪裁音频的对话框(图 5 –52),鼠标拖动左右标尺,就可剪裁音频(图5 –53)。

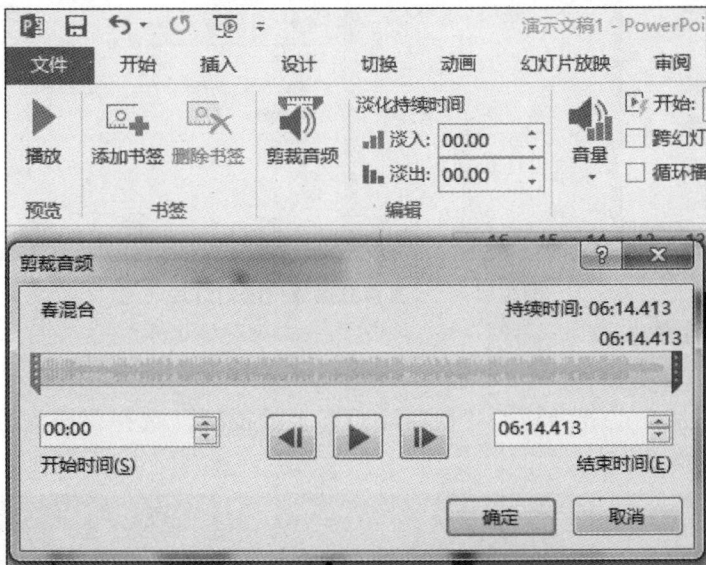

图 5 –52　剪裁音频对话框

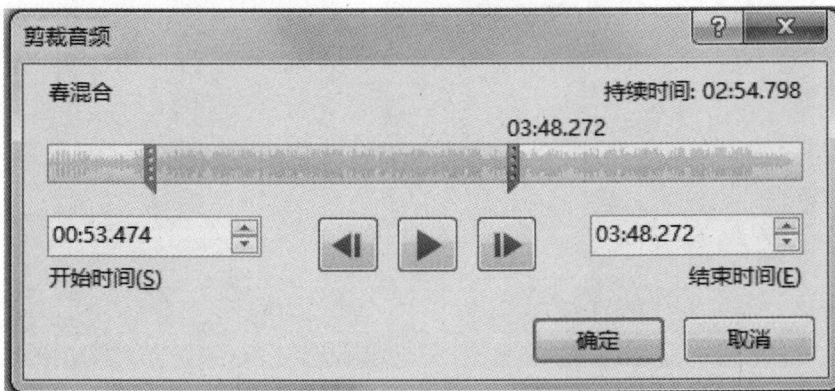

图 5 –53　剪裁音频

(3)播放持续幻灯片的张数。一般情况下,音频只在当前幻灯片上播放,如果要跨越不同的幻灯片,则需要进行设置,选择音频,然后选择"动画"/"效果选项",在"停止播放"栏选

择"在第几张幻灯片后",在文本框内输入数字即可。(图 5 - 54)

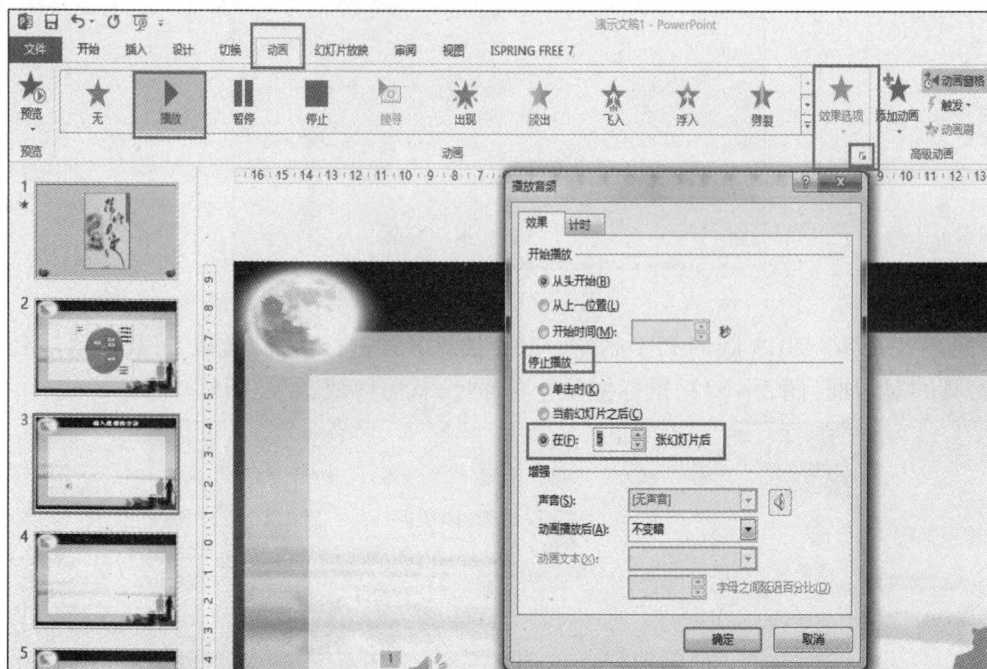

图 5 - 54 设置音频播放持续幻灯片

2. 视频插入的方法

插入视频的方法有多种。

(1)直接插入法。点击"插入"/"视频"/"PC 上的视频",选择要插入的文件,这时会出现视频播放窗口(图 5 - 55)。

图 5 - 55 视频播放窗口

（2）超链接法。选中"荷塘月色朗诵"文本，点右键，选择"超链接"（图5－56），然后在跳出的对话框中找到所要插入的视频（图5－57）。

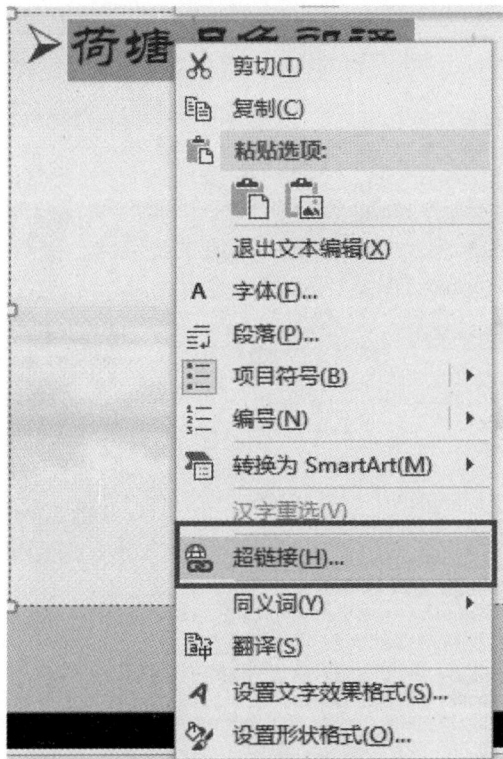

图5－56　选择超链接

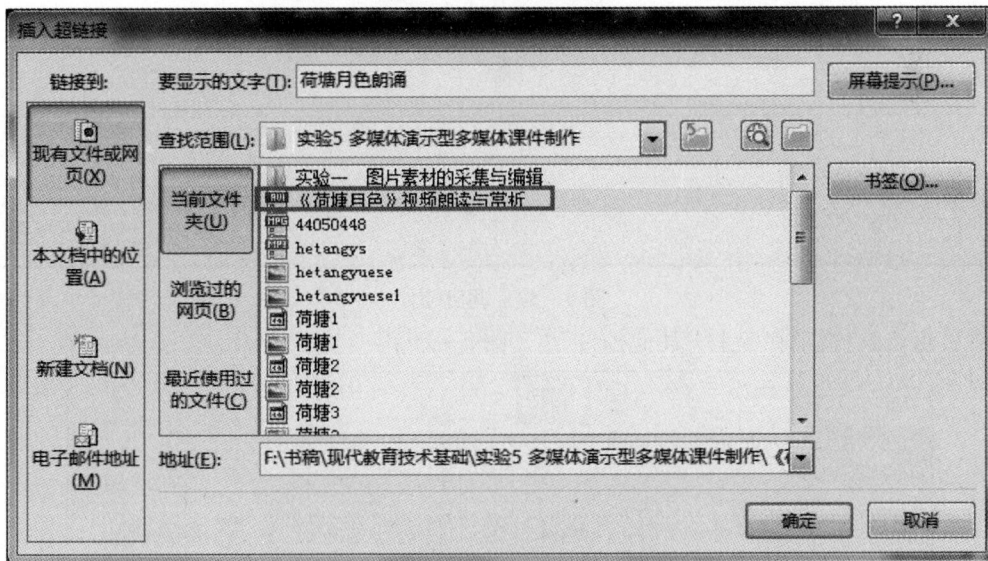

图5－57　插入视频

（3）导入控件工具箱中的播放工具。

首先，把"控件"调出来，点击页面最上面菜单栏的"＝"图标，在出现的对话窗口中设置窗口的参数:找到"控件"然后"添加"(图 5 - 58),则会在页面的最上面出现"控件"图标" ▣ "(图 5 - 59)。

图 5 - 58　调出控件

然后点击控件图标,选择"其他控件"。(图 5 - 59)

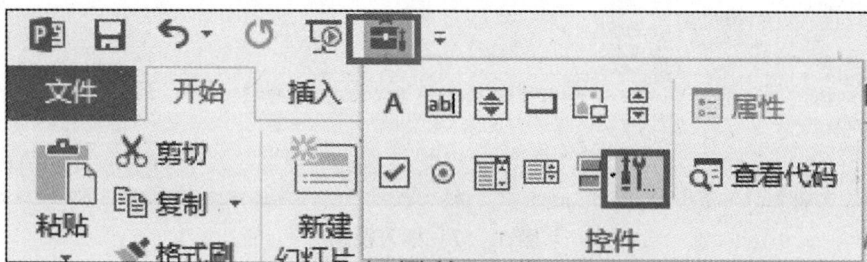

图 5 - 59　其他控件

　　然后在其他控件中找到"Windows Media Player"，点"确定"（图5－60），这时，在屏幕上的光标会变成十字形，按住左键画出一个视频播放窗口（图5－61）。

图5－60　选中播放器

图5－61　视频播放窗口

　　最后，在视频播放窗口点右键，出现视频播放的属性窗口。在"URL"这一栏中输入视频的地址，要注意的是，最后要把文件的格式加上。（图5－62）

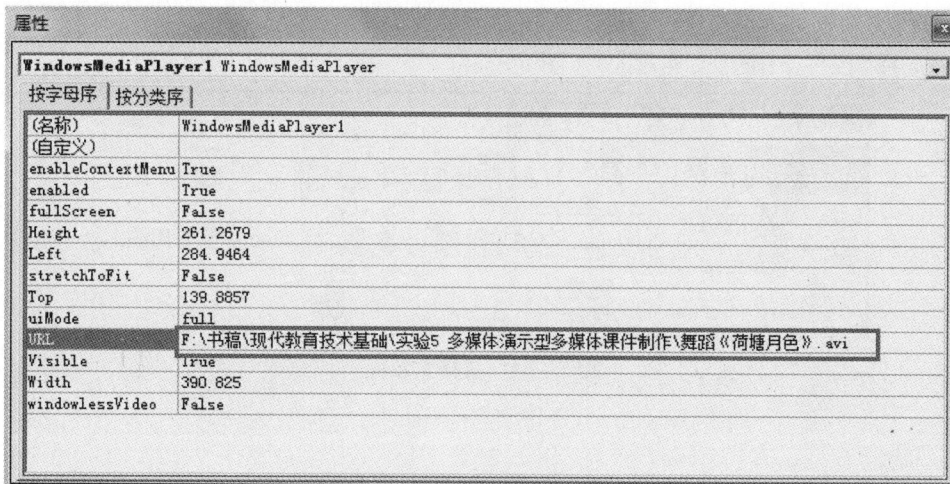

图5－62　输入视频地址

播放幻灯片,视频会自动播放。播放窗口下面有一列控制按钮,可对视频进行控制,双击视频,则进入全屏播放。(图5-63)

图5-63 播放视频

5.2.5 制作文本框(ActiveX 控件)

幻灯片在播放的过程中一般不能输入文本,这不利于交互,通过插入控件中的文本框,则可以解决这个问题。

1. 单行文本框的制作

(1)选择"控件"中的"文本框"。(图5-64)

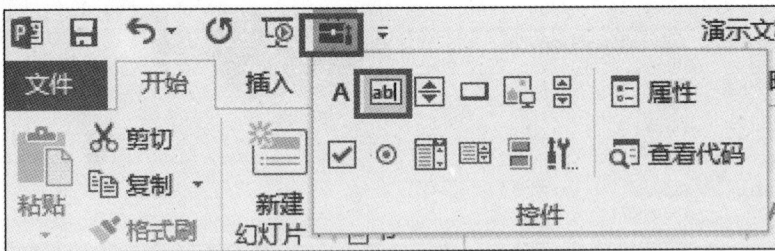

图5-64 选择文本框

（2）这时光标变成十字架，按住鼠标左键画出文本框。（图5-65）

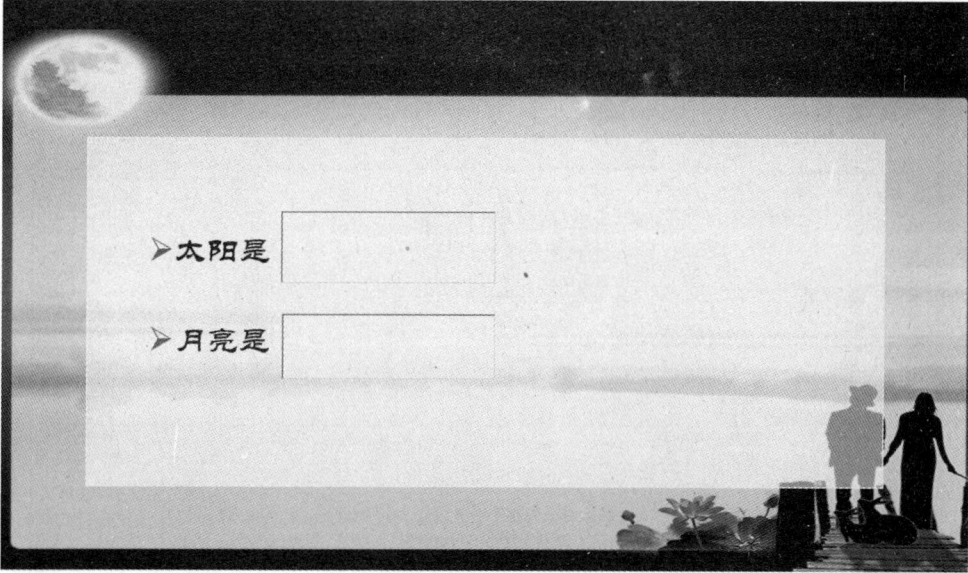

图5-65　画出文本框

（3）右键点击文本框，调出属性窗口，并设置相关参数：设置文本框背景色（图5-66），设置字体字号（图5-67），设置字体颜色（图5-68）。

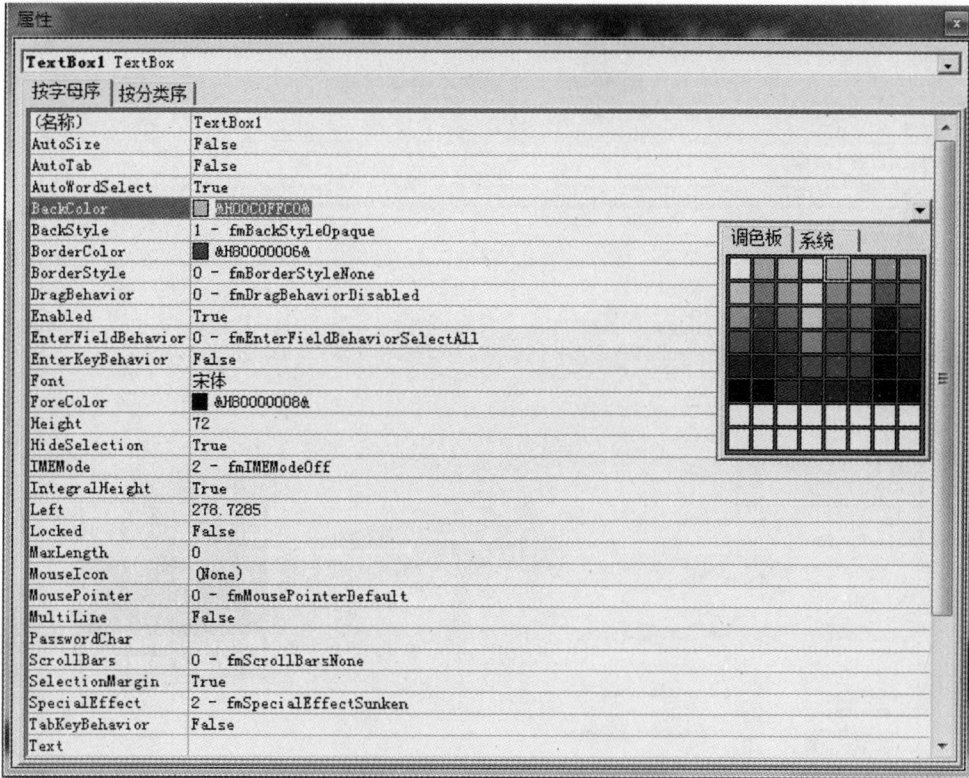

图5-66　设置背景色

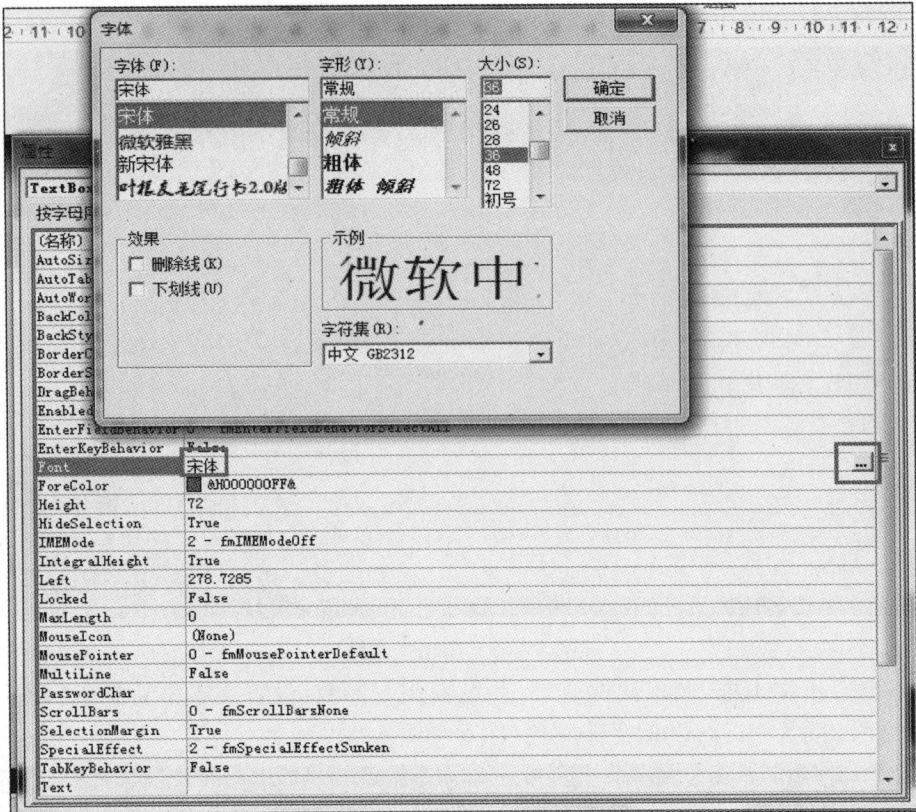

图 5 - 67　设置文本字体字号

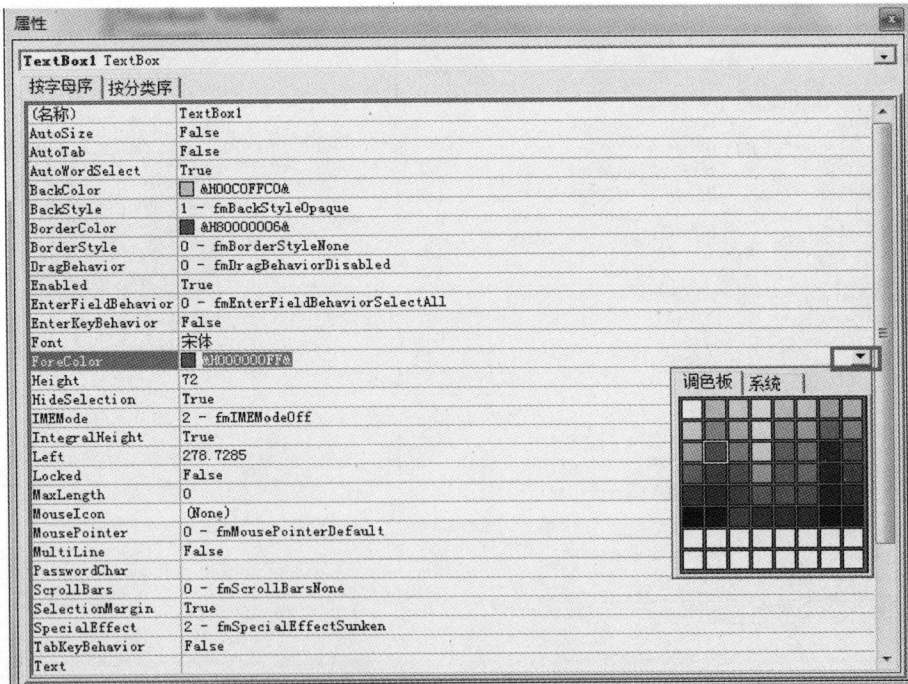

图 5 - 68　设置字体颜色

（4）播放幻灯片，可以输入文本，也可以删除和修改文本。（图5-69）

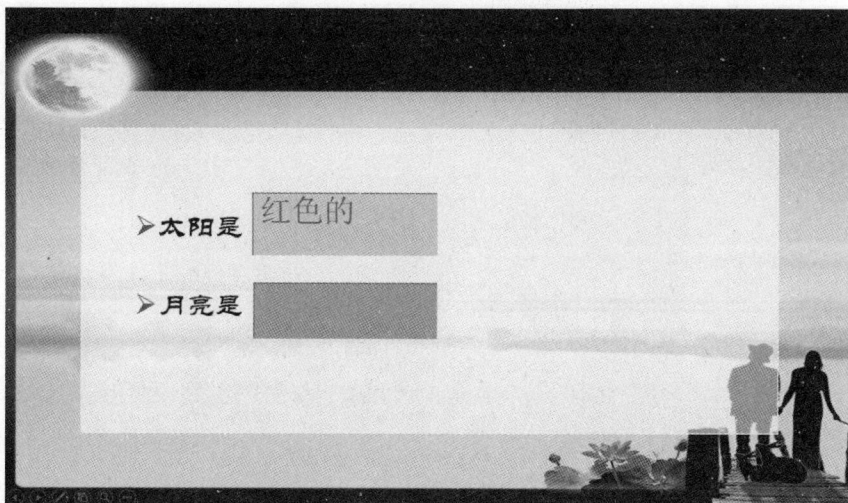

图5-69 文本输入

2. 制作带有滚动条的文本框

（1）制作带有滚动条的文本框和制作单行文本框的方法基本上一致，只是在设置文本框的参数时有改变。（图5-70）

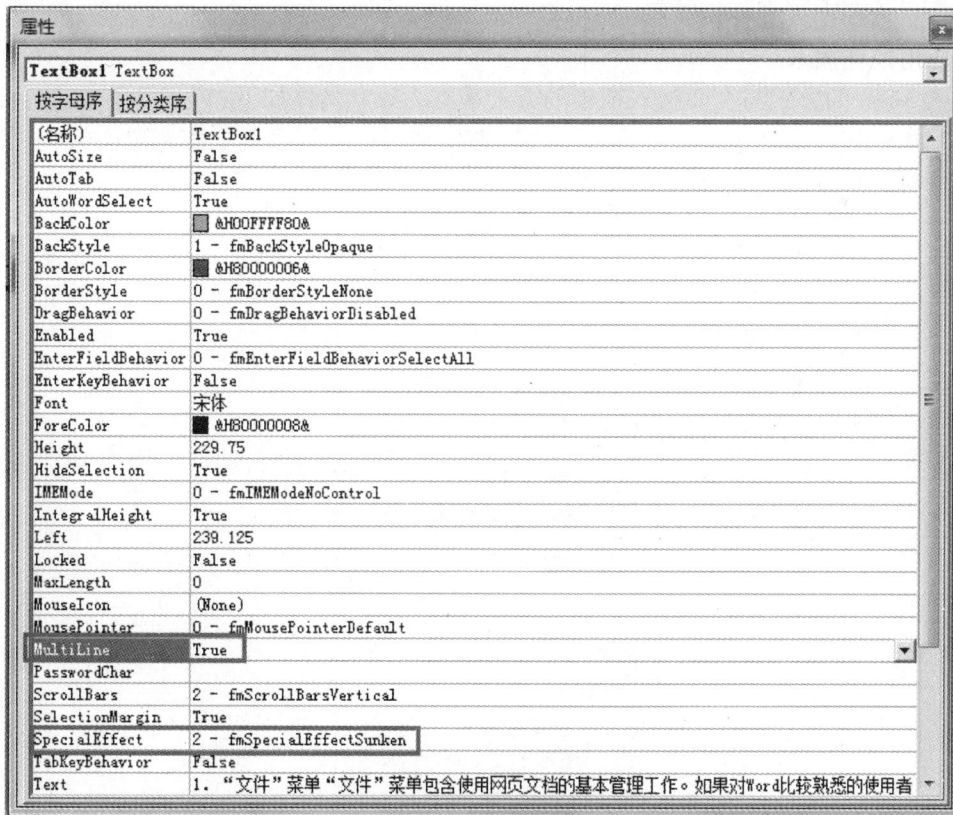

图5-70 设置滚动条参数

（2）输入文本，即可得到如图 5 – 71 所示的效果图。

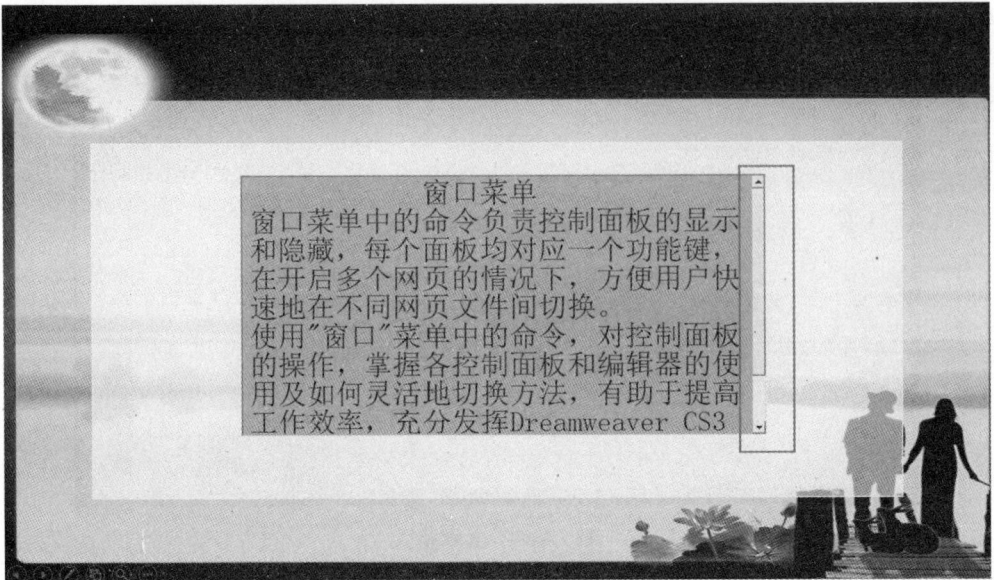

图 5 – 71　效果图

5.2.6　插入 Flash 动画

1. 应用控件插入

插入 Flash 的方式与上面插入视频的方式基本一致。具体如下：

（1）调出开发工具。首先，把"开发工具"调出来。点击页面最上面菜单栏的"▾"图标，在出现的对话窗口中点击"其他命令"。（图 5 –72）

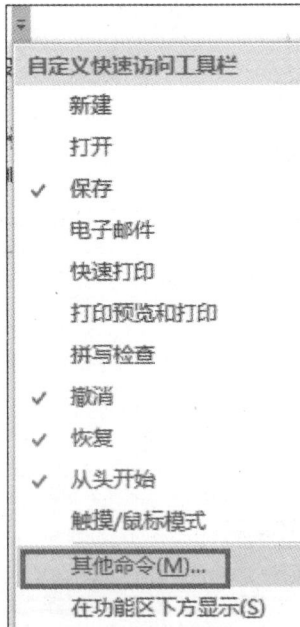

图 5 –72　选择其他命令

（2）点击后进入 PowerPoint 选项,选择"自定义功能区",在右侧的选项框的"开发工具"前面的小框中点击,打上"√"(图 5 – 73),这样在菜单栏中会出现一个"开发工具"的菜单(图5 – 74)。

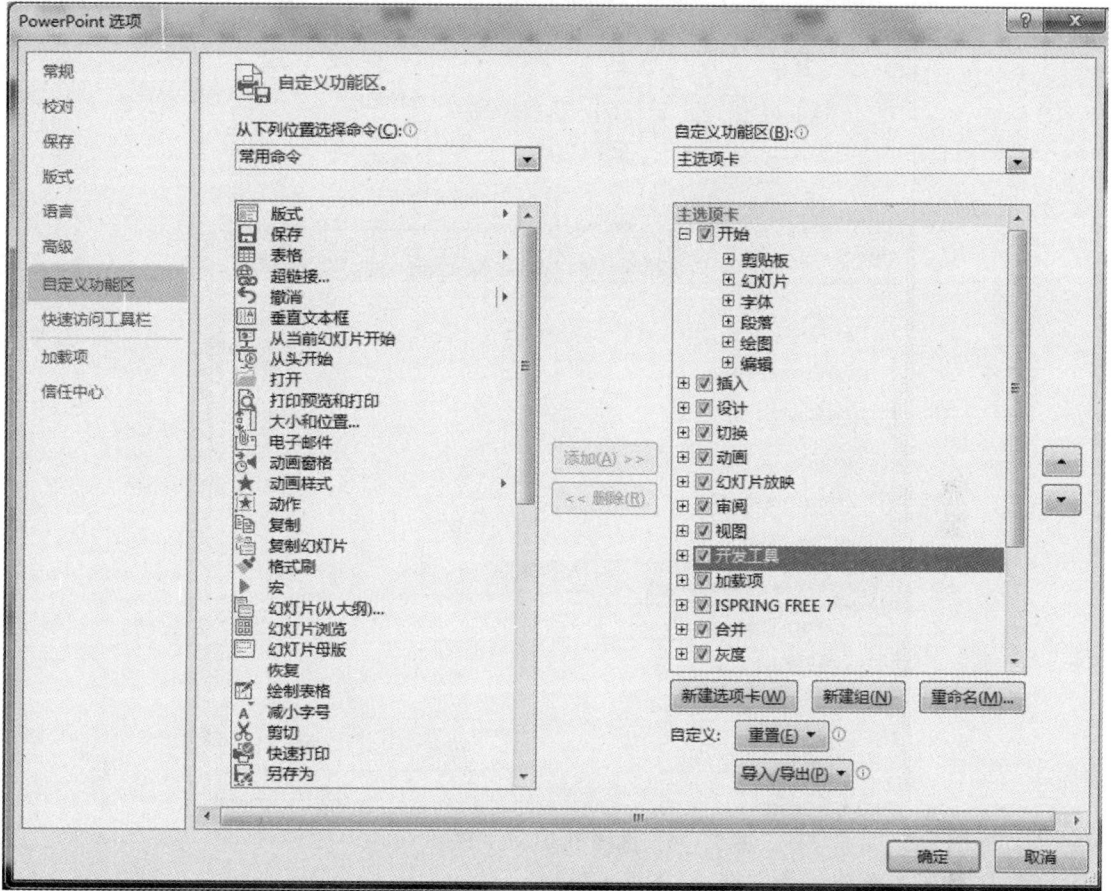

图 5 –73　设置参数

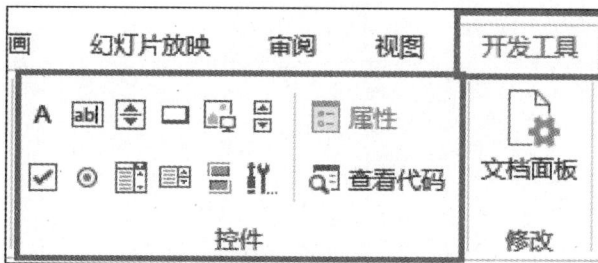

图 5 –74　开发工具

（3）点击其他控件图标"🎚️"，会出现其他控件的对话框，选择 Shockwave Flash Object。（图 5 - 75）

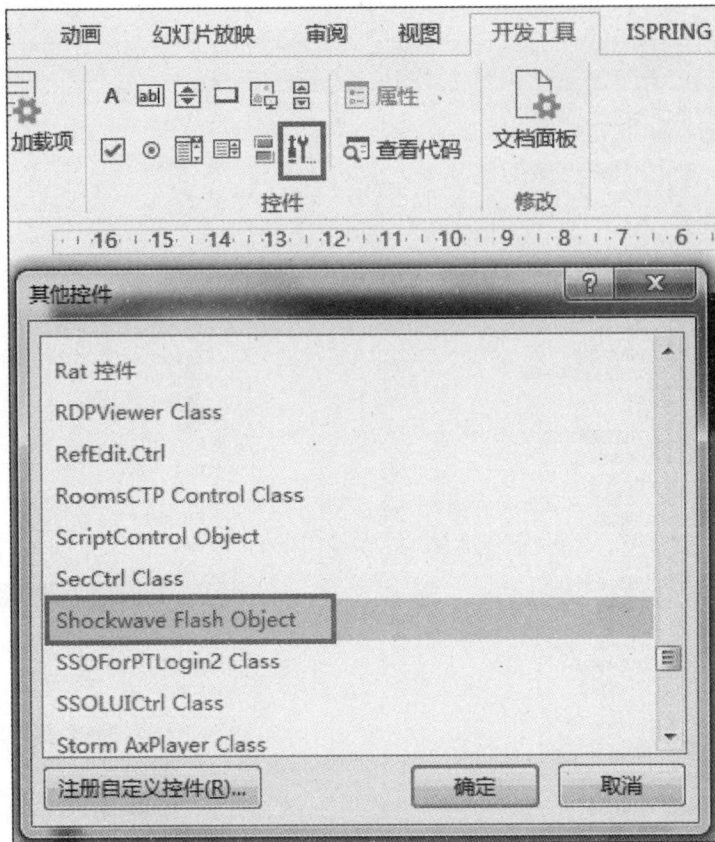

图 5 - 75　选择 Shockwave Flash Object

（4）在 PPT 上画出一个方框。（图 5 - 76）

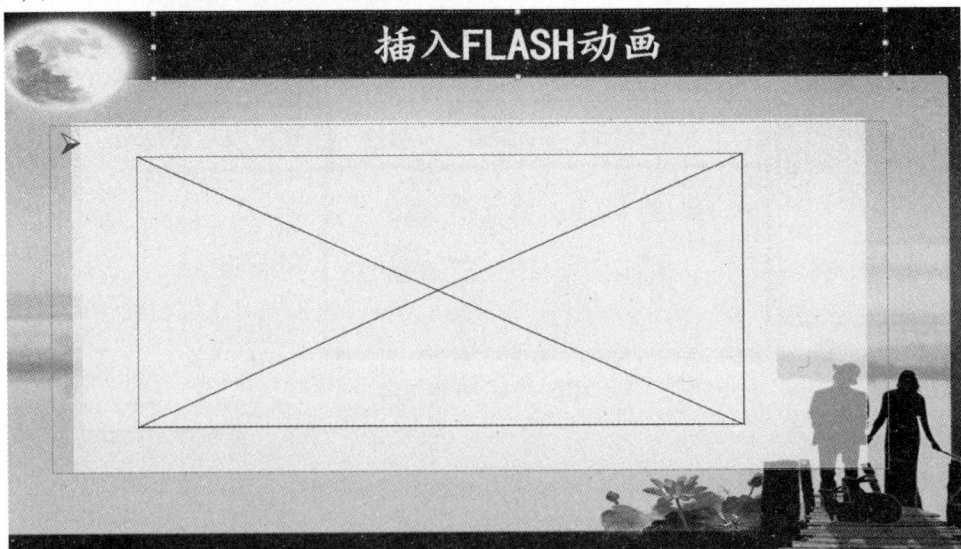

图 5 - 76　画方框

（5）点右键调出"属性表"，在属性窗口中，设置相关属性的参数。在"Movie"栏填写动画的路径，并在后面加上格式名".swf"，在"Playing"一栏改为"True"。（图5-77）

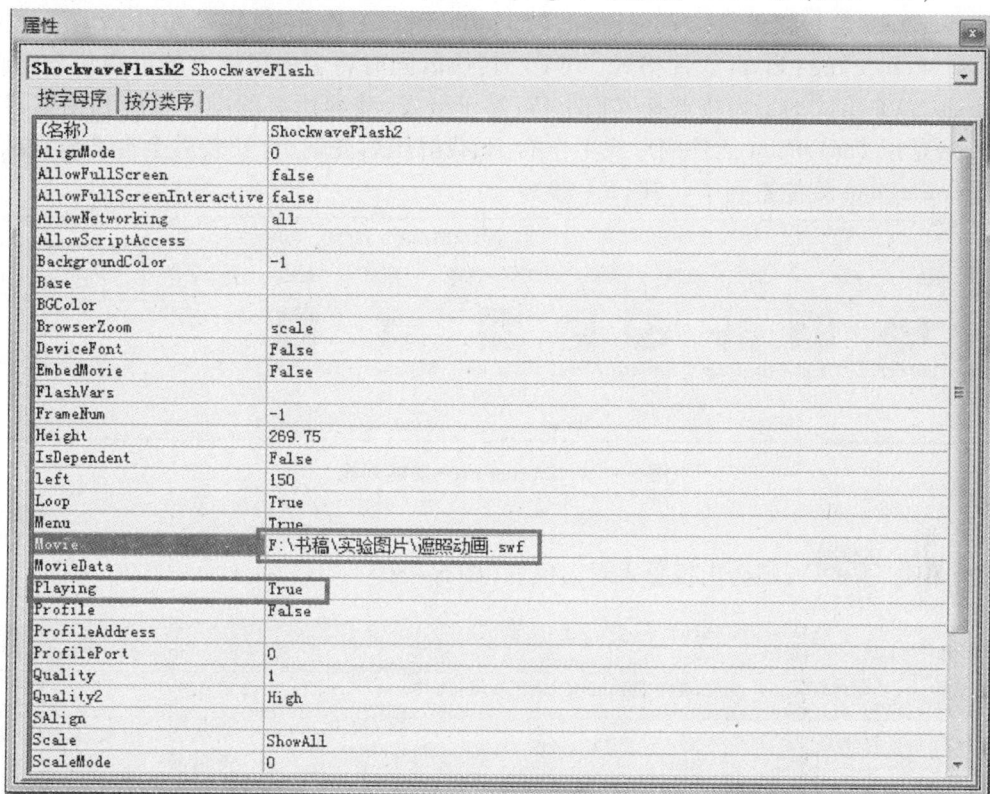

ShockwaveFlash2 ShockwaveFlash	
按字母序 | 按分类序	
(名称)	ShockwaveFlash2
AlignMode	0
AllowFullScreen	false
AllowFullScreenInteractive	false
AllowNetworking	all
AllowScriptAccess	
BackgroundColor	-1
Base	
BGColor	
BrowserZoom	scale
DeviceFont	False
EmbedMovie	False
FlashVars	
FrameNum	-1
Height	269.75
IsDependent	False
left	150
Loop	True
Menu	True
Movie	F:\书稿\实验图片\遮照动画.swf
MovieData	
Playing	True
Profile	False
ProfileAddress	
ProfilePort	0
Quality	1
Quality2	High
SAlign	
Scale	ShowAll
ScaleMode	0

图5-77　设置参数

（6）得到如图5-78所示效果图。

图5-78　效果图

2. 应用 iSpring Free 插入

（1）安装 iSpring Free

iSpring Free 是一款免费的 PowerPoint 转 Flash/SWF 工具，可以轻松地将 PPT 演示文档转换为对 Web 友好的 Flash 影片格式（SWF），转换的同时将会保留原有的可视化与动画效果。Flash/SWF 格式的最大特点是体积小巧、易于分发，兼容所有的操作系统和浏览器，iSpring Free 是以 PowerPoint 插件的形式工作的，下载解压后先运行，安装后会自动添加插件，再打开 PowerPoint 就能看到了。（图 5 - 79）

图 5 - 79　iSpring Free 功能列表

（2）单击""，则会出现导入对话框。（图 5 - 80）

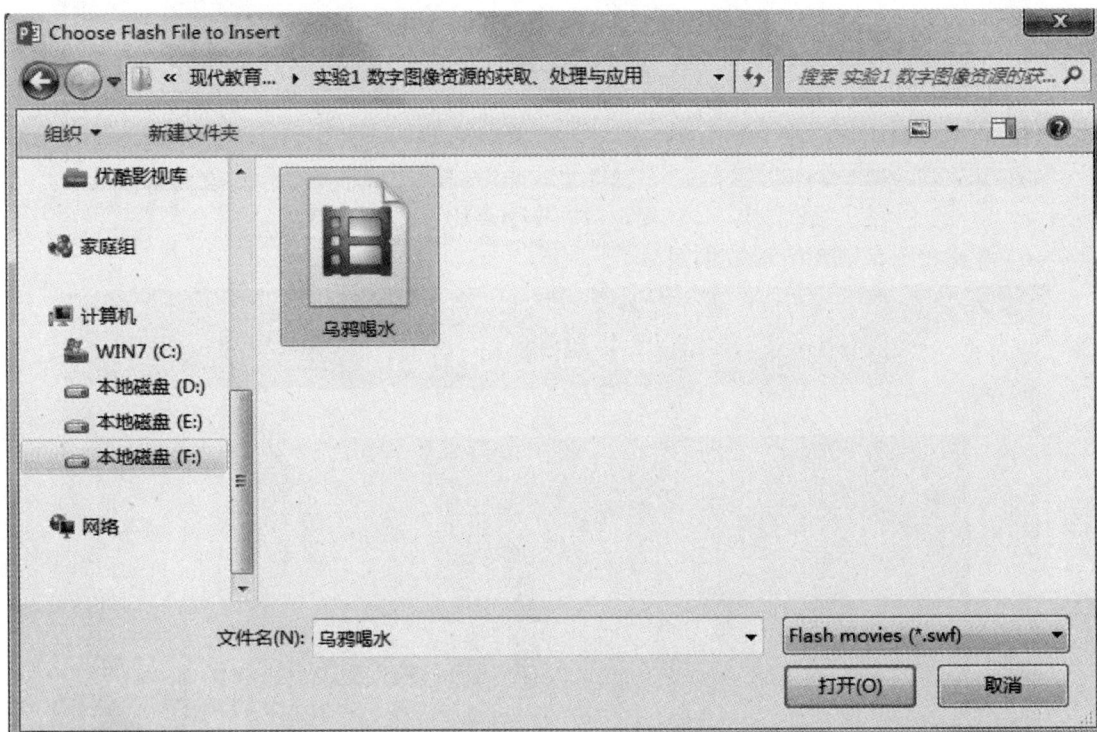

图 5 - 80　导入文件

（3）选中文件点击"打开"后会出现"插入 Flash 动画"的界面（图 5 – 81），然后点击"OK"，Flash 文件即导入到 PPT 之中了（图 5 – 82）。

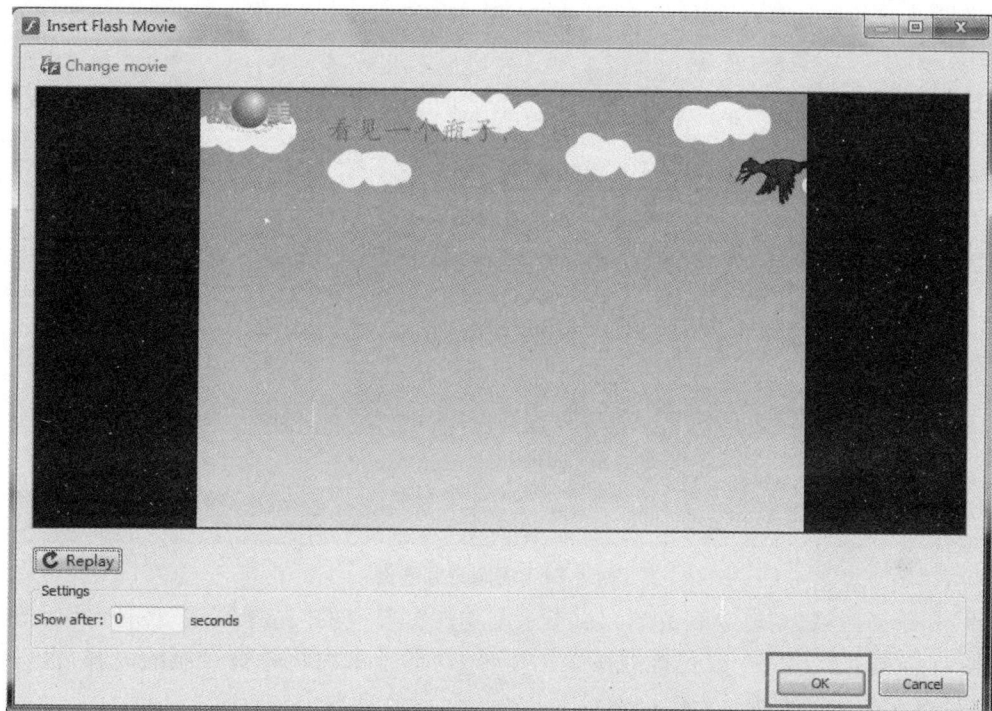

图 5 – 81　插入动画

图 5 – 82　插入到 PPT

5.2.7　屏幕录制

（1）打开 PowerPoint，创建一个空白演示文稿，点击"插入"选项卡，在选项卡最右侧的

"媒体"组里,有一个"屏幕录制"的按钮。(图5-83)

图5-83　选择屏幕录制

(2)点击"屏幕录制"按钮,PowerPoint主窗口暂时消失,屏幕上方弹出录制功能窗口。(图5-84)

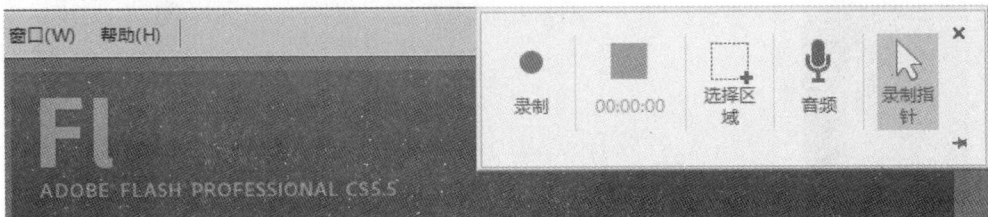

图5-84　屏幕录制界面

(3)先选择区域,划定录制范围。点击录制功能窗口上的"选择区域"按钮,然后按住鼠标左键,在屏幕上画出一个红色虚线围成的矩形,矩形范围内将是被录制的内容,也可以选择整个屏幕作为录制范围。(图5-85)

图5-85　选择区域

（4）开始录制。点击录制功能窗口的"录制"按钮（最左侧的小红点），电脑屏幕上弹出红色的倒计时窗口，并有停止录制的快捷组合键提示。（图5-86）

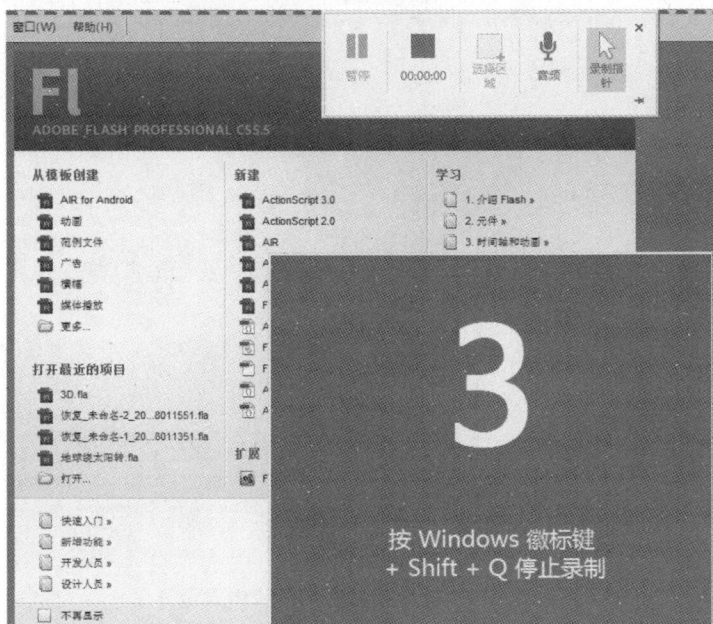

图5-86　录制倒计时

（5）待倒计时结束后，开始操作软件。待软件操作结束，按下"Shift + Windows + Q"组合键，这时PowerPoint主窗口恢复，或者把鼠标移动到屏幕上方录制窗口的位置，这时会出现屏幕录制的对话框（图5-87），点击"暂停"，关闭对话框，刚才录制的屏幕视频会出现在幻灯片中，视频下方会有"播放""快进"等控制按钮。（图5-88）

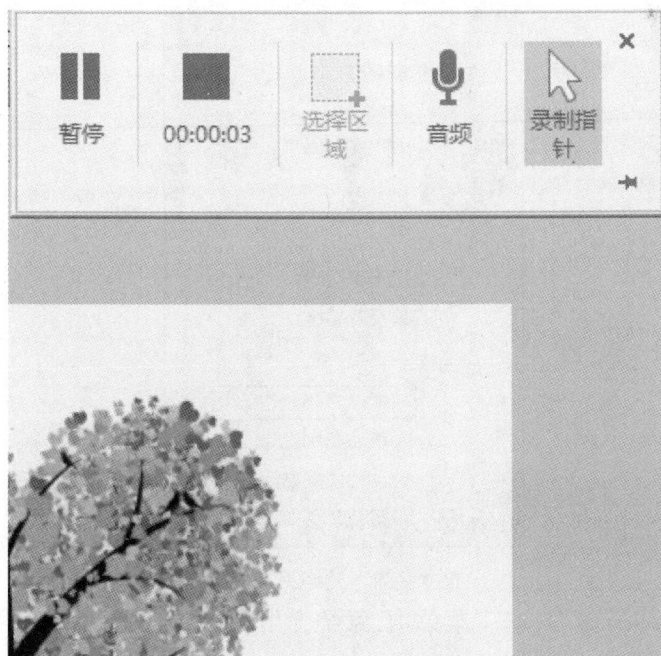

图5-87　屏幕录制对话框

图 5 - 88　屏幕视频在幻灯片中显示

　　(6)导出视频。视频既能在幻灯片内播放,也提供了视频保存功能。在视频上点击右键,弹出的右键菜单中会有"将媒体另存为"菜单项。(图 5 - 89)

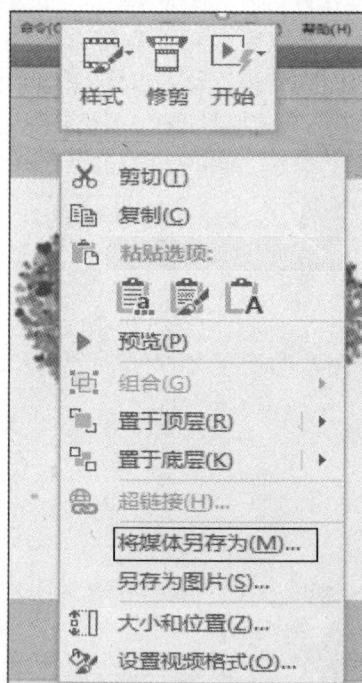

图 5 - 89　视频另存为

　　(7)点击"将媒体另存为……"菜单项,系统弹出"另存为"对话框,选择你的硬盘位置,命名保存,这时就会形成一个.mp4 的视频文件。

（8）对视频的修剪。如果你觉得视频太长了，则可以对视频进行剪裁。选择修剪图标
" 修剪 "（图5-89），这时会出现剪裁窗口（图5-90）。拉动左右两侧绿色与红色的滑块，
调整开始和结束的时间，点"确定"，剪裁就完成了。（图5-91）

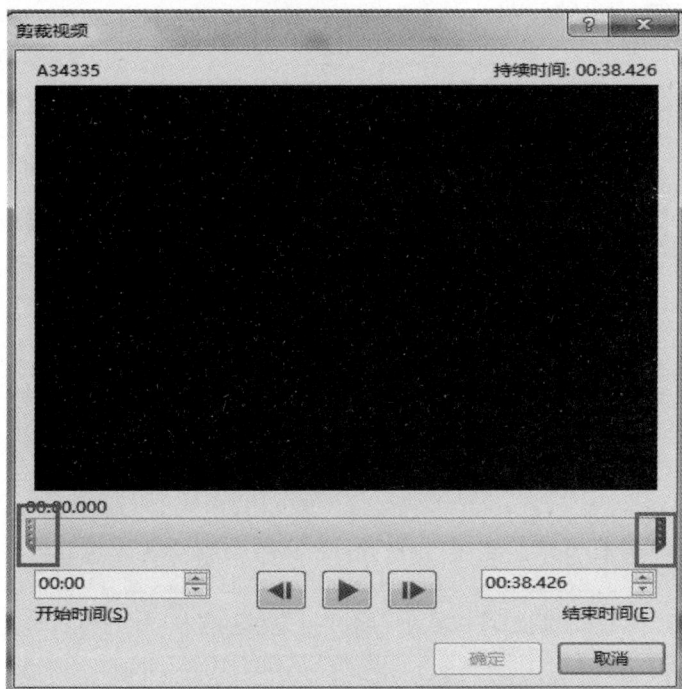

图5-90 剪裁窗口

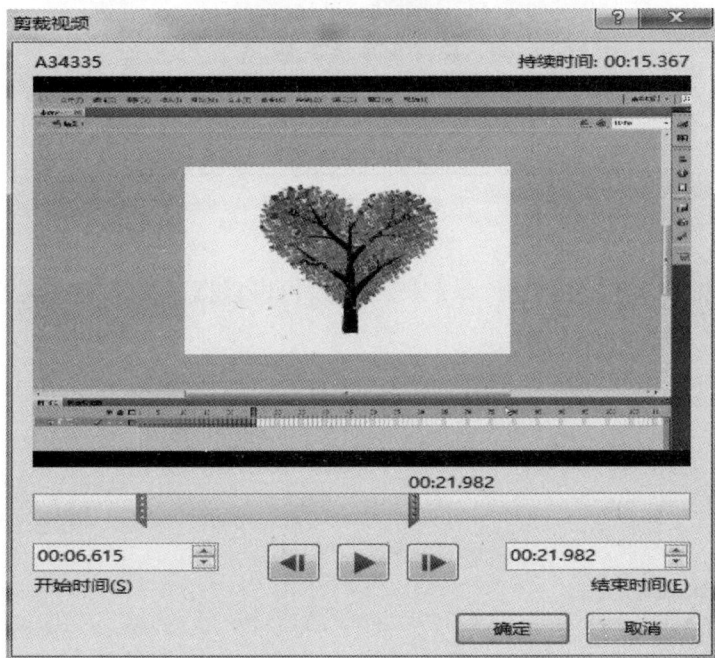

图5-91 剪裁视频

5.2.8 录制视频

我们可以把演示幻灯片的过程录制下来送给别人看,下面介绍如何录制幻灯片演示。

(1)在"幻灯片放映"选项卡,单击"录制幻灯片演示",然后选择录制方式,这里以选择"从头开始录制"为例。(图5-92)

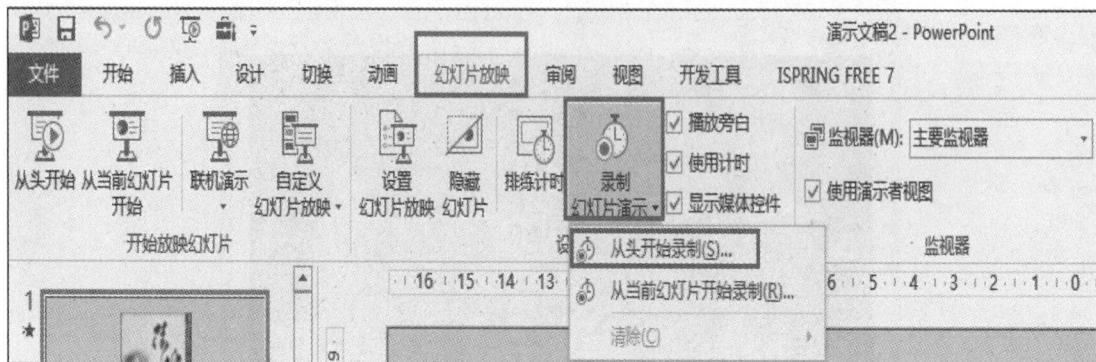

图5-92 选择录制幻灯片

(2)这时,会打开"录制幻灯片演示"对话框,有"幻灯片和动画计时"和"旁白、墨迹和激光笔"两个选项,可以根据需要来选择,然后单击"开始录制"。(图5-93)

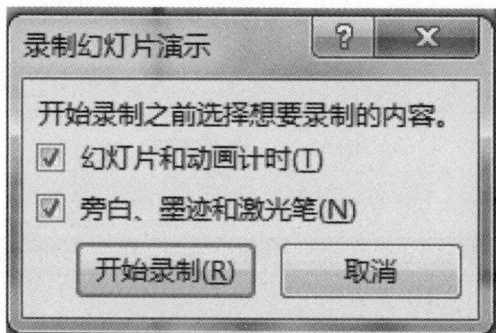

图5-93 开始录制

(3)进入录制状态,左上角会有"录制"工具栏,可以根据需要来使用该工具栏。(图5-94)

图5-94 录制

（4）录制完成后,幻灯片右下角有一个声音图标,声音为录制的旁白。(图 5 - 95)

图 5 - 95　录制的旁白

（5）录制完毕,可以将其创建为视频格式。单击"文件"/"另存为",选择存储位置,打开"另存为"对话框,文件类型选择视频格式,如 MP4 格式,最后单击"保存"来生成视频。

5.2.9　触发器的应用

PPT 触发器可以给我们的课件制作带来许多方便,而且还能让 PPT 课件变得更加有吸引力,更加有说服力,在课件中增加触发器效果,不仅可以作为亮点,同时也会让观看者更具新鲜感。例如,要把 PPT 上的字制作成掉落动画,但是,可以不根据制作动画的顺序,只要随意点击鼠标,这样点到的字就会掉落。(图 5 - 96)

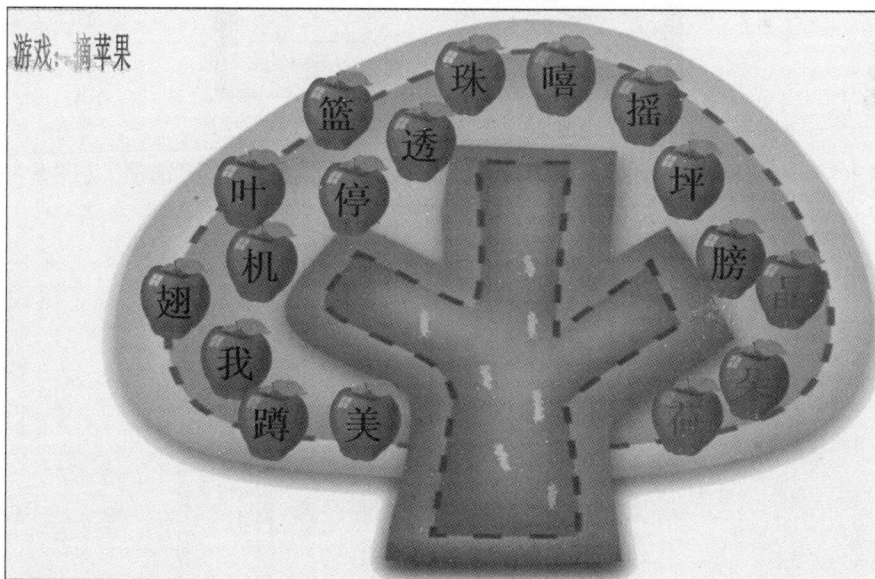

图 5 - 96　示例图

制作步骤如下:

(1)选择其中的一个字,如"珠"字,点击"添加动画"/"添加退出效果"/"下沉"。(图5-97)

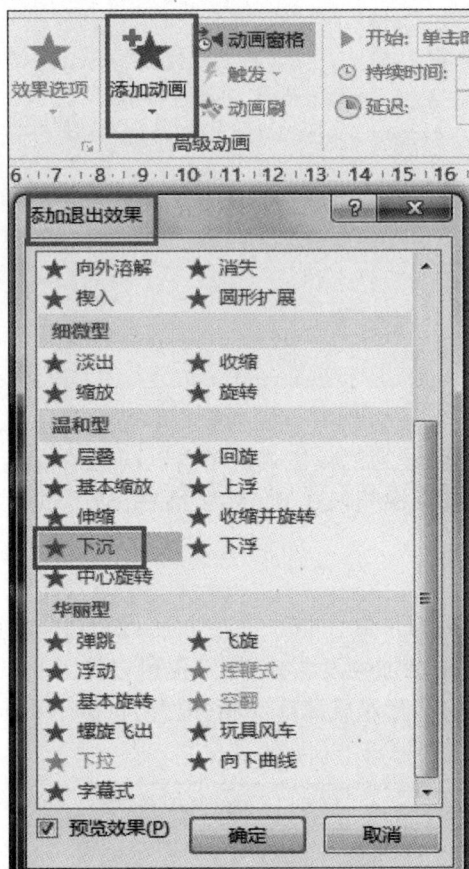

图5-97 添加退出动画

(2)调出"动画窗格",在动画窗格中点击下拉式菜单,选择"计时"选项。(图5-98)

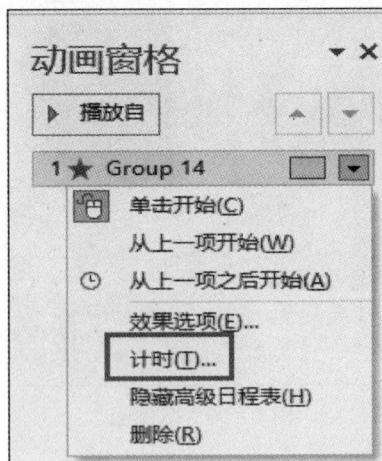

图5-98 选择计时

（3）进入计时界面,点击"触发器",会出现三个选项,选择"单击下列对象时启动效果",找到与设置动画一致的图形的名称,如这儿是 Group 14,那么就点击"单击下列对象时启动动画效果"后面方框的下拉式菜单,找到 Group 14,并选中它。

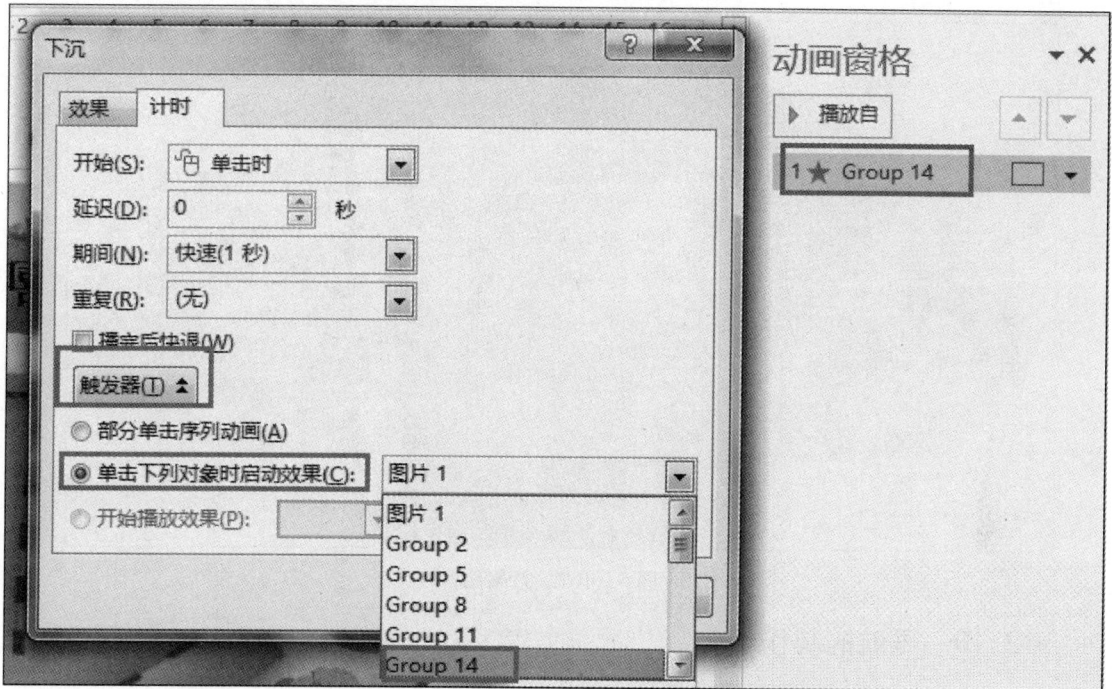

图 5 - 99　设置触发器

（4）选中后点确定(图 5 - 100)。

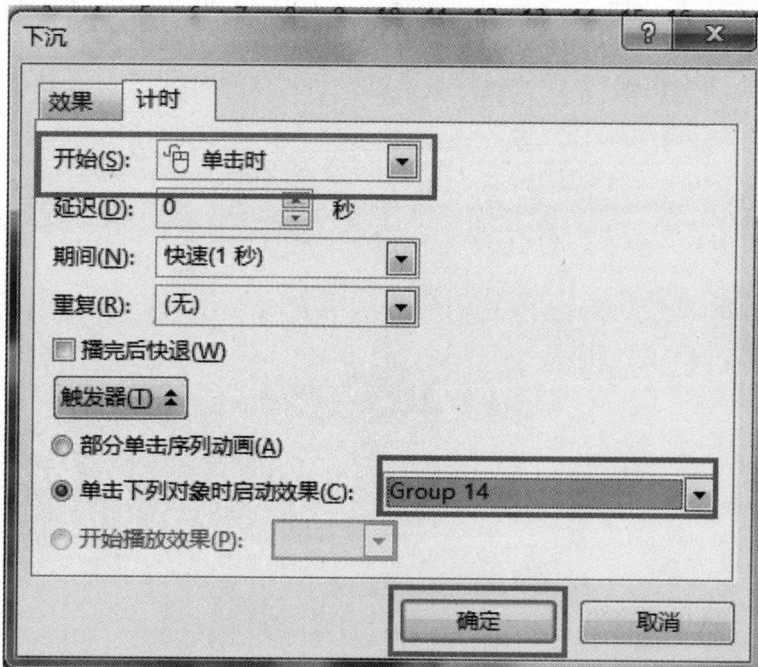

图 5 - 100　点击确定

（5）这样就完成了"珠"字的动画制作。制作完后，PPT 上"珠"字会出现一个像闪电一样的图标" 🗲 "。然后把其他字都做完，这样就完成了应用触发器控制各个字的播放顺序。（图5-101）

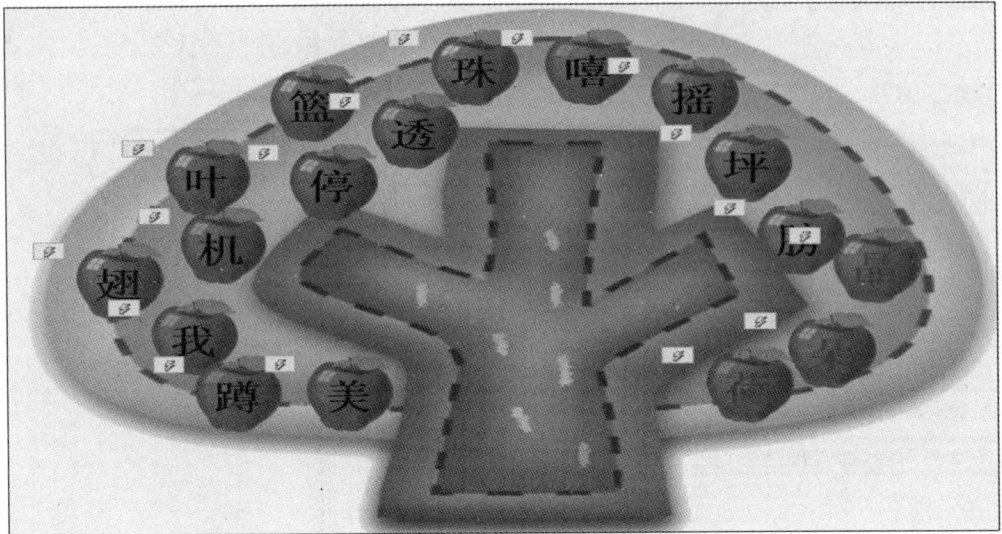

图 5-101　效果图

5.2.10　导航的制作

1.下拉式导航的制作

PPT 制作的演讲稿，由于内容比较多，又需要在几个页面之间跳转，通常情况下只需要添加按顺序跳转的功能按钮，这样就可以实现前后页依次跳转了。本书为大家介绍的是一种更美观的下拉式导航按钮，而且可以实现任意页面的跳转。如图 5-102 所示，鼠标点击"栏目导航"按钮，就会出现"教学目标""教学过程"和"教学内容"三个导航按钮。

图 5-102　下拉式导航

（1）建立母版

首先新建一个演示文档，点击"视图"/"幻灯片母版"进入到母版视图。然后点击"插入"选项卡，在这里可以按需要选择自己喜欢的按钮图标（该按钮会贯穿整个幻灯片播放过程），选择插入一个圆角矩形作为导航按钮，拖放到合适的位置，并在文本框中输入"栏目导航"。

（2）制作导航按钮

接着用同样的方式新建一个圆角矩形，并输入文本"教学目标"，按住"Ctrl"并拖动圆角矩形可复制得到第二个和第三个，修改文本框中的内容，复制的个数视需要而定，在这里以3个按钮为例，分别输入"教学过程"和"教学内容"，然后按住"Shift"键，点鼠标左键选中这三个圆角矩形，再点击鼠标右键，选择"组合"，将它们组合成一个整体。（图5－103）

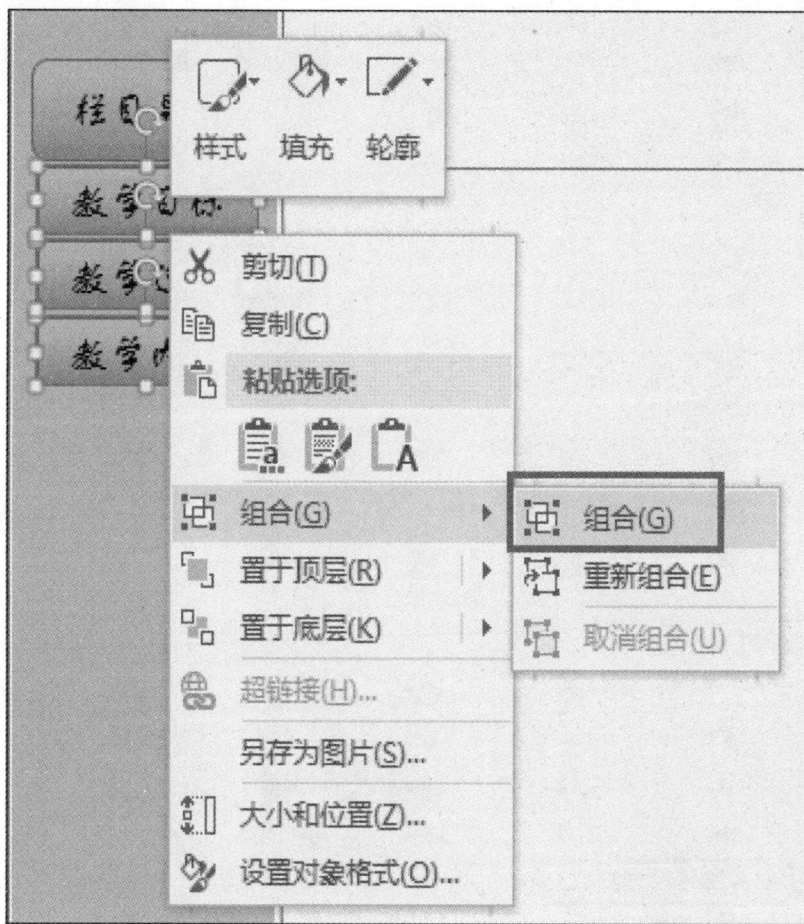

图5－103　组合图形

（3）设置切入自顶部滑下的效果

选择刚才组合好的图形，添加动画效果，点击"添加动画"/"更多进入效果"/"切入"。（图5-104、图5-105）

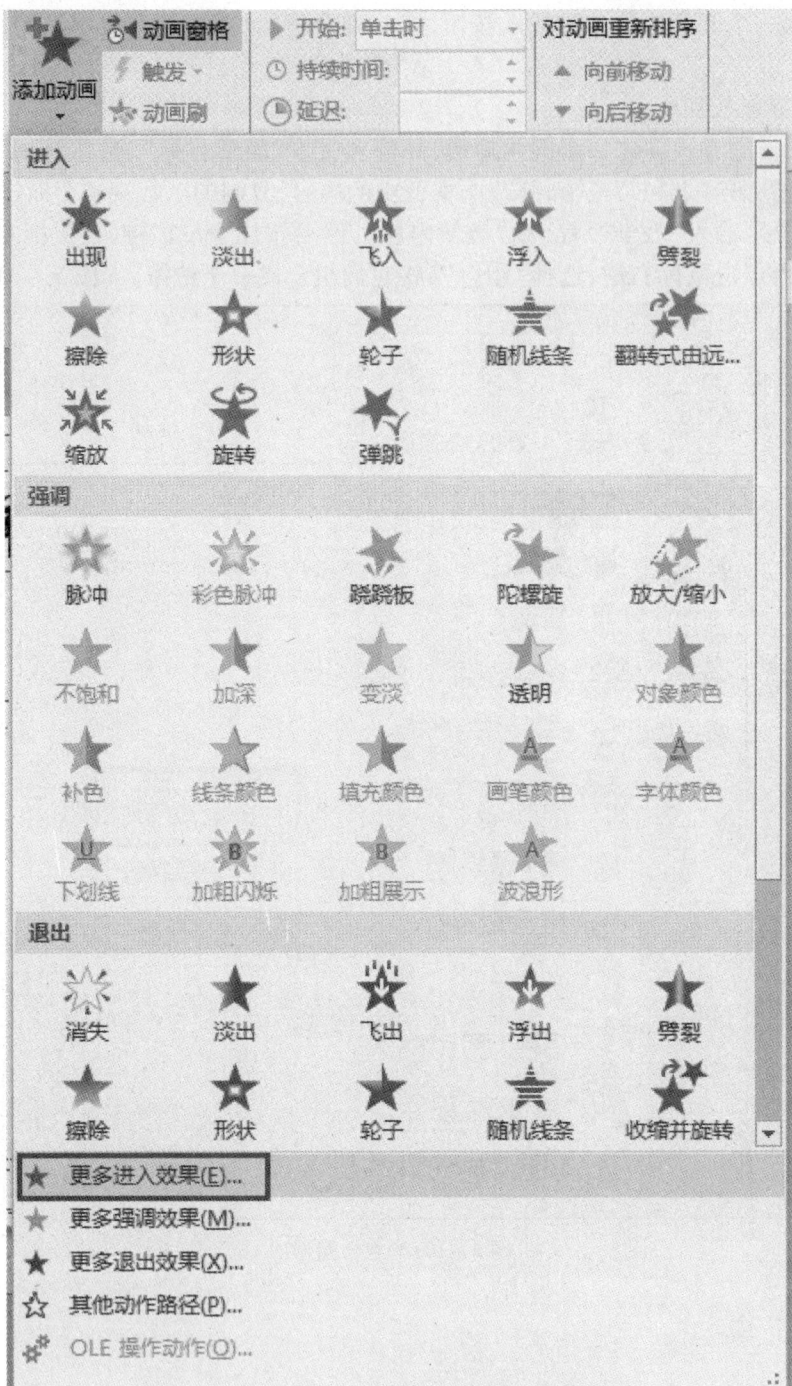

图5-104　选择更多进入效果

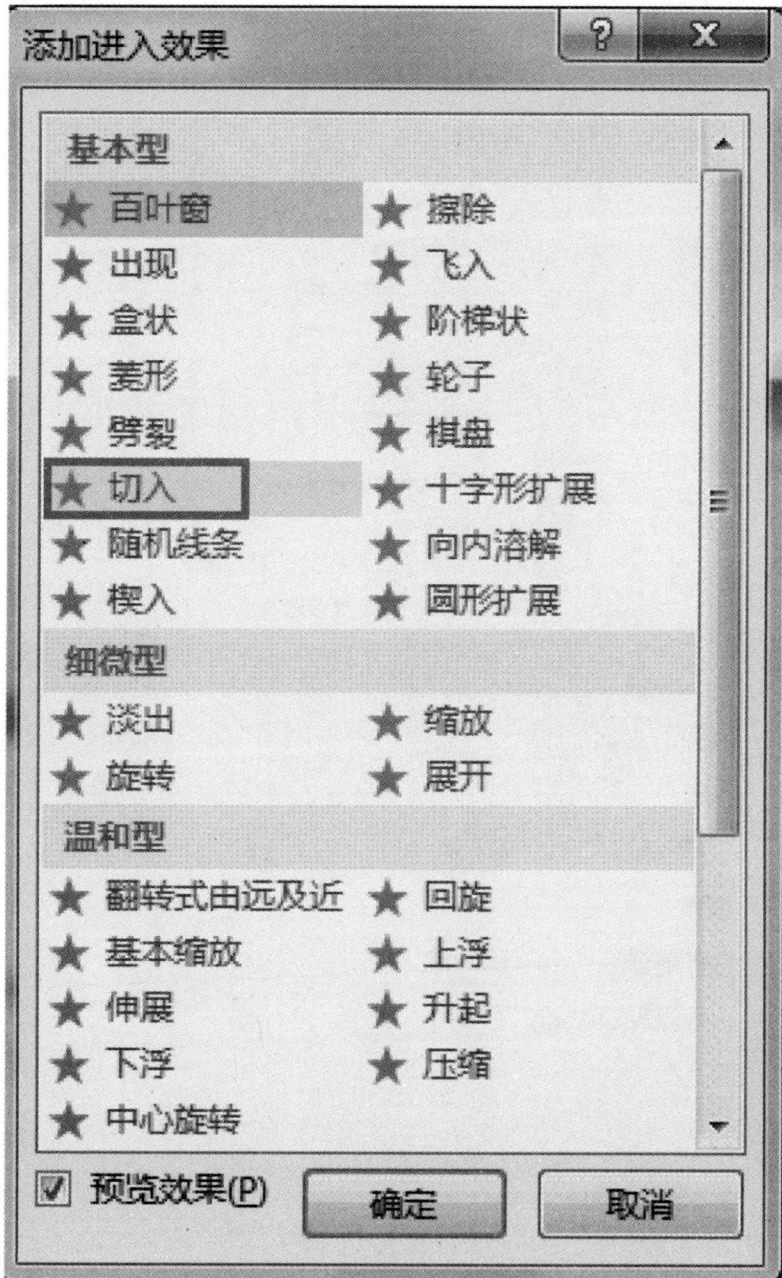

图 5 – 105　选中切入效果

　　然后,在右侧的"动画窗格"点击三角形图标"▼"调出下拉式菜单,选择"效果选项"(图5-106),在"切入"效果选项中把方向改为"自顶部",点击"确定"(图5-107)。

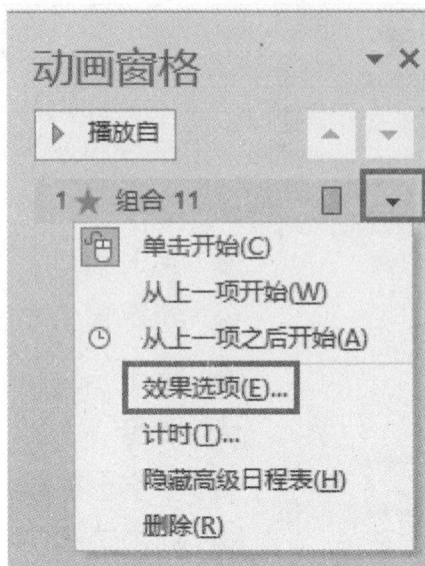

图5-106　调出效果选项

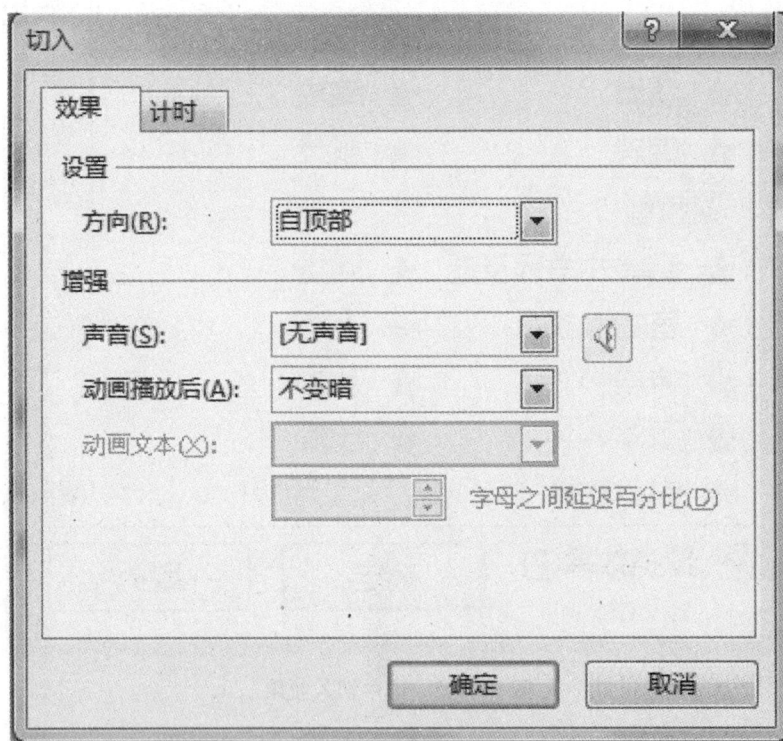

图5-107　设置切入方向

（4）设置切出自下部缩回的效果

选择刚才组合好的图形，添加动画效果。点击"添加动画"/"更多退出效果"/"切出"。（图5-108、图5-109）

图5-108 选择更多退出效果

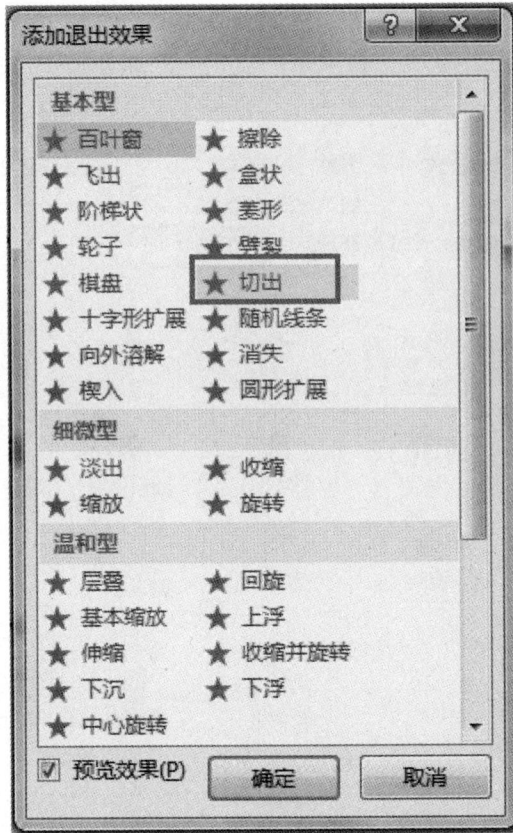

图 5 – 109　选中切出

　　然后,在右侧的"动画窗格"点击三角形图标"▼"调出下拉式菜单,选择"效果选项",在"切出"效果选项中把方向改为"到顶部"。(图 5 – 110)

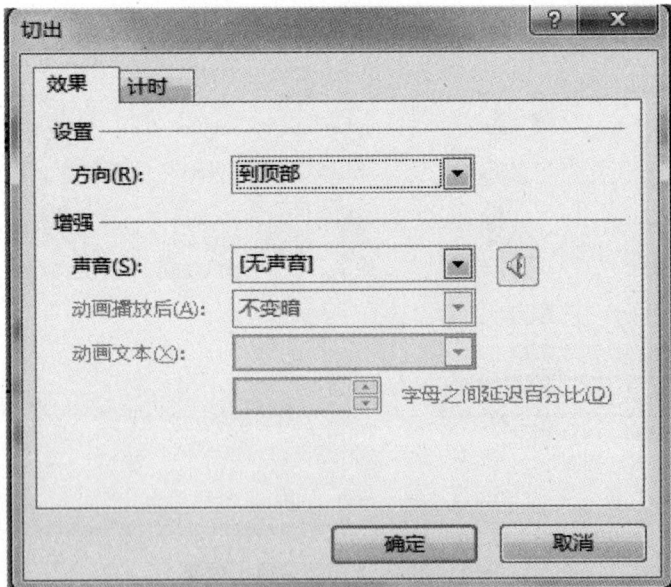

图 5 – 110　设置切出方向

（5）触发（即点击"栏目导航"会向下滑出那三个组合的按钮,再次点击,三个组合的按钮会向上消失）

调出"切入"效果选项,在"计时"栏点击"触发器"选中"单击下列对象时启动效果"中的"栏目导航"（图5－111）。然后再用同样的方法设置"切出"中的触发器选项（图5－112）。

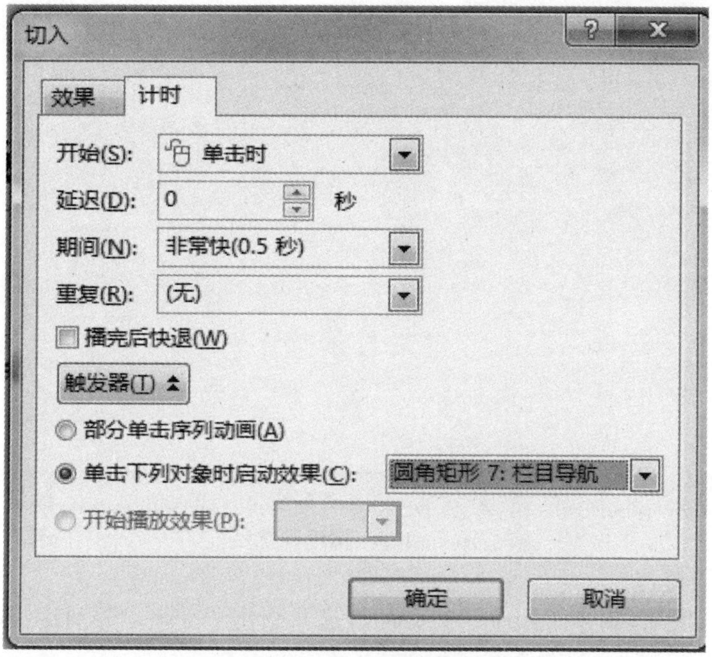

图5－111　切入的触发对象

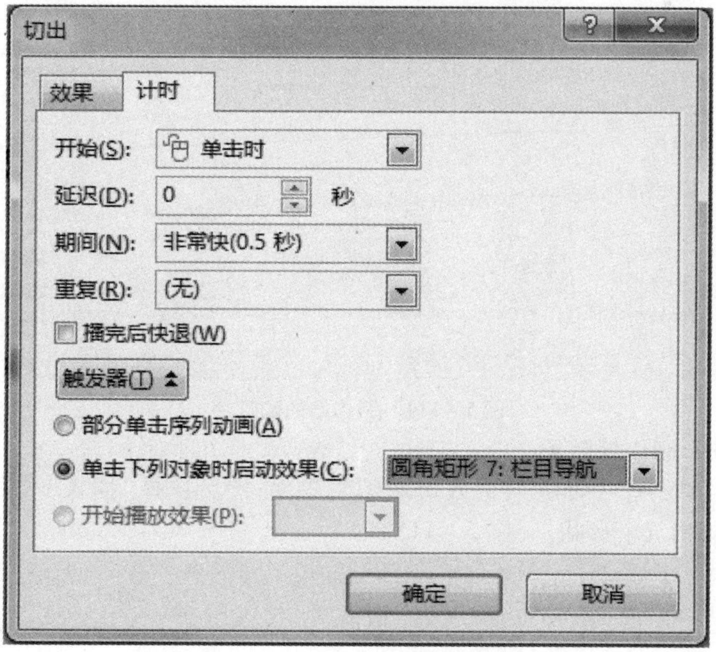

图5－112　切出的触发对象

（6）关闭幻灯片母版

关闭幻灯片母版，这样后面的每一张幻灯片都具有这个下拉式导航。

2. 排列导航栏（可横排或竖排）

制作横排或竖排导航栏，点击各个按钮，可导航到所链接的页面。（图 5 - 113）

图 5 - 113　横排导航栏

（1）制作好幻灯片

如图 5 - 114 所示，制作好相应的幻灯片。这儿制作了 6 张。分别是：

图 5 - 114　制作好的幻灯片

（2）进入母版，制作导航条

点击"视图"/"幻灯片母版"，进入母版编辑界面，然后选择"插入"/"形状"，选中所需图形，在页面上画出五个形状。（图 5 - 115）

图 5 - 115　导航栏

（3）链接到相应的幻灯片

右键点击相应的按钮，选择"超链接"，会出现"插入超链接"对话框，选择"本文档中的位置"找到相应的内容（图5-116）。用这种方法把其他几个图形也链接到相应的内容下。

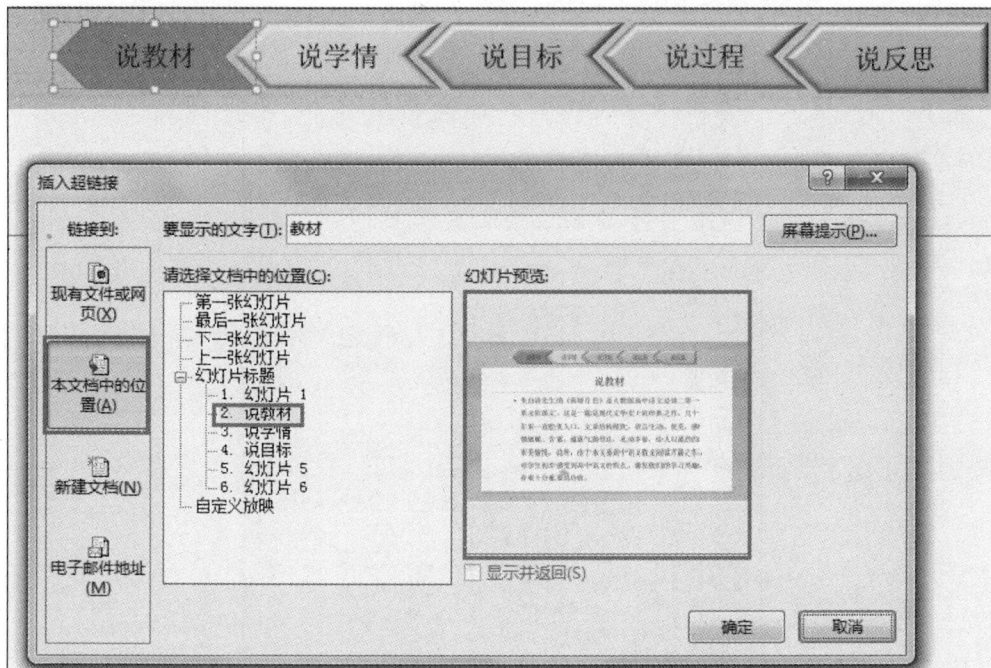

图5-116 链接到相应内容

（4）关闭幻灯片母版

点击"关闭幻灯片母版"，这时所有的页面都带上了导航栏。播放幻灯片时，点击某个按钮，则可进入相应的页面。（图5-117）

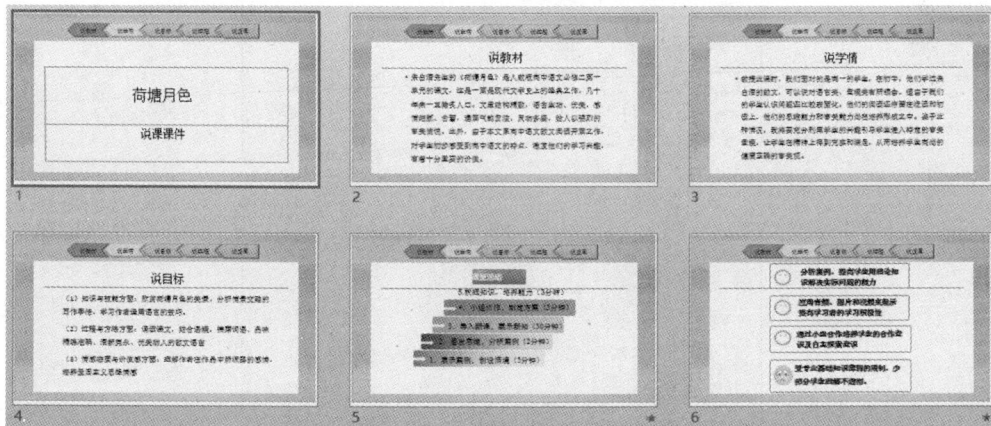

图5-117 所有页面带上导航栏

3. 应用动作按钮制作导航

除了上述两种方式外，还可以应用插入动画按钮的方式来实现导航。

第一步、第二步和上面的两种方式的步骤一致。这里主要阐述进入了母版界面后的制作方式。

（1）插入动作按钮

点击"插入"/"形状"/"动作按钮"（图5－118），动作按钮中有"上一页、下一页、声音、影片"等显示图标。

图5－118　动作按钮

选择相应的动作按钮,在屏幕上画出一个形状,然后会自动跳出"操作设置"。(图5－119)

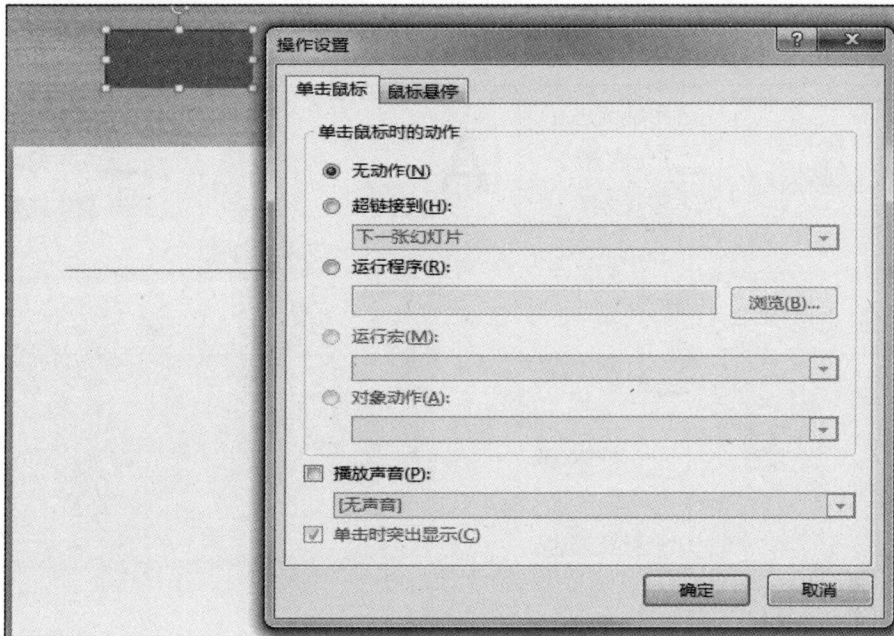

图5－119　动作按钮操作设置界面

(2)设置按钮超链接

进入设置界面后,点击"超链接到",然后在下拉式菜单中选择相应的幻灯片。(图5－120)

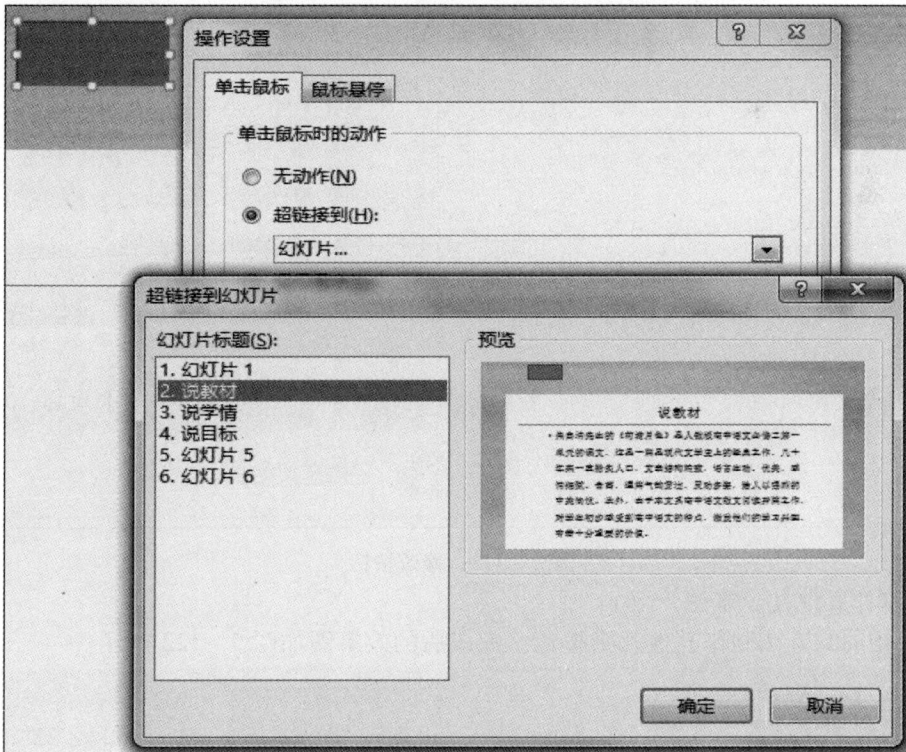

图5－120　链接到相应幻灯片

（3）对按钮进行修改

设置好超链接后,对按钮进行修改。在按钮上点击右键,输入文本,如"说教材",然后对按钮的颜色和样式进行改变。（图 5 – 121）

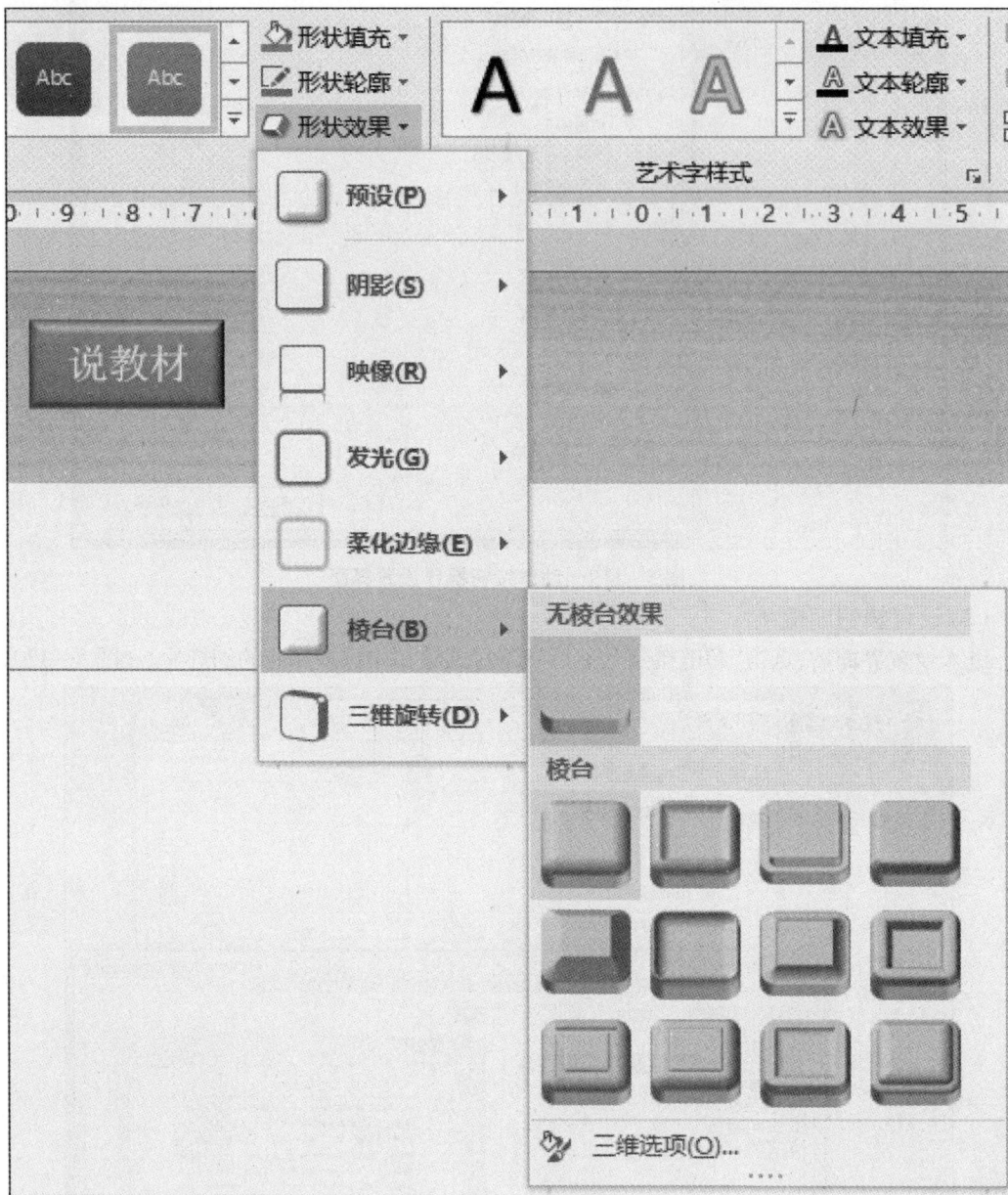

图 5 – 121　修改按钮

（4）制作其他几个按钮

应用相同的方法制作其他几个按钮。完成后的效果图如图 5 – 122 所示。

图 5 – 122　效果图

（5）关闭幻灯片母版

关闭幻灯片母版，这时每张幻灯片上就会出现导航条。

5.3 课件制作案例——《荷塘月色》

5.3.1 设计模板

新建 PPT 文档，在"菜单"/"视图"/"幻灯片母版"中选择设计好的模板。（图 5 – 123）

图 5 – 123 设计模板

5.3.2 制作导航

在母版上制作导航栏，包括教学目标、教学重点、教学内容、作品分析、视频欣赏及朗读欣赏。（图 5 – 124）

图 5 – 124 制作导航

画出按钮后,可进行排列,按住"Shift",选中所有的按钮,在开始菜单栏中,选择"排列"/"对齐"/"上下居中"与"横向分布"(图5-125),这样按钮就均匀分布了。

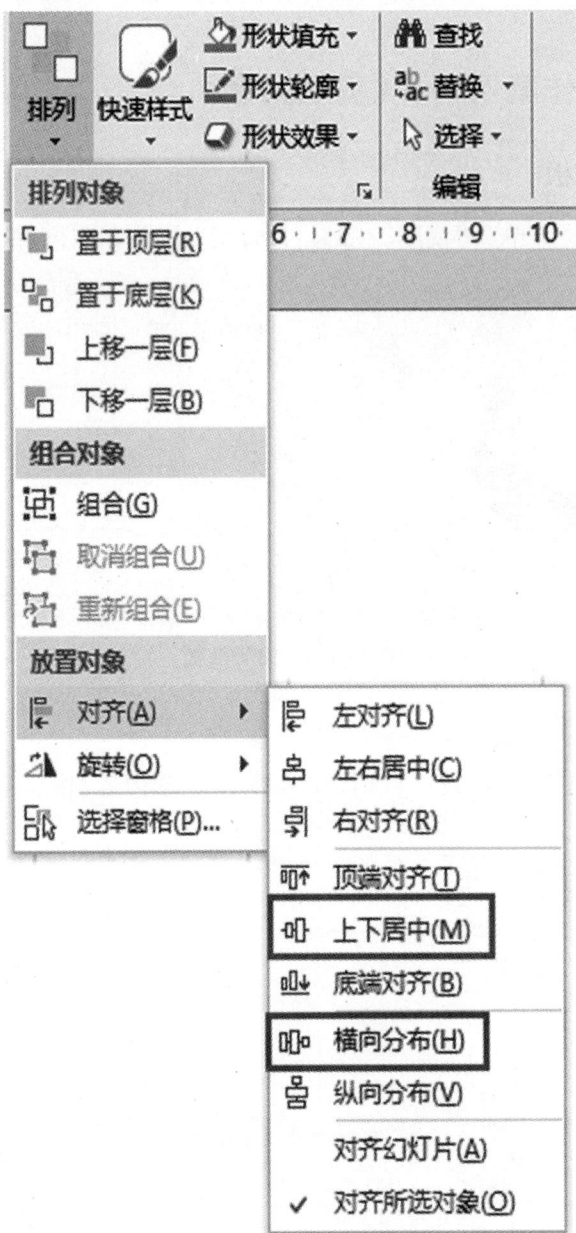

图5-125 排列按钮

5.3.3　制作内容

关闭幻灯片母版,进入编辑状态进行内容的编辑,制作相关的幻灯片。(图5-126)

图5-126　制作幻灯片

5.3.4　设置幻灯片切换方式

为了使幻灯片切换能有一定的效果,可以进行幻灯片切换方式的设置。点击菜单栏的"切换",则会出现各种切换方式,2013版PowerPoint有很多比较好的切换方式。(图5-127)

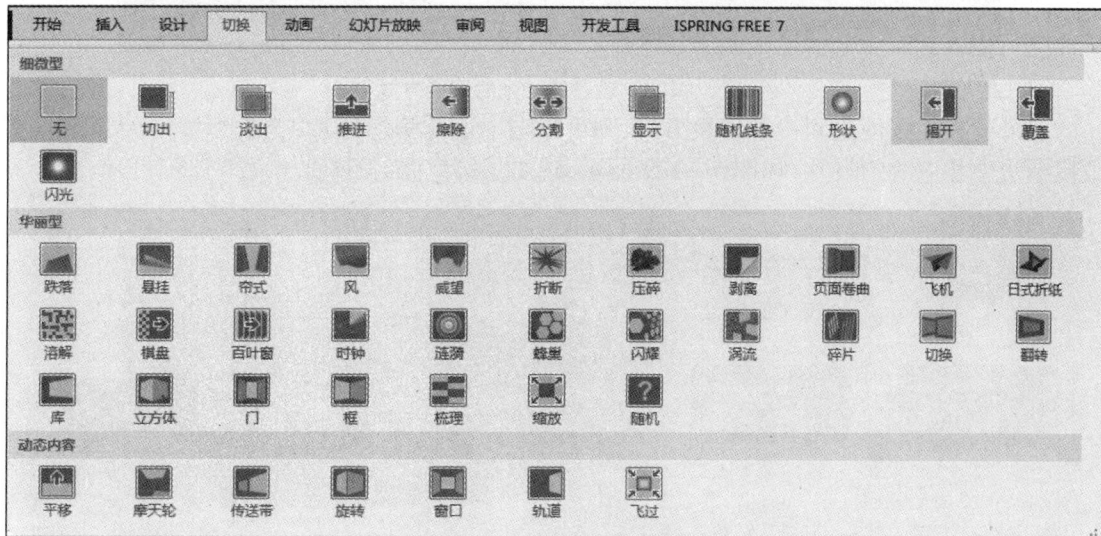

图5-127　切换方式

切换方式可以每一张幻灯片设置一种,也可以所有的幻灯片设置同一种切换方式。如果要每张幻灯片采用不同的切换方式,则为每张幻灯片选中一种切换方式即可。如

图5-128所示,第一张幻灯片采用的是"形状"切换特效,可以在菜单栏的右侧设置特效的播放音乐、持续时间。如果要全部应用同一种切换效果,则点击"全部应用"。

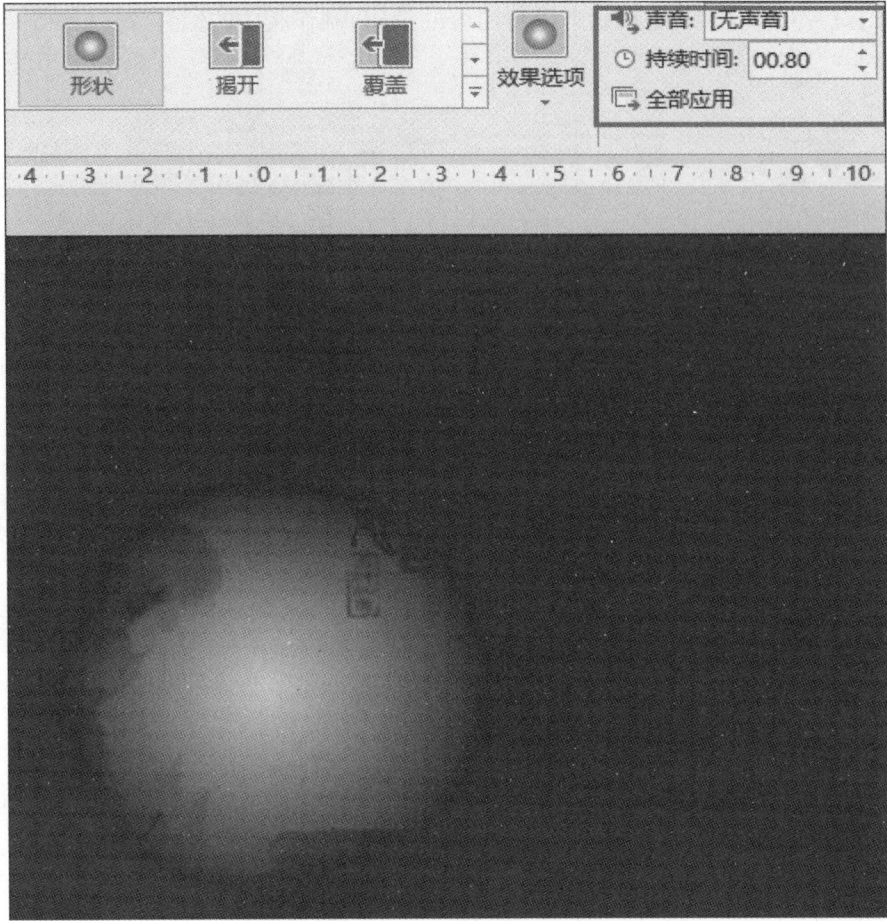

图5-128 设置第一张的切换方式

如果要某几张使用同一种切换方式,则可以选中那几张幻灯片,方法为按住"Alt"键,单击鼠标选中相应的幻灯片,如图5-129所示,选中了第2张、第4张和第6张幻灯片。

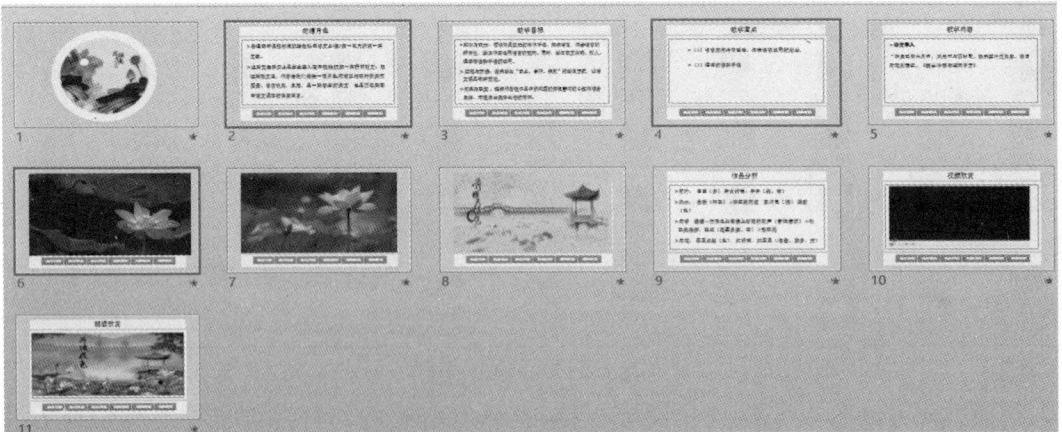

图5-129 选择幻灯片

然后再点击所要用的切换方式。(图5-130)

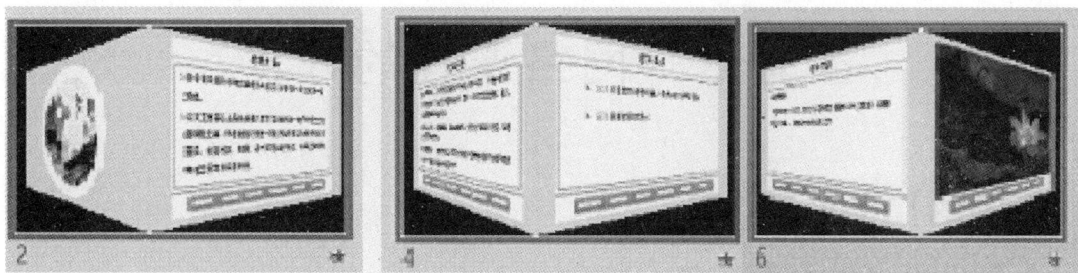

图5-130 效果图

5.3.5 建立导航与相关内容之间的链接

返回到母版视图界面,建立导航按钮与相关内容之间的链接。对每个导航按钮进行相关内容的链接后,关闭幻灯片母版,这样如果点击相应的导航按钮,就会出现相应内容的幻灯片。(图5-131)

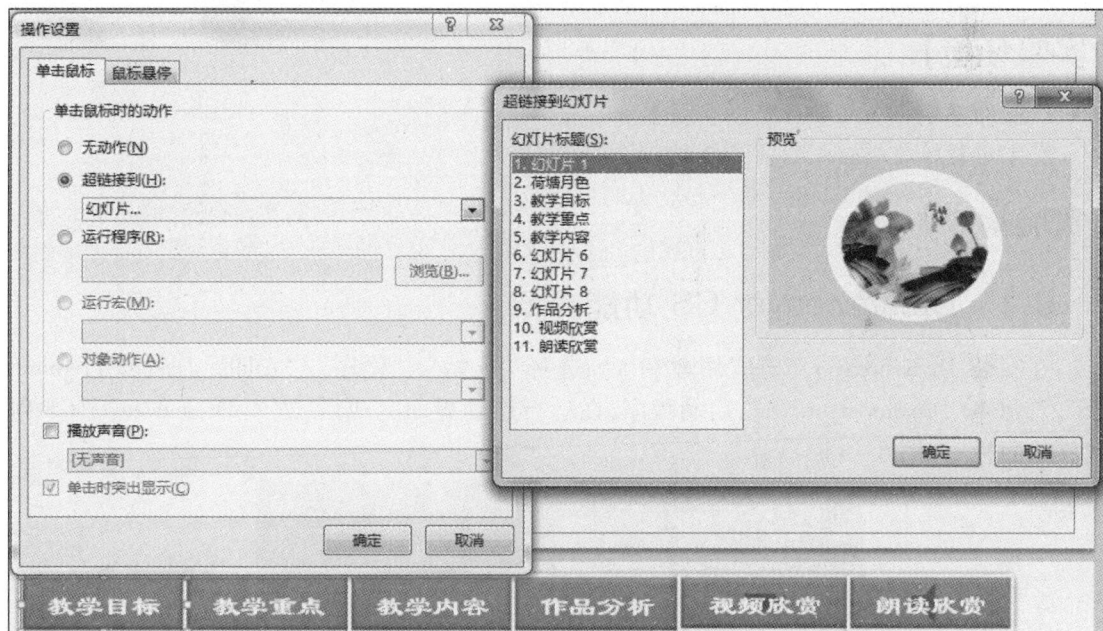

图5-131 建立导航与内容链接

实验六　网络课程的开发

【实验目的】

1. 熟悉 Dreamweaver CS3 软件。
2. 会用 Dreamweaver CS3 制作静态的网络课件。

【实验类型】

综合型实验

【实验任务】

制作网络课件。

【实验环境】

1. 操作系统:Windows XP 以上版本。
2. 工具软件:Dreamweaver CS3 软件。

【实验指导】

6.1　Dreamweaver CS 功能介绍

在安装 Dreamweaver CS 应用软件后,选择"开始"/"程序"/"Adobe Design Premium CS"/"Adobe Dreamweaver CS",启动程序,在运行启动界面完成后,进入 Dreamweaver CS 创建项目面板。(图 6 - 1)

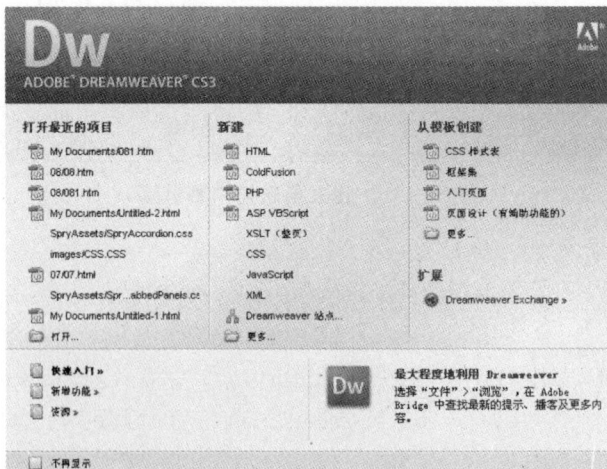

图 6 - 1　新建项目面板

新建项目面板主要包括"打开最近的项目""新建""从模板创建"和"扩展"4项,使用者可以在面板中单击项目按钮创建项目。

6.1.1　界面结构

Dreamweaver的工作界面如图6-2所示。

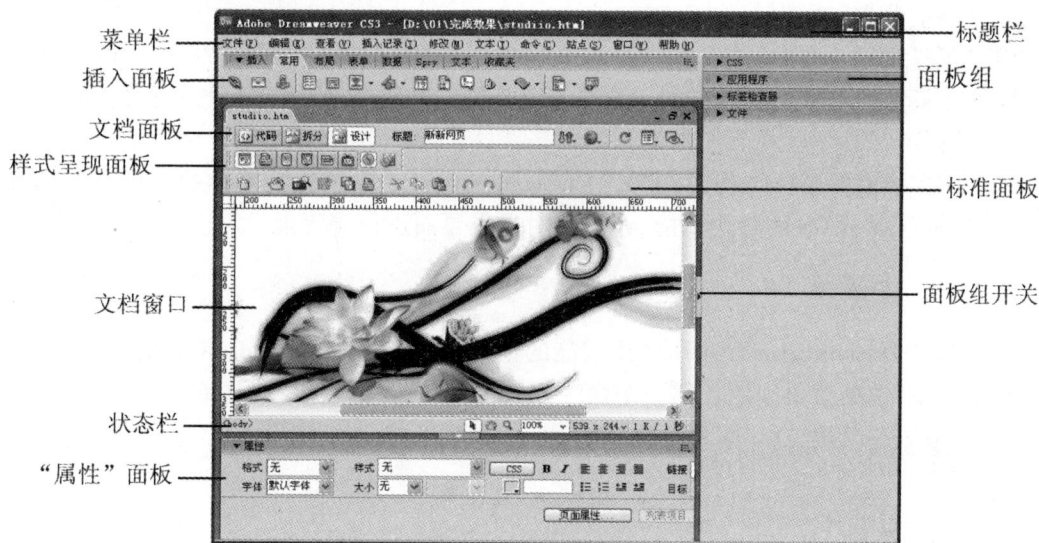

菜单栏　插入面板　文档面板　样式呈现面板　文档窗口　状态栏　"属性"面板　标题栏　面板组　标准面板　面板组开关

图6-2　界面结构

在操作界面状态中,常用的工具面板都显示在窗口中,分别如下。

(1)标题栏:显示当前编辑的文档标题和文件名。

(2)菜单栏:由Dreamweaver CS3的菜单命令构成,汇集各种功能菜单,设计和开发网站的所有命令,都可以在菜单中找到。

(3)插入面板:包含用于创建和插入对象(如表格、层和图像)的按钮。当鼠标指针移动到一个按钮上时,会出现一个工具提示,其中含有该按钮的名称。插入面板包含"常用""布局""表单""数据""Spry""文本""收藏夹"等面板。

(4)样式呈现面板:包含一些按钮,如果使用依赖于媒体的样式表,这些按钮使使用者能够查看设计在不同媒体类型中的呈现方式。它还包含一个允许启用或禁用CSS样式的按钮。

(5)文档面板:包含"代码""代码和设计""设计"等视图窗口按钮,是使用者选择编辑窗口的主要命令。

(6)文档窗口:为显示当前文档是设计网页的编辑窗口,当"文档"窗口在集成工作区布局(仅限Windows)中处于最大化状态时,没有标题栏;在这种情况下,页面标题以及文件的路径和文件名显示在主工作区窗口的标题栏中。

(7)面板组:是可以设置为浮动的面板,它包含"CSS""应用程序""标签检查器""文件""框架""历史记录"等面板,用户也可以根据自己的习惯重新指定其他面板。

(8)标准面板:包含"文件"和"编辑"菜单中一般操作的按钮:"新建""打开""保存""保存全部""剪切""复制""粘贴""撤销"和"重做"。可像使用等效的菜单命令一样使用这些按钮。

（9）面板组开关：是显示和隐藏面板组的按钮，隐藏面板组可以使文档窗口最大化地显示所有内容。

（10）状态栏：位于文档窗口的底部，是显示代码标签的主要位置，在状态栏中可以选择文档中的代码标记。右侧包含"选取工具""手形工具""缩放工具""设置缩放比率""窗口大小""下载时间"等功能。

（11）属性面板：可以检查和编辑当前选定页面元素（如文本和插入的对象）的最常用属性。属性面板中的内容根据选定的元素会有所不同。利用属性面板可以设置文档窗口内元素的属性。

了解操作界面的整体结构后，那么对 Dreamweaver CS 应该有了基本的认识。不过要全面熟悉 Dreamweaver CS 的各个功能，还需要对操作界面进行深入地学习。

6.1.2 主菜单

主菜单是 Dreamweaver CS3 所使用功能的集合体，网页制作中所应用到的所有功能，都包含在菜单中，选择菜单中的任何一个命令，都可以实现目标效果。（图6-3）

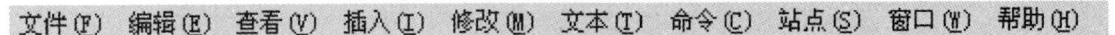

文件(F) 编辑(E) 查看(V) 插入(I) 修改(M) 文本(T) 命令(C) 站点(S) 窗口(W) 帮助(H)

图6-3 主菜单

1."文件"菜单

"文件"菜单包含使用网页文档的基本管理工作。如果对 Word 比较熟悉的使用者，对这个菜单就应该不陌生了，因为此菜单与 Word 中的"文件"菜单非常类似。

2."编辑"菜单

"编辑"菜单中的命令用于处理复制、恢复、重做等基本编辑操作，此外也可以编辑 HTML 代码或进行 Dreamweaver 的用户参数设置等。此菜单中的基本命令可以使用"标准面板"上的按钮来取代。

菜单中的"清除"命令与键盘上平常使用的"Delete"键功能相同；查找功能是几乎所有编辑软件都有的功能选项，但 Dreamweaver CS3 的查找功能大大增强，它可以在当前窗口中查找，或在某个文件夹或站点查找。

在制作网页时，菜单中的"首选参数"命令是一个非常有用的功能，它包括"常规""CSS样式""标记颜色"等选项设置。

3."查看"菜单

编辑网页时会需要许多的辅助工具，这些工具在最终输出的浏览器上不会出现，不过在编辑网页的过程中是不可缺少的，像网页的不同查看模式、隐含的元素、表格、图层或页框、边框等的显示与隐藏，这些都是查看菜单列表的内容。

4."插入"菜单

在制作网页的过程中，将网页中使用的对象插入到 Dreamweaver CS3 网页文档中，如：图像、表格、图层等，都可以使用"插入"菜单中的命令。

5."修改"菜单

对象通过"插入"菜单中的命令行为置入到网页中后，还需要经过一系列的修改才能够达到理想状态,而这些修改操作的命令都汇集在"修改"菜单中。

6."文本"菜单

"文本"菜单中的命令与 Word 软件中的格式工具非常类似,基本上是处理文本内容的字体、格式、颜色等样式。但 Dreamweaver CS3 中的"文本"菜单命令又有其独特的功能,如:字体的样式、代码的拼音检查等,都是对文本内容进行管理。

7."命令"菜单

"命令"菜单中的命令很适合用在处理一些需要重复执行的网页工作制作上,使用这些命令可以大幅度地提高工作效率,如:套用源格式、清理 HTML、清理 Word 生成的 HTML 等。

8."站点"菜单

站点是管理网站的基本条件,也是统一调配网页的基本模式,因此,在使用 Dreamweaver CS3 制作网页之前,最好是建立一个站点。"站点"菜单中的命令,可以非常方便、快捷地建立一个本地站点和远程站点,而且利用站点实现 FTP 上传本地站点文件到远程服务器上。

9."窗口"菜单

"窗口"菜单中的命令负责控制面板的显示和隐藏,每个面板均对应一个功能键,在开启多个网页的情况下,方便用户快速地在不同网页文件间切换。

使用"窗口"菜单中的命令,对控制面板的操作,掌握各控制面板和编辑器的使用及如何灵活地切换,有助于提高工作效率,充分发挥 Dreamweaver CS3 的强大功能。

10."帮助"菜单

Dreamweaver 具有一系列的在线辅助教学,遇到任何问题时,都可以从"帮助"菜单中提供的操作解释获得答案,除了帮助中提供的内容外,也可以从 Adobe 公司或介绍 Dreamweaver 的相关网站中获得帮助。

6.1.3　工具栏

工具栏是常用工具面板上功能性按钮的集合载体,在熟悉工具栏上的功能性按钮之后,可以快速地单击按钮实现网页制作。工具栏包括:插入、呈现样式、文档、标准等面板,它主要显示在文档窗口的上部,但也可以脱离整体浮动在界面中的任何一个地方。(图 6-4)

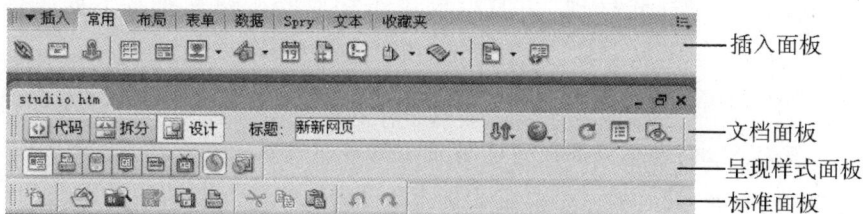

图 6-4　工具栏面板

1.插入栏

"插入"栏包含用于创建和插入对象(如表格、层和图像)的按钮。当鼠标指针移动到一个按钮上时,会出现一个工具提示,其中含有该按钮的名称。根据功能的特点,这些按钮分别被组织到几个类别面板中,要打开这些类别面板,可以单击"插入"栏左侧的"▼"按钮来切换它们,当启动 Dreamweaver 时,系统会打开上次使用的类别。插入栏包括:常用面板、布局面板、表单面板、文本面板、HTML 面板、应用程序面板、Flash 元素面板、收藏夹面板等。

（图6－5）在面板选项菜单中，选择"显示为制表符"是将插入栏以制表符的形式显示出来。（图6－6）

图6－5　列表式形式显示插入栏

图6－6　制表符形式显示插入栏

在插入栏的各个面板中，不同的按钮具有不同的功能，单击该按钮，可以将所对应的网页元素插入到网页文档中。

2. 呈现样式面板

"样式呈现"工具栏（默认情况下隐藏）包含一些按钮，如果使用依赖于媒体的样式表，这些按钮使使用者能够查看设计在不同媒体类型中的呈现方式。它还包含一个允许使用者启用或禁用 CSS 样式的按钮。要显示该工具栏，可以选择"查看"/"工具栏"/"样式呈现"命令。"样式呈现"工具栏上的按钮如图6－7所示。

图6－7　"样式呈现"工具栏

"样式呈现"工具栏只有在文档使用依赖于媒体的样式表时才有用。例如：样式表为打印媒体类型时，指定某种正文规则；而为手持型媒体类型时，则指定另一种正文规则。

默认情况下，Dreamweaver 会显示屏幕媒体类型的设计（该类型显示页面在计算机屏幕上的呈现方式）。可以在"样式呈现"工具栏中单击相应的按钮来查看下列媒体类型的呈现。

呈现屏幕媒体类型：显示页面在计算机屏幕上的显示方式。

呈现打印媒体类型：显示页面在打印纸张上的显示方式。

呈现手持型媒体类型：显示页面在手持设备（如手机或 BlackBerry 设备）上的显示方式。

呈现投影媒体类型：显示页面在投影设备上的显示方式。

呈现 TTY 媒体类型：显示页面在电传打字机上的显示方式。

呈现 TV 媒体类型：显示页面在电视屏幕上的显示方式。

切换 CSS 样式的显示：允许启用或禁用 CSS 样式。此按钮可独立于其他媒体按钮之外工作。

设计时样式表 ：设计时间样式表使使用者在处理 Dreamweaver 文档时可以显示或隐藏 CSS 样式表所应用的设计。

3. 文档面板

"文档"面板中包含一些比较常用的文档按钮，这些按钮使使用者可以在文档的不同视图间快速切换："代码"视图、"设计"视图，同时显示"代码"和"设计"视图的"拆分"视图。工具栏中还包含一些与查看文档、在本地和远程站点间传输文档有关的常用命令和选项。（图 6 - 8）

图 6 - 8　"文档"面板

在"文档"面板中，不同的功能有不同的使用环境，下面对各个功能按钮进行说明。

显示代码视图：表示仅在"文档"窗口中显示"代码"的窗口。

显示代码视图和设计视图：表示在"文档"窗口的一部分中显示"代码"视图，而在另一部分中显示"设计"视图。当选择了这种组合视图时，"视图选项"菜单中的"在顶部查看设计视图"选项变为可用。请使用该选项指定在"文档"窗口的顶部显示哪种视图。

显示设计视图：表示仅在"文档"窗口中显示"设计"视图。

标题：允许使用者为文档输入一个标题，将显示在浏览器的标题栏中。如果文档已经有了一个标题，则该标题将显示在该区域中。

文件管理：表示显示"文件管理"弹出菜单。

在浏览器中预览/调试：表示允许使用者在浏览器中预览或调试文档。从弹出菜单中选择一个浏览器。

刷新设计视图：表示当使用者在"代码"视图中进行更改后刷新文档的"设计"视图。在执行某些操作（如保存文件或单击该按钮）之前，您在"代码"视图中所做的更改不会自动显示在"设计"视图中。

视图选项：表示允许使用者为"代码"视图和"设计"视图设置选项，其中包括对哪个视图显示在上面进行选择。该菜单中的选项用于当前视图："设计"视图、"代码"视图或两者。

可视化助理：表示允许使用者使用不同的可视化助理来设计页面。

验证标记：表示允许使用者验证当前文档或选定的标签。

没有浏览器/检查错误：表示使用者可以检查跨浏览器兼容性。

4. 标准工具面板

"标准"工具面板中包含"文件"和"编辑"菜单中一般操作的按钮："新建""打开""在 Bridge 中浏览""保存""保存全部""打印代码""剪切""复制""粘贴""撤销"和"重做"。可像使用等效的菜单命令一样使用这些按钮。（图 6 - 9）

图 6 - 9　"标准"工具面板

标准工具面板上的按钮是一些基本常用工具，它们的作用与其他办公软件上的常用工具基本相同。

新建:新建一个网页文档。

打开:打开已经保存的网页文档。

在 Bridge 中浏览:表示让电脑使用界面在 Bridge 中显示。

保存:保存当前编辑文档。

全部保存:保存 Dreamweaver 中打开的所有网页文档。

打印代码:打印当前网页代码。

剪切:剪切被选中的文字或图像内容。

复制:复制被选中的内容到剪切板中。

粘贴:将复制或剪切的内容粘贴到光标所处的位置中。

撤销:撤销前一步的操作。

重做:重新恢复撤销的操作。

6.1.4 常用面板

在 Dreamweaver CS3 中,除了上面介绍的工具面板之外,还有一些比较常用的工具面板,如:属性面板、CSS 面板、应用程序面板、标签检查器面板、文件面板、框架面板等。除了属性面板外,其他面板都是显示在 Dreamweaver 界面的右侧,它们统称为面板组。常用面板在界面中可以自由拖动,为了方便,可以将这些面板拖动到界面中的任何一个地方,因此,常用面板也可以称为浮动面板。

1.“属性”面板

“属性”面板是页面编辑中最常用的一个面板,它主要用于设置页面元素的属性,如文字大小、图像编辑、表格大小等。“属性”面板的结构如图 6-10 所示。

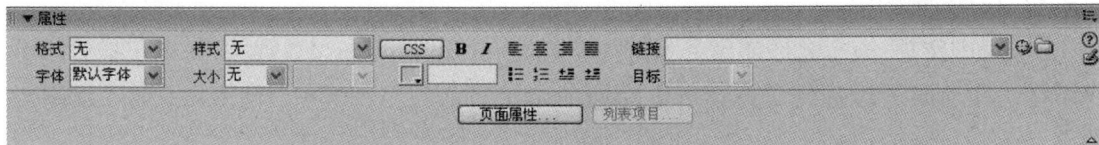

图 6-10 “属性”面板

在制作网页的过程中,选中不同的网页元素,“属性”面板中的属性参数显示都不完全相同。使用者如果要设置某一个网页元素的属性,只要选中元素,“属性”面板就会显示相对应的面板属性,如图像“属性”面板显示的形式如图 6-11 所示。

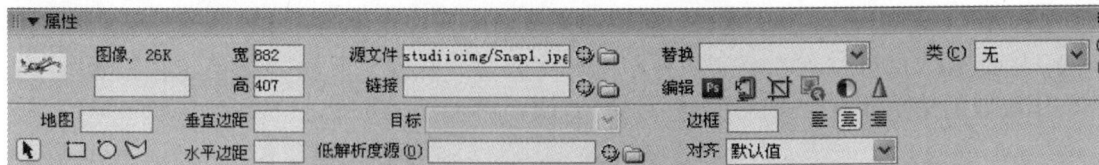

图 6-11 图像“属性”面板

2. CSS 面板

CSS 面板包括 CSS 样式面板(图 6－12)和 AP 元素面板(图 6－13)。使用者在使用 CSS 面板时可以查看、创建、编辑和删除 CSS 样式,并且可以将外部样式表附加到文档。

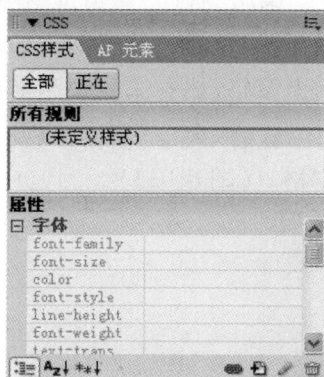

图 6－12　样式面板

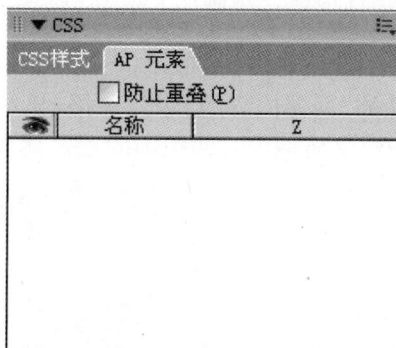

图 6－13　层面板

使用"CSS 样式"面板可以跟踪影响当前所选页面元素("当前"模式)的 CSS 规则和属性,或影响整个文档的规则和属性("所有"模式)。使用"CSS 样式"面板顶部的切换按钮可以在两种模式之间切换。使用"CSS 样式"面板还可以在"所有"和"当前"模式下修改 CSS 属性。

下面对 CSS 样式面板上的功能进行说明,至于 AP 元素面板,将在后面结合实例再进行介绍。

面板上的各个功能按钮分别表示如下。

打开和隐藏面板▼:单击按钮可以打开和隐藏 CSS 面板。

面板菜单☰:单击下三角按钮,可以打开 CSS 样式菜单,选择中的命令可以对 CSS 样式进行创建、复制、修改、删除等行为(图 6－14)。

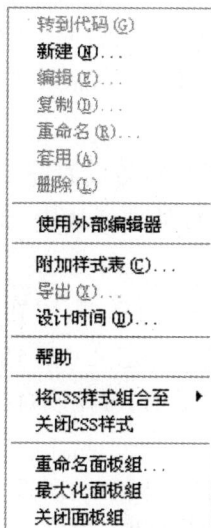

图 6－14　CSS 样式菜单

切换到所有模式 全部 ：显示所有的 CSS 样式模式。"CSS 样式"面板显示两个窗格："所有规则"窗格（顶部）和"属性"窗格（底部）。"所有规则"窗格显示当前文档中定义的规则以及附加到当前文档的样式表中定义的所有规则的列表。使用"属性"窗格可以编辑"所有规则"窗格中任何所选规则的 CSS 属性。

切换到当前选择模式 正在 ："CSS 样式"面板显示三个窗格：显示文档中当前所选内容的 CSS 属性的"所选内容的摘要"窗格，显示所选属性的位置的"关于"窗格，以及允许使用者编辑用于定义所选内容的规则的 CSS 属性的"属性"窗格。（图 6－15）

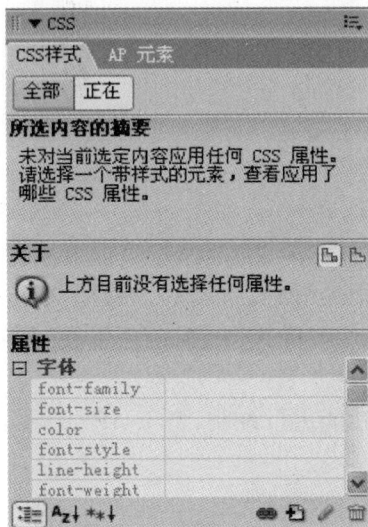

图 6－15　当前选择模式

显示类别视图 ：将 Dreamweaver 支持的 CSS 属性划分为 8 个类别：字体、背景、区块、边框、方框、列表、定位和扩展。每个类别的属性都包含在一个列表中，使用者可以单击类别名称旁边的加号（＋）按钮展开或折叠它。"设置属性"（蓝色）将出现在列表顶部。

显示列表视图 ：按字母顺序显示 Dreamweaver 所支持的所有 CSS 属性。"设置属性"（蓝色）将出现在列表顶部。

显示设置属性视图 ：仅显示那些已设置的属性。"设置属性"视图为默认视图。

附加样式表 ：单击按钮打开"链接外部样式表"对话框，选择要链接到或导入到当前文档中的外部样式表。

新建 CSS 规则 ：单击按钮打开一个对话框，可在其中选择要创建的样式类型（例如，要创建类样式、重新定义 HTML 标签或是要定义 CSS 选择器）。

编辑样式 ：单击按钮打开一个对话框，可在该对话框中编辑当前文档或外部样式表中的样式。

删除 CSS 规则 ：删除"CSS 样式"面板中的所选规则或属性，并从应用该规则的所有元素中删除格式（不过，它不删除对该样式的引用）。

3."应用程序"面板

"应用程序"面板主要针对的是动态网页的制作和开发，此面板上的按钮菜单命令与插入面板上的"应用程序"面板按钮功能基本相同,"应用程序"面板如图6－16所示。

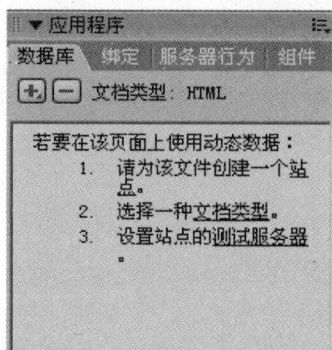

图6－16　应用程序面板

应用程序面板分为4个选项,每个选项都有不同的使用方式。

数据库:定义数据源,创建数据库连接。在建立数据库连接后,数据库文本框中显示数据源的名称和数据库的数据表。

绑定:将文档中的内容与数据库中的字段绑定。

服务器行为:是指在服务器端运行的代码程序,如果使用者是一位精通Macromedia ColdFusion、ASP.NET、JavaScript、VBScript、PHP或Java的开发人员,则可以编写自己的服务器行为。

组件:用于创建和检查组件以及将组件代码插入到网页中。

在应用"应用程序"面板上的功能时,首先要建立站点和设置本地服务器,但要介绍应用程序面板上的功能,得结合实例才能明了地解释清楚,因此,关于应用程序将在后面的实例中详细介绍。

4.标签检查器面板

使用者可以使用标签检查器在属性表[它类似于在其他集成开发环境(IDE)中提供的那些属性表]中编辑标签和对象。

使用标签检查器和属性检查器都可以查看和编辑标签的属性。使用选择检查器可以查看和编辑与给定标签相关的所有属性。属性检查器只显示最常用的属性,但提供更丰富的控件组用于更改那些属性的值,并允许使用者编辑不对应于特定标签的某些对象(如表格列)。

在标签属性面板上,有两个主要功能按钮:显示类别视图和显示列表视图。

显示类别视图 📊:单击按钮打开类别属性面板,可以查看按类别组织的属性。(图6－17)

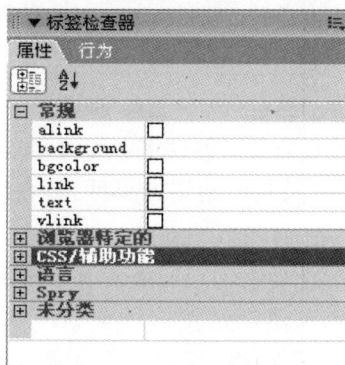

图6－17　显示类别视图

255

显示列表视图 ：单击按钮打开列表属性面板,可以按字母排序的列表中查看属性。
(图 6 – 18)

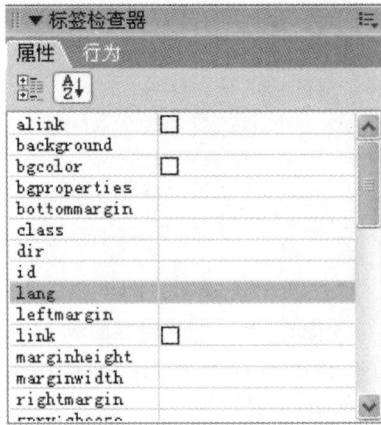

图 6 – 18　显示列表视图

5. 框架面板

框架能够将一个浏览器窗口划分为多个区域,而且每个区域显示不同 HTML 文档。常见的框架结构是,一个框架显示包含导航控件的文档,而另一个框架显示含有内容的文档。

框架集是 HTML 文件,它定义一组框架的布局和属性,包括框架的数目、框架的大小和位置以及在每个框架中初始显示页面的 URL。框架集文件本身不包含要在浏览器中显示的 HTML 内容,但 noframes 部分除外;框架集文件只是向浏览器提供应如何显示一组框架以及在这些框架中应显示哪些文档的有关信息。

"框架"面板用于查看创建的框架及框架集的结构,并在"框架"面板框中选择子框架(图 6 – 19)。但要在"框架"面板中查看框架必须先创建框架网页,否则,"框架"面板将是一个空白的面板。

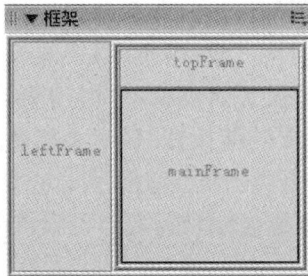

图.6 – 19　"框架"面板

"框架"面板上显示的框架结构是根据创建的框架集决定的,每个显示的框架只是显示它的位置和名称。至于具体设置框架及框架集的属性,将在后面的章节中具体介绍。

6. 文件面板

文件面板也称站点面板,使用者能够通过它查看文件和文件夹,并能够执行标准文件维护操作,如打开和移动文件。如果在建立站点的目录中,建立远程连接,还可以利用文件面板上的功能按钮管理本地站点和远程站点,实现 FTP 所拥有的上传和下载文件行为。

打开文件面板可以选择"窗口"/"文件"命令,或者单击"F8"键,使用鼠标左键单击面板左上角的▋按钮,持续按住,可以将面板从面板组中拖出来成为一个独立的面板(其他面板类同)。单击"文件"面板上的▼文件按钮,可以隐藏和显示文件面板上的列表框,展开列表框可以看到站点中的所有内容。(图6－20)

　　文件面板包含了管理站点文件的基本功能:访问站点、服务器和本地驱动器,查看文件和文件夹,在"文件"面板中管理文件和文件夹,使用站点的视觉地图。

　　面板组中的各类面板,除了以上介绍的几个面板外,还有"历史面板""时间轴面板""结果面板"等,但比较常用的还是上面介绍的几个面板,因此,初学网页制作者最好先掌握以上几个面板,以便快速掌握网页制作的整个过程。至于在这里没有介绍的几个面板,因为在网页制作过程中不是经常用到,再加上篇幅有限,这里就不再介绍,有兴趣的读者,可以参考"帮助"菜单来了解它们的作用。

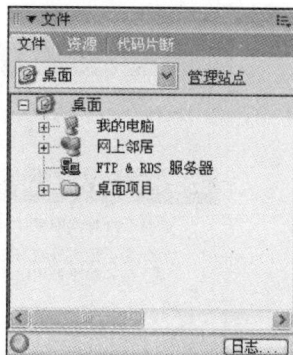

图6－20　"文件"面板

6.2　制作案例

6.2.1　新建站点

1. 打开 Dreamweaver CS3(后面简称为 DW)中文版后,选择"站点"/"新建站点"菜单,弹出新建站点框,给站点起一个英文名字:course。(图6－21)

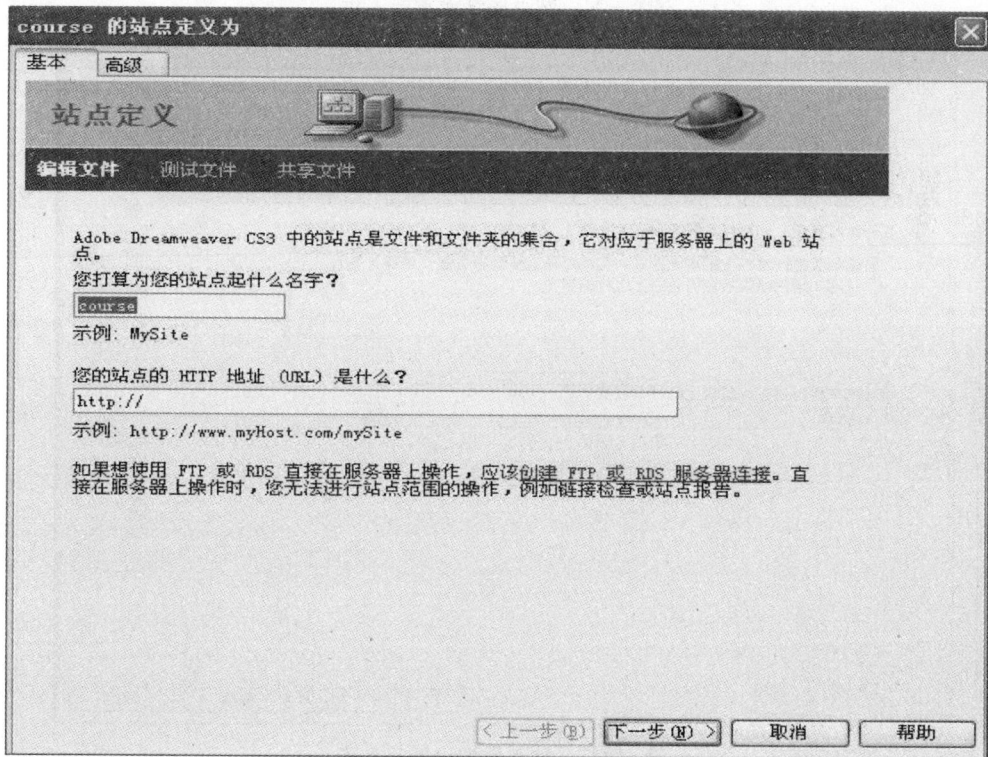

图6－21　新建"course"站点

2.单击"下一步"可进入下一步的设置,每一步的选择如图 6 – 22、图 6 – 23、图 6 – 24 所示,当"编辑文件""测试文件"和"共享文件"都设置好后,单击"完成",站点就新建好了(图 6 – 25)。

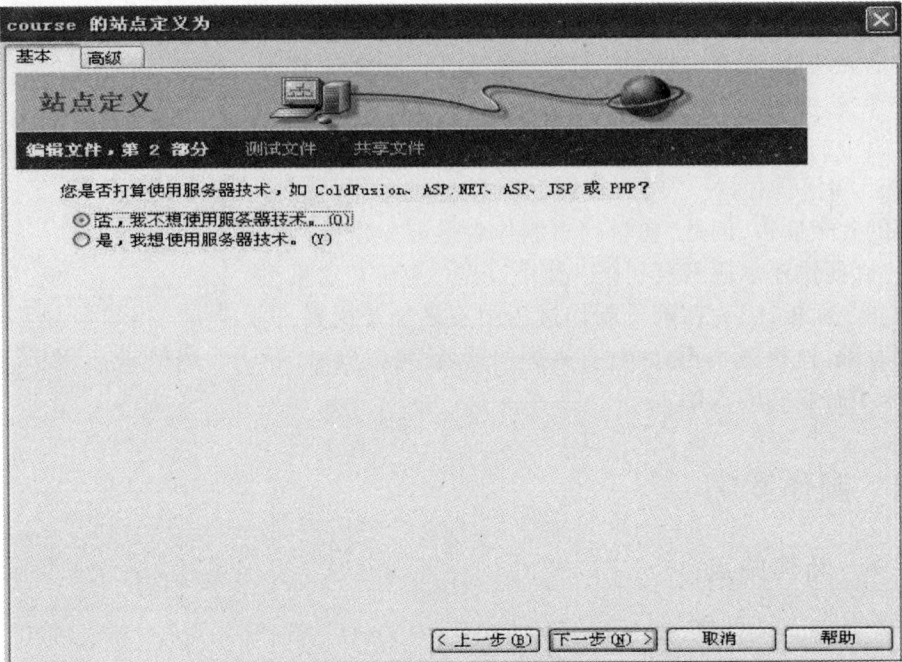

图 6 – 22　站点属性设置第 1 步

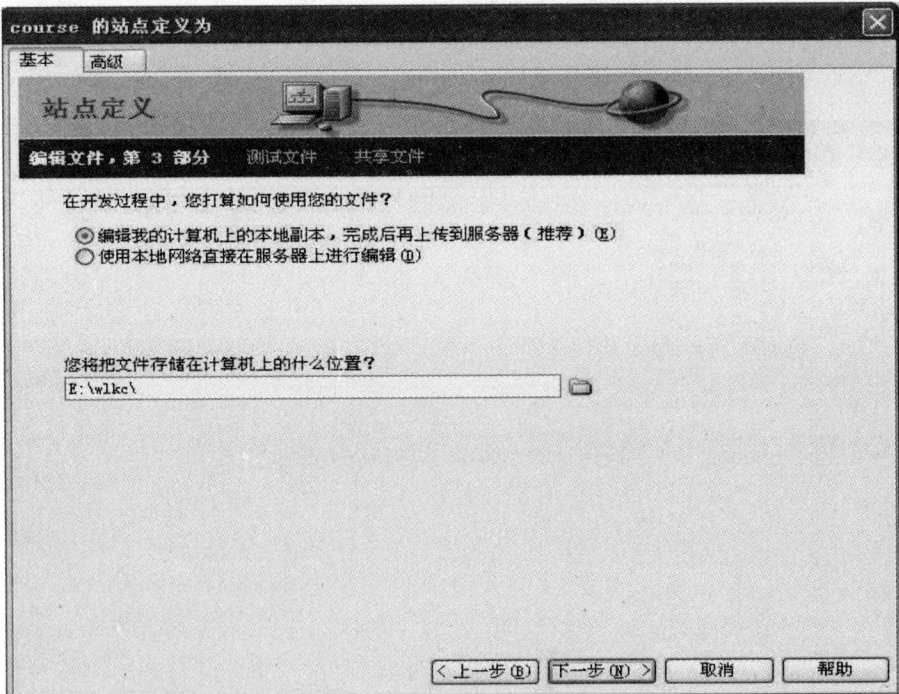

图 6 – 23　站点属性设置第 2 步

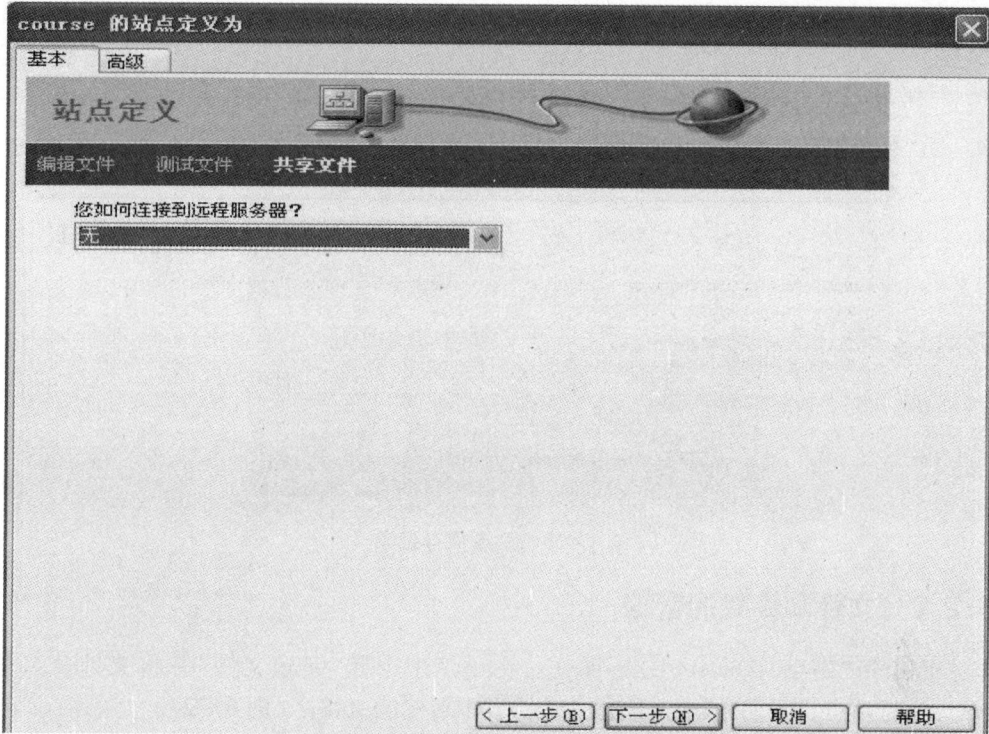

图 6-24　站点属性设置第 3 步

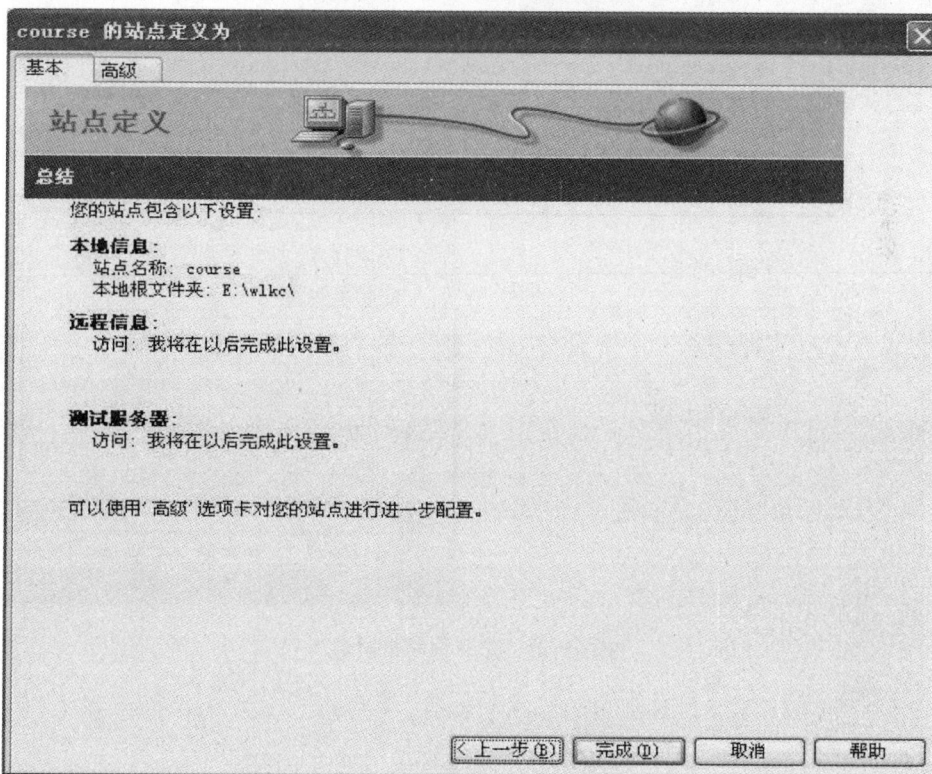

图 6-25　站点属性设置完成

3. 此时 DW 右侧显示我们所做的网页以及用到的素材将会保存在 E：\wlkc 目录下。（图 6 – 26）

图 6 – 26 站点保存目录

6.2.2 文件和素材的管理

1. 右键单击"站点 – course(E：\wlkc)"，在菜单中选择"新建文件"并将文件命名为 index. html，此时站点目录的根目录下就出现了刚才新建的文件。（图 6 – 27）

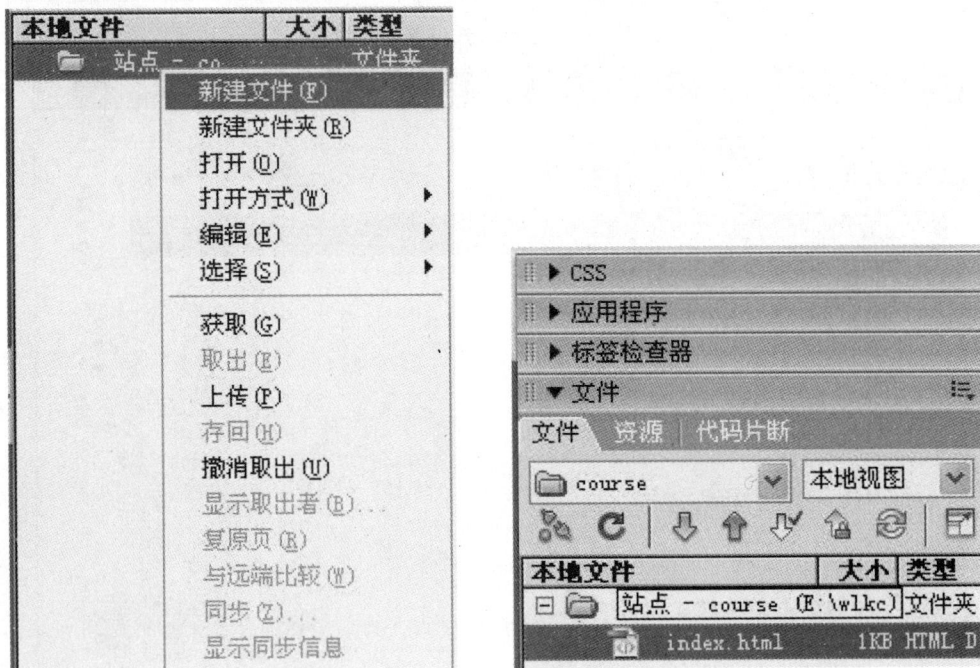

图 6 – 27 站点目录根目录

2.右键单击"站点 – course(E:\wlkc)",在菜单中选择"新建文件夹"并将文件夹命名为"image",这样 E:\wlkc 就将有一个空文件夹:image。（图 6 – 28）

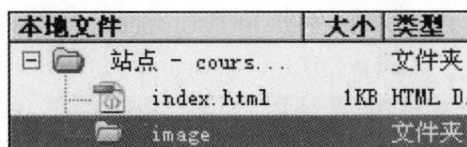

本地文件	大小	类型
□ 📁 站点 – cours...		文件夹
📄 index.html	1KB	HTML D.
📁 image		文件夹

图 6 – 28　"image"站点目录根目录

3.打开"我的电脑",进入 E:\wlkc\image,将要用到的图片素材拷贝到 image 文件夹下（以后此网站中用到的图片都放入该文件夹下）。回到 DW 中的站点根目录下,此时站点如图6 – 29所示。（注:若 image 下的图片未显示,请单击 🔄 刷新图标）

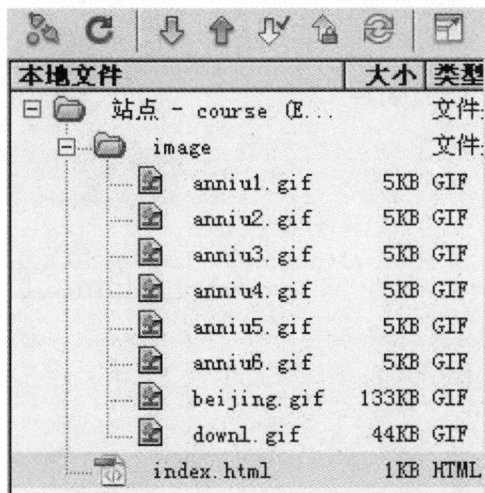

本地文件	大小	类型
□ 📁 站点 – course (E...		文件
□ 📁 image		文件
📄 anniu1.gif	5KB	GIF
📄 anniu2.gif	5KB	GIF
📄 anniu3.gif	5KB	GIF
📄 anniu4.gif	5KB	GIF
📄 anniu5.gif	5KB	GIF
📄 anniu6.gif	5KB	GIF
📄 beijing.gif	133KB	GIF
📄 downl.gif	44KB	GIF
📄 index.html	1KB	HTML

图 6 – 29　image 文件夹素材库

4.由于"anniu5.gif"网页中并不需要,因此右键单击"anniu5.gif",选择"编辑"/"删除",将"anniu5.gif"从 image 目录中删除。（图 6 – 30）

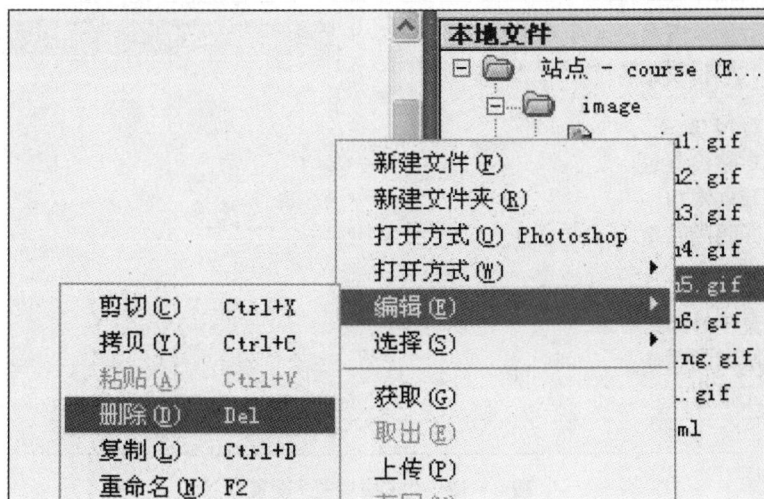

图 6 – 30　删除"anniu5.gif"

6.2.3 布局模式下网页的整体布局

1. 双击打开 index. html 网页文件,单击"布局",此时红色方框处的布局单元格和布局表格都是灰色的(表示不可用)。(图 6 – 31)

图 6 – 31 布局单元格和布局表格

2. 选择"查看"/"表格模式"/"布局模式"(图 6 – 32),此时会弹出从布局模式开始提示框,直接单击"确定"即可。

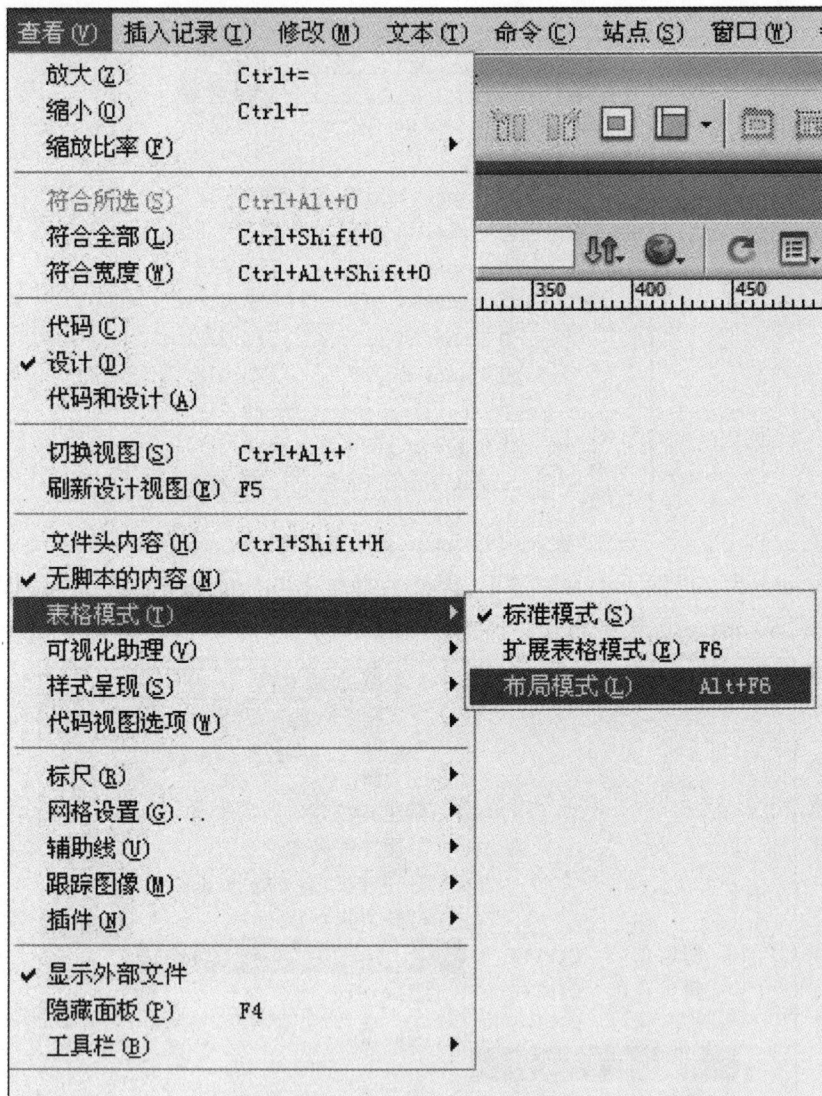

图 6 – 32 "布局模式"设置

3. 选择"绘制布局表格" ,在 index. html 网页中按住鼠标左键拖动一任意大小的布局

表格(图6-33)所示,按"Ctrl+S"保存网页。(注:以后每步操作都暗含保存操作,不再做说明)

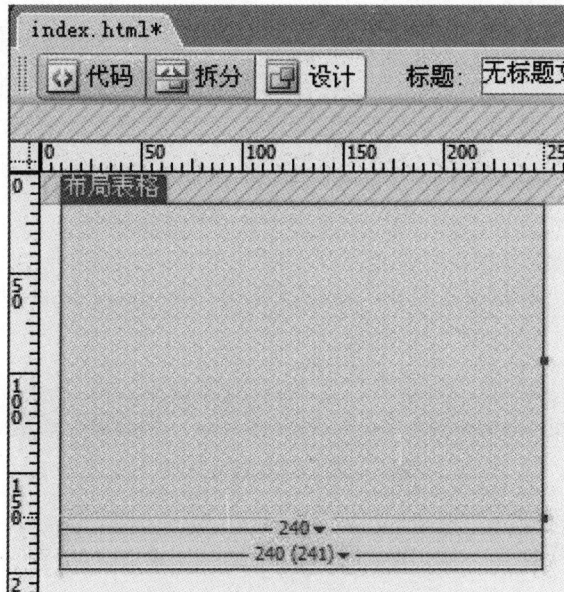

图6-33　绘制布局表格

4. 在布局单元格的属性中设置刚才所做布局单元格的大小分别为宽:800、高:600。(图6-34)

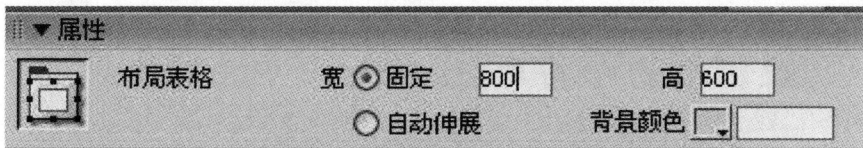

图6-34　设置布局单元格大小

5. 选择"绘制布局单元格"▤,在布局表格上按住鼠标左键拖动一恰当大小的布局单元格,在布局单元格中输入"摄像技术教程"。(图6-35)

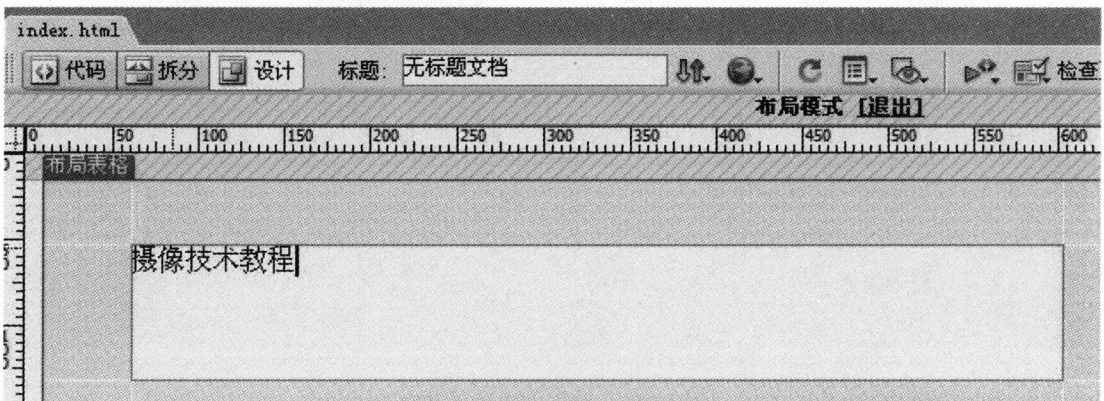

图6-35　输入文本

6. 选中"摄像技术教程"文字,在属性框中设置文字的大小及颜色等。(图 6 – 36)

图 6 – 36　设置文本属性

7. 单击缩放比例,选择 66%(图 6 – 37),这样可以让 index. html 的整个文档区域全部显示出来。

图 6 – 37　设置缩放比例

8. 选择"绘制布局单元格"▤,在布局表格上拖动出 5 个大小为:366 × 61 大小的布局单元格。(图 6 – 38)

图 6 – 38　布局单元格效果图

9.鼠标左键单击第一个单元格的空白处,使光标停留在第一个单元格里面。选择"插入记录"/"图像",在弹出的选择图像源文件中选择"anniu1.gif",单击"确定"。重复上述操作将其余按钮图片全部插入到对应的单元格中。(图6-39)

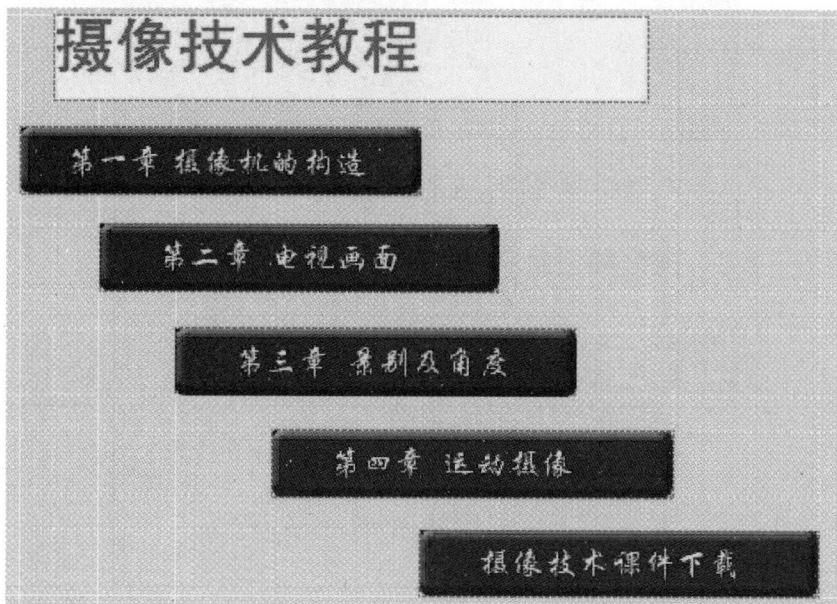

图6-39　单元格中输入文本

6.2.4　制作网页中的链接

1.在站点根目录下新建4个网页文件,分别取名"chap1.html""chap2.html""chap3.html""chap4.html"。

2.选中第一个按钮图片(anniu1.gif),在图片的属性框中,单击链接中的📁图标,在弹出的选择文件对话框中选择"chap1.html"网页文件,然后单击确定。"目标"的下拉列表框选择"_blank"(这表示单击链接时,会在新的浏览器窗口中打开该链接),此时图片的属性框如图6-40所示。同样的操作可使图片anniu2.gif、anniu3.gif、anniu4.gif分别链接到"chap2.html""chap3.html""chap4.html"。

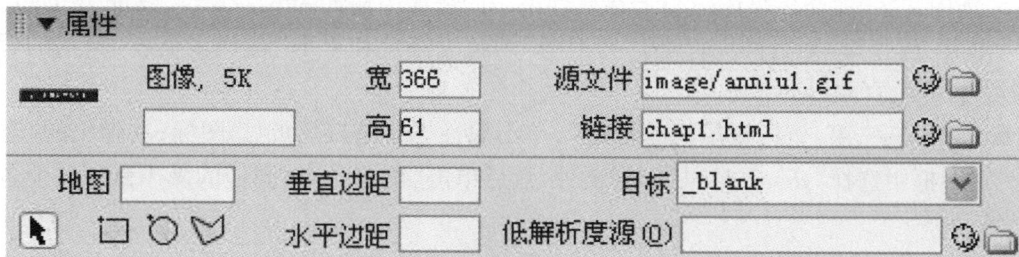

图6-40　图片属性的设置

3. 找到光盘中的文本文档"第一章的文本内容.txt",将其中的内容全部复制下来。双击打开 chap1. html,把刚才复制的内容粘贴到 chap1. html 中。(图6－41)

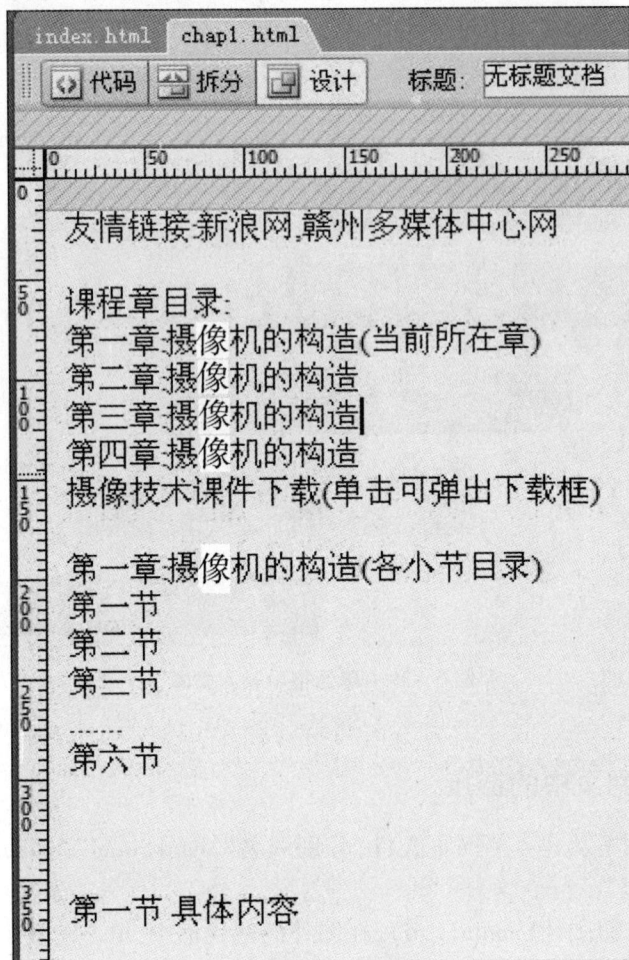

图6－41　效果图

4. 选中"新浪网"三个字,在属性框中的链接中输入 http://www.sina.com(注意:http 一定不能省略)。目标选择"_blank"。

5. 选中文字"赣州多媒体中心",在属性框中的链接中输入 http://www.gzdmtzx.com。

(思考:按"F12"运行网页,单击"新浪网"的超级链接和单击"赣州多媒体中心"的超级链接运行结果有何异同?)

6. 选中文字"第二章:摄像机的构造",单击属性框中链接后的 📁 图标,在弹出的"选择文件"对话框中选择"chap2. html"网页文件,然后单击"确定"。用同样的操作做好其他各章的链接。

7. 将素材光盘中的"down_course. rar"(提供下载的课件资源包)拷贝到站点根目录下(E:\wlkc)。选中文字"摄像技术课件下载(单击可弹出下载框)",单击属性框中链接后的 📁 图标,在弹出的选择文件对话框中选择"down_course. rar"压缩包文件,然后单击"确定"。按"F12"运行网页,单击"摄像技术课件下载(单击可弹出下载框)"超链接,将会弹出下载框(图6－42)。

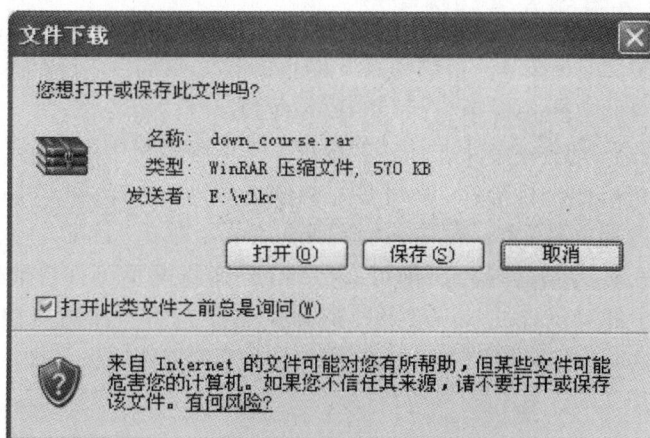

图6－42　超链接下载框

8.把光标停在"第二节 具体内容"文字前,选择"插入记录"/"命名锚记",在"锚记名称"框中,键入锚记的名称"jie2",然后单击"确定"(图6－43),锚记标记 ![锚记] 在插入点处出现。(注:锚记名称不能包含空格,如果看不到锚记标记,可选择"查看"/"可视化助理"/"不可见元素"。)

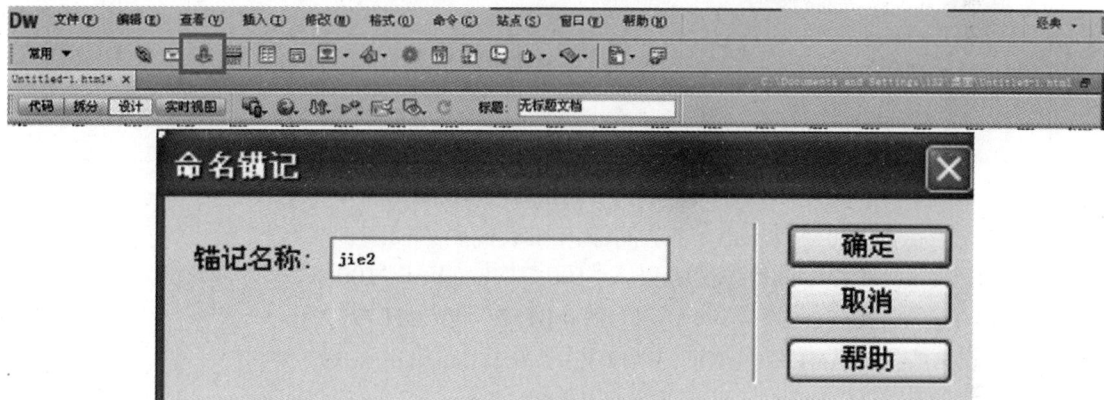

图6－43　制作锚点

9.选中文字"第二节",在属性框中输入"#jie2"(图6－44)。按"F12"运行网页,当单击"第二节"命名锚记链接时,浏览器将自动跳转到"第二节 具体内容"处。

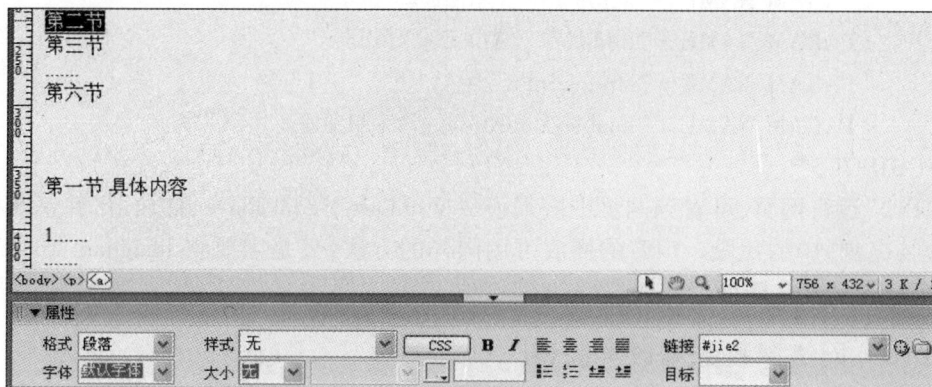

图6－44　设置"第二节"链接

6.2.5 在网页中插入多媒体素材

对于图片的插入,在"6.2.3 布局模式下网页的整体布局"中的步骤9中已有说明。下面我们主要介绍在网页中插入视频、音频和flash动画。

1.在站点根目录下新建一文件夹,取名"dmt",把光盘素材中的"logo.swf"拷贝到dmt文件夹中(E:\wlkc\dmt),把光标停在"赣州多媒体中心"下。选择菜单"插入记录"/"媒体"/"flash",在弹出的"选择文件"对话框中,选择"logo.swf",单击"确定",此时会弹出"对象标签辅助功能属性"框,直接单击"确定"即可。按"F12"运行网页可查看效果。

2.把光盘素材中的"liangjian.wmv"拷贝到dmt文件夹中。在站点根目录下(E:\wlkc)新建一网页,取名"xinshang.html",打开该网页并切换到代码视图。(图6-45)

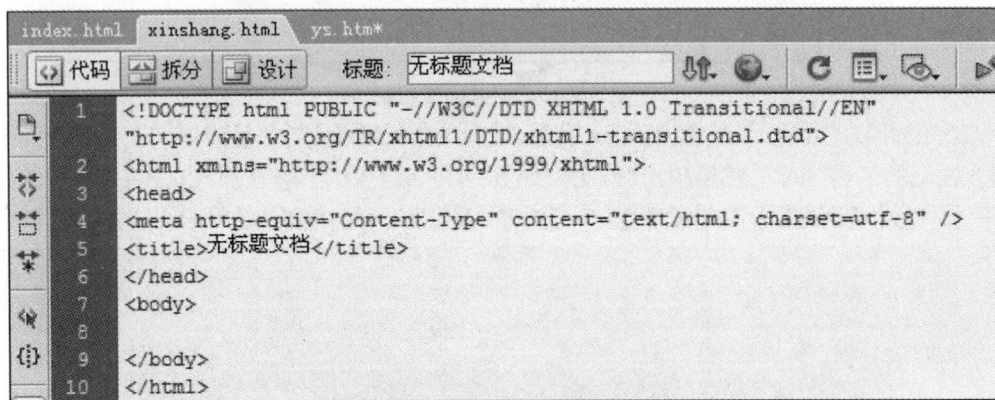

图6-45 切换到代码视图

3.在"< body >"和"</body >"之间输入如下代码:

< OBJECT id = PTMediaPlayer width = "100%" height = "100%"
classid:clsid:6BF52A52 - 394A - 11D3 - B153 - 00C04F79FAA6 >
  < PARAM NAME = "URL" VALUE = "dmt/liangjian.wmv" >
   < PARAM NAME = "rate" VALUE = "1" >
   < PARAM NAME = "currentPosition" VALUE = "0" >
   < PARAM NAME = "playCount" VALUE = "7" >
   < PARAM NAME = "autoStart" VALUE = " -1" >
   < PARAM NAME = "uiMode" VALUE = "full" >
   < PARAM NAME = "stretchToFit" VALUE = " -1" >
   < PARAM NAME = "enableContextMenu" VALUE = " -1" >
 </OBJECT >

按"F12"运行网页,可看到网页中嵌入了一Windows Media Player播放器,并正在播放电视连续剧《亮剑》中的片段。声音的播放可用同样的方法,只是需要将liangjian.wmv改成相对应的声音的文件名即可。

6.2.6 网络课程的修改和完善

要完成"摄像技术"这门网络课程的开发还需要添加很多内容,很多页面和链接还需要制作。我们这里只从页面美观的角度为例(以首页 index. html 的修改和完善为例)来对网络课程进行修改和完善。开始操作前先将光盘中的"beijing. gif"图片拷贝到站点根目录下的 image(E:\wlkc\image)文件夹中。

1. 在 DW 中打开 index. html 网页,按"F12"运行网页,其效果图如图6-46所示。由于文字和按钮下没有底图,所以网页没有整体感。另外整个网页的内容也并不在浏览器的中间位置,而是在浏览器的左边显示。

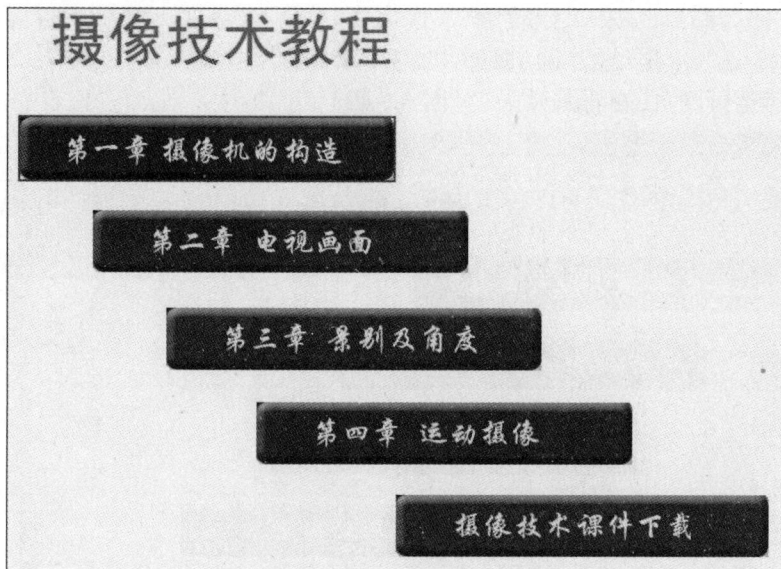

图6-46　网页运行效果图

2. 选中 index. html 中的布局表格,然后选择菜单"查看"/"表格模式"/"标准模式",将当前模式切换到标准模式。(图6-47)

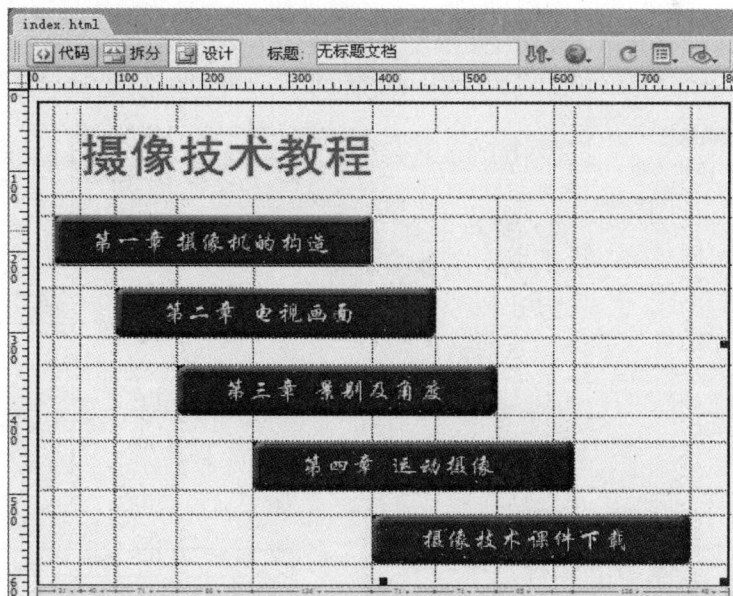

图6-47　切换到标准模式

3. 单击表格的属性框中"背景图像"后的📁图标,选择 image 文件夹中的"beijing. gif"(图 6 - 48),这样布局表格下就有一个底图。

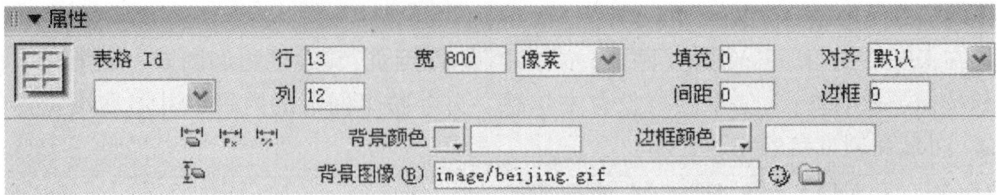

图 6 - 48　导入背景图

4. 按"F12"运行网页,查看其效果。(图 6 - 49)

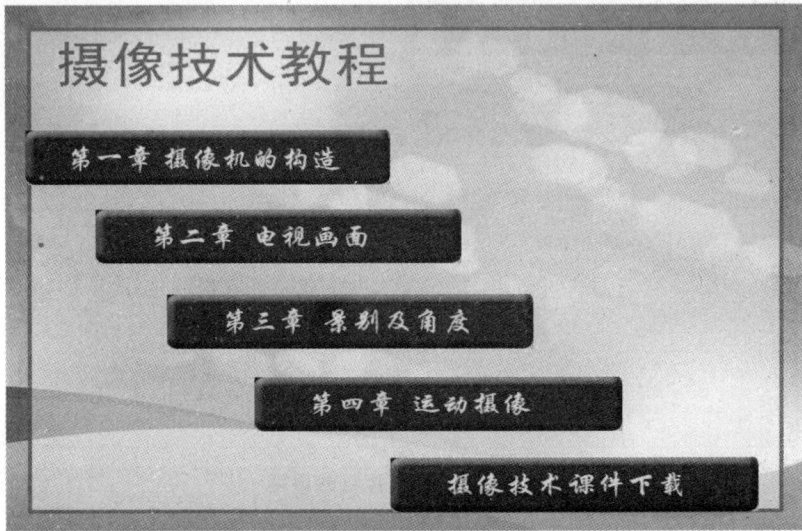

图 6 - 49　效果图

5. 选择菜单"修改"/"页面属性",弹出页面属性框,设置恰当的背景颜色。(图 6 - 50)

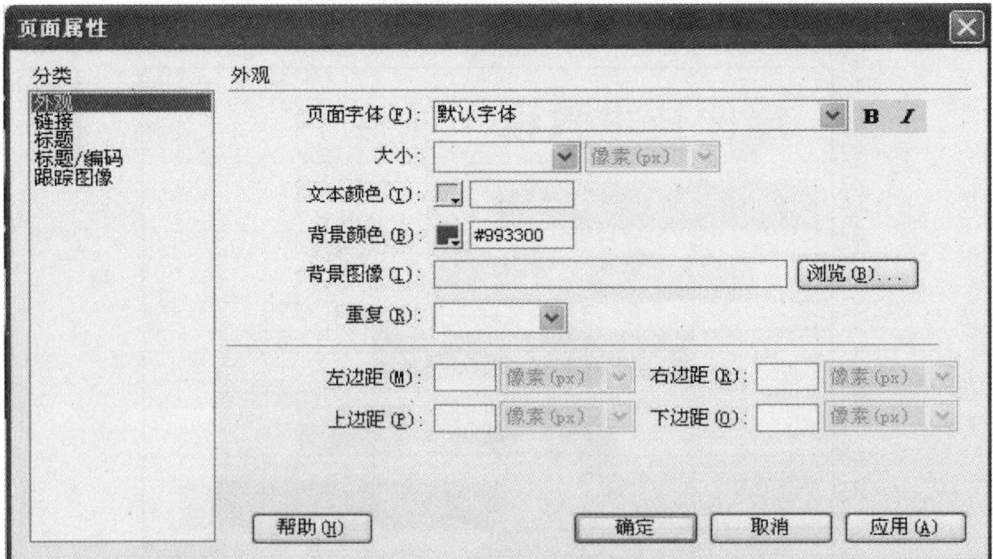

图 6 - 50　页面属性框

6. 把 index. html 切换到代码视图。在"< body >"前输入"< center >",在"< /body >"后输入"< /center >",按"F12"运行网页,查看其效果,此时网页中的内容在浏览器中居中显示。(图 6 – 51)

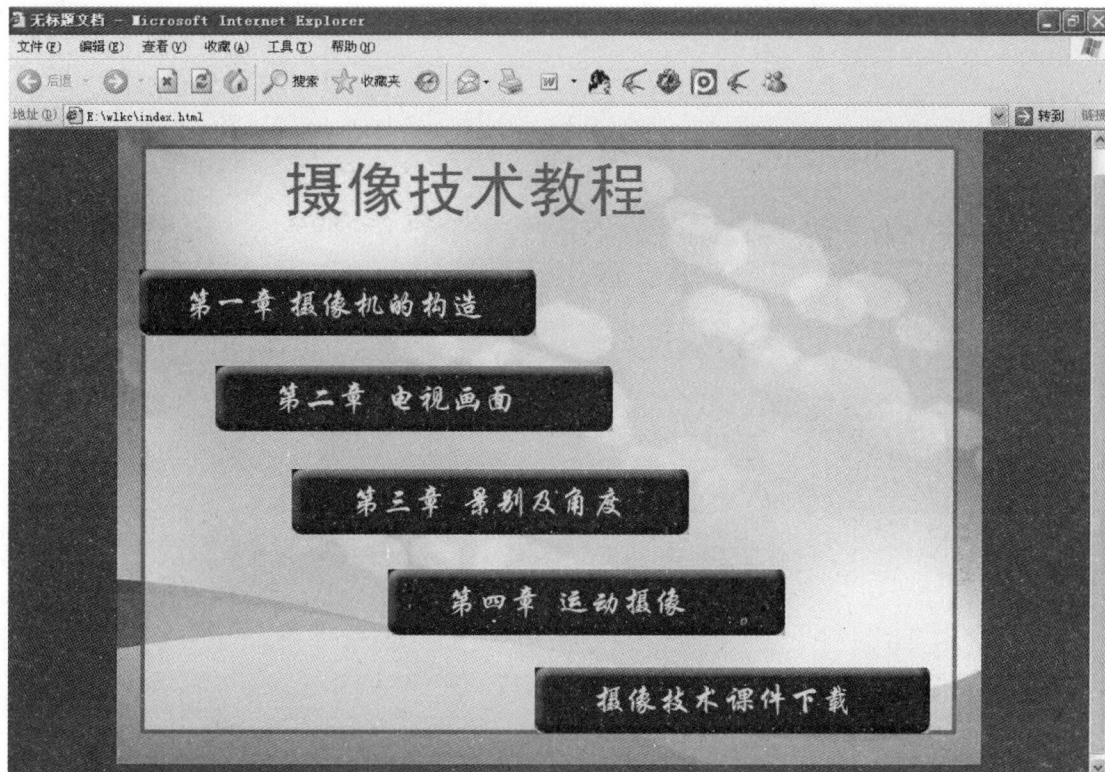

图 6 – 51 居中显示